Top English Expression Dictionary

영어 학습에 꼭 필요한 단계별 활용 영어회화!

하다북스

머리말 | Preface

초급에서 중급까지 수준별 단계별 활용 영어회화!
한 단계 한 단계 STEP을 넘기면 회화짱이 된다!

이 책은 초보자부터 중급자까지 영어 학습과 기초회화를 구사할 수 있도록 활용 빈도가 높고 반드시 익혀 두어야 할 중요 핵심 표현을 엄선하여 수록하였습니다. 꼭 필요한 영어표현을 수준별 단계별로 정리하여 1단계에서 4단계까지 4개의 STEP으로 나눠서 먼저 알아야 영어표현을 학습자가 선별하여 익힐 수 있도록 구성하였습니다.

일상의 생활 속에서 일반적으로 널리 쓰이는 관용적인 영어표현을 수록하여 영어에 대한 기초 지식이 없어도 최소한의 의사소통이 가능하도록 하였습니다. 일상에서 꼭 필요한 생활회화를 중심으로 즉석에서 바로바로 활용할 수 있는 영어표현을 담았기 때문에 실제로 통하는 영어회화를 익힐 수 있습니다.

Point 1 무조건 써먹을 수 있는 기초 영어회화

가장 많이 쓰이는 기초표현으로 'yes, no, Thank you' 정도만 말할 수 있는 수준의 초보자도 쉽게 따라할 수 있고, 상황별로 정리하여 빠르게 찾아서 활용할 수 있는 안성맞춤 회화책입니다.

생활 속의 다양한 상황을 설정하고 일상회화에서 가장 많이 사용하는 생생한 영어표현을 선별하여 수록하였고, 휴대와 사용이 간편한 핸디북 사이즈로 만들어 활용성을 더욱 높였습니다.

Point 2 진짜 회화실력을 키우는 핵심 영어표현

일상생활에서 꼭 필요한 기초회화를 중심으로 일상의 장소나 해외여행 등에서 바로바로 써먹을 수 있는 알짜 생활영어를 수록하여 초보자의 회화 실력을 한 단계 업그레이드 할 수 있습니다.

전체 45개의 Chapter, 204개의 상황을 설정하여 주제별 상황별로 나눠 찾기 쉽고 활용하기 간편한 사전식으로 구성하였습니다. 인사, 의사표현, 인간관계, 만남, 화제, 일상의 장소, 건강, 전화 등 일상회화에서 많이 쓰이는 기본 표현을 중심으로 교통, 쇼핑, 식사, 해외여행에 이르기까지 상황에 맞게 골라 쓸 수 있는 영어회화를 담았습니다.

Point 3 쉽고 빠른 스피킹을 위한 네이티브 회화 듣기

각각의 Chapter별 내용마다 MP3 파일을 따로 구성하여 필요한 부분만 골라서 반복해서 들으면서 알짜 생활영어 표현을 익힐 수 있습니다. 또한 영어 초보자들을 위해 네이티브 영어표현과 한글 발음을 함께 표기하여 보다 쉽게 영어문장을 읽고 연습할 수 있습니다.

Point 4 부록-영어과 교육과정에 실린 기본어휘표

이 책에 수록된 어휘들은 영어과 교육과정에 실린 기본어휘를 ABC순으로 정리한 것입니다. 영어 학습에 꼭 필요하고 상대방과의 의사소통 능력을 키우는 데 핵심적인 역할을 하는 반드시 알아야 할 필수 기본어휘를 수록하여 일상적인 영어회화 표현을 더욱 풍성하게 만들 수 있습니다.

차례 | Contents

Part 1 무조건 써먹을 수 있는 기본표현

STEP 1. 바로바로 스피킹 기본회화 편

Chapter 01 만났을 때 인사
1. 평상시에 — 20
2. 오랜만의 만남 — 22
3. 우연한 만남 — 24
4. 낯익은 얼굴을 봤을 때 — 26

Chapter 02 안부 인사
1. 안부를 물을 때 — 28
2. 안부인사에 답할 때 — 30
3. 안색이 안 좋을 때 — 32

Chapter 03 작별 인사
1. 헤어질 때 — 34
2. 작별 인사 — 36
3. 만남을 기약할 때 — 38
4. 연락처 주고받기 — 40

Chapter 04 소개
1. 다른 사람 소개하기 — 42
2. 자기소개 — 46
3. 소개를 받았을 때 — 48
4. 이름, 호칭 묻기 — 50

Chapter 05 축하와 감사

1. 축하의 말 — 52
2. 칭찬할 때 — 54
3. 기원, 바람 — 56
4. 감사의 인사 — 58
5. 답례의 말 — 60

Chapter 06 사과 표현

1. 사과할 때 — 62
2. 용서 구하기 — 65
3. 사과에 답할 때 — 66

Chapter 07 부탁

1. 부탁할 때 — 68
2. 부탁을 들어줄 때 — 70
3. 부탁을 거절할 때 — 71
4. 양해, 허락 구하기 — 72
5. 도움을 청할 때 — 74
6. 도움을 줄 때 — 76
7. 사양할 때 — 77
8. 충고할 때 — 78
9. 재촉할 때 — 79

Chapter 08 약속

1. 약속 제안 — 80
2. 약속하기, 거절 — 82
3. 장소 정하기 — 84
4. 시간 정하기 — 86
5. 약속 확인, 변경 — 88
6. 약속에 늦거나 어길 때 — 90

차례 | Contents

Chapter 09 초대와 방문

1. 초대하기 … 92
2. 초대에 응할 때 … 94
3. 초대를 거절할 때 … 95
4. 환영 인사 … 96
5. 방문 인사 … 97
6. 손님 접대 … 98
7. 파티장에서 … 100
8. 배웅할 때 … 101

Chapter 10 경조사

1. 결혼식 … 102
2. 장례식 … 104

STEP 2. 바로바로 스피킹 감정&대화 편

Chapter 11 대화

1. 질문할 때 … 108
2. 질문에 답할 때 … 110
3. 이야기를 꺼낼 때 … 112
4. 소식, 정보를 전할 때 … 114
5. 이해했는지 확인하기 … 116
6. 맞장구, 농담 … 118
7. 오해가 생겼을 때 … 120
8. 못 알아들었을 때 … 122
9. 말문이 막힐 때 … 124

Chapter 12 의견

1. 네와 아니오 — 126
2. 제안이나 의견 — 128
3. 찬성 의견 — 130
4. 반대 의견 — 132
5. 협상, 타협 — 134
6. 설득할 때 — 136
7. 예상, 추측, 느낌 — 138

Chapter 13 기분 표현

1. 기쁨, 즐거움 — 140
2. 기분이 안 좋을 때 — 142
3. 근심, 초조 — 143
4. 슬픔, 절망 — 144
5. 위로할 때 — 146
6. 용기, 격려 — 148
7. 화, 분노 — 150
8. 당황, 놀라움 — 152
9. 불평, 비난 — 154

Chapter 14 시간과 날씨

1. 시간을 물을 때 — 156
2. 시간 관련 표현 — 158
3. 날짜를 물을 때 — 160
4. 날짜 관련 표현 — 162
5. 요일을 물을 때 — 164
6. 날씨를 물을 때 — 166
7. 날씨 관련 표현 — 168
8. 기후, 계절 — 170

차례 | Contents

Chapter 15 개인의 신상

1. 가족 관계 — 172
2. 고향, 출신지 — 174
3. 주거지 — 175
4. 일, 직업 — 176
5. 외모 — 178
6. 성격 — 180

Chapter 16 취미와 여가시간

1. 취미 — 182
2. 여가 활동 — 186

Chapter 17 전화 통화

1. 전화를 걸 때 — 188
2. 전화를 받을 때 — 190
3. 전화 연결 — 192
4. 잘못 걸었을 때 — 193
5. 통화 곤란, 부재중 — 194
6. 전화 통화 중에 — 196
7. 메시지 남길 때 — 198

Chapter 18 전화에 이상이 있을 때

1. 통화 불량, 혼선 — 200
2. 전화 고장 — 202

Chapter 19 전화 관련 표현

1. 휴대전화 — 204
2. 국제전화 할 때 — 206

Part 2 진짜 회화실력을 키우는 핵심표현

STEP 3. 바로바로 스피킹 일상생활 편

Chapter 20 우체국에서
1. 일반 우편물 — 212
2. 등기 우편 — 214
3. 소포를 보낼 때 — 215

Chapter 21 은행에서
1. 환전 — 216
2. 입출금 — 218
3. 계좌 거래 — 219
4. 현금자동인출기 — 220
5. 신용카드, 대출 — 221

Chapter 22 세탁소에서
1. 세탁물 맡길 때 — 222
2. 세탁물 찾을 때 — 224
3. 수선할 때 — 225

Chapter 23 미용실에서
1. 원하는 헤어스타일 — 226
2. 머리를 자를 때 — 228
3. 염색, 파마할 때 — 229

Chapter 24 부동산중개업소
1. 집을 구할 때 — 230
2. 집을 구경할 때 — 231
3. 계약할 때 — 232
4. 이사 — 233

차례 | Contents

Chapter 25 공공기관
1. 관공서 이용 — 234
2. 도서관 이용 — 235
3. 경찰서에서 — 236

Chapter 26 공연장에서
1. 티켓, 공연 문의 — 238
2. 공연 관람 — 240
3. 영화 볼 때 — 242
4. 전시회 — 243

Chapter 27 경기장에서
1. 경기 관람 — 244
2. 스포츠, 레저 — 246
3. 헬스클럽에서 — 248

Chapter 28 병원에서
1. 진료 예약 — 250
2. 진찰할 때 — 252
3. 내과 — 254
4. 외과 — 256
5. 치과, 안과 — 258
6. 피부과, 이비인후과 — 260
7. 진단 — 262
8. 문병하기 — 264

Chapter 29 약국에서
1. 약을 살 때 — 266
2. 복용법 문의 — 268

Chapter 30 학교생활	1. 입학 준비	270
	2. 합격, 수강신청	272
	3. 수업시간	274
	4. 과제물, 시험	276

Chapter 31 직장생활	1. 구직	278
	2. 업무일정, 협조	280
	3. 업무 처리	282
	4. 컴퓨터, 이메일	284
	5. 업무 회의	286
	6. 제품 소개, 상담	288
	7. 거래, 계약	290

STEP 4. 바로바로 스피킹 해외생활 편

Chapter 32 공항에서	1. 체크인, 탑승문의	294
	2. 입국심사, 세관신고	296
	3. 수하물 찾기	298

Chapter 33 기내에서	1. 요청할 때	300
	2. 기내 식사	302
	3. 컨디션이 나쁠 때	303

차례 | Contents

Chapter 34 숙소에서	1. 호텔 예약	304
	2. 체크인	306
	3. 서비스 요청	307
	4. 불편사항 신고	310
	5. 체크아웃	312
	6. 유스호스텔 이용	314

Chapter 35 관광하기	1. 여행안내소	316
	2. 관광지에서	318
	3. 기념사진	320
	4. 친구 만들기	322

Chapter 36 여행 트러블	1. 분실, 도난	324
	2. 몸이 아플 때	326
	3. 영어가 잘 안 통할 때	327
	4. 곤란한 상황에서	328

Chapter 37 길 찾기	1. 길 물어보기	330
	2. 장소, 위치 확인	332
	3. 길을 알려줄 때	334

Chapter 38 자동차 이용	1. 운행, 주차	336
	2. 주유소, 카센터	338
	3. 교통 위반	339
	4. 자동차 빌릴 때	340

Chapter 39 대중교통	1. 택시	342
	2. 콜택시 부를 때	344
	3. 버스	345
	4. 지하철	348
	5. 기차표 예매	350
	6. 기차	351
Chapter 40 식당 예약	1. 예약할 때	354
	2. 자리 잡을 때	356
Chapter 41 식당에서	1. 음식 고르기	358
	2. 주문할 때	360
	3. 요청할 때	362
	4. 주문이 잘못 됐을 때	364
	5. 식사시간의 대화	366
	6. 계산할 때	368
Chapter 42 식사 관련 표현	1. 가정에서	370
	2. 패스트푸드점에서	372
	3. 술집에서	374
Chapter 43 쇼핑 장소	1. 상가, 매장 찾기	378
	2. 영업시간, 세일 문의	380

차례 | Contents

Chapter 44 상품 고르기
1. 상점 안에서 — 382
2. 옷가게에서 — 384
3. 신발가게에서 — 386
4. 보석가게에서 — 387

Chapter 45 계산하기
1. 가격 흥정 — 388
2. 계산, 포장 — 390
3. 배달 문의 — 392
4. 환불을 원할 때 — 393
5. 물건 교환 — 394

Plus 부록 영어 학습에 꼭 필요한 best 영단어

1. 영어과 교육과정 기본어휘표 — 399
2. 불규칙 동사 · 조동사 변화표 — 486

Part 1

무조건 써먹을 수 있는 기본표현

바로바로 스피킹
기본회화 편

STEP 1

upgrade

01 CHAPTER 만났을 때 인사

1_ 평상시에

※ **Hi! / Hey! / Hello.**
하이 / 헤이 / 헬로우

안녕!

※ **Hi, honey.**
하이, 허니

(애인이나 가족에게) 안녕.

※ **Good morning.**
굿 모닝

(오전 인사) 안녕하세요.

※ **Good afternoon.**
굿 에프터누운

(오후 인사) 안녕하세요.

※ **Good evening.**
굿 이브닝

(저녁 인사) 안녕하세요.

※ **Good night.**
굿 나잇

안녕히 주무세요.

How are you?
하우 아 유

안녕하세요?

How are you doing?
하우 아 유 두잉

어떻게 지내세요?

Fine, thanks. And you?
파인, 땡스, 앤 듀

잘 지내요. 당신은요?

Anything new?
에니띵 뉴우

별일 없으시죠?

Hey, what's up?
헤이, 왓츠 업

안녕, 별일 없지?

Hi, What's going on?
하이, 왓츠 고우잉 언

안녕, 뭐 신나는 일 없어?

How was your day?
하우 워즈 유어 데이

오늘 하루 어땠어?

How was the meeting?
하우 워즈 더 미딩

회의는 어땠어요?

2. 오랜만의 만남

It's been a long time.
잇츠 비너 로옹 타임

정말 오래간만이에요.

How long has it been?
하울롱 해짓 비인

이게 얼마만이에요?

It's been... What? Two years?
잇츠 비인… 왓? 투우 이얼스

그러니까… 이게 얼마만이지? 2년 만인가?

Long time no see! How have you been?
로옹 타임 노우 씨이! 하우 해뷰 비인

오랜만이야! 어떻게 지냈어?

How is it going?
하우 이즈 잇 고우잉

어떻게 지내세요?

What have you been doing?
왓 해뷰 비인 두잉

그동안 어떻게 지냈어요?

Hey, stranger!
헤이, 스트레인절

야, 얼굴 잊어버리겠다!

I don't see you much these days.
아이 도운(트) 씨이 유 머취 디즈 데이스

요즘 통 못 만났네요.

I haven't seen you around in a while.
아이 해븐(트) 씨인 유 어라운드 이너 와일

당신 한동안 안 보이시더군요.

I haven't seen you for ages!
아이 해븐(트) 씨인 유 퍼 에이쥐스

정말 오랜만이에요!

It's great to see you again.
잇츠 그레잇 투 씨이 유 어겐

다시 만나니 정말 반가워요.

What a pleasant surprise!
왓 어 프레즌트 써프라이즈

정말 만나서 반가워!

You sure have changed.
유 슈얼 해브 체인지드

너 진짜 많이 변했어.

You haven't changed a bit.
유 해븐(트) 체인지 더 빗

너는 하나도 변하지 않았어.

I was wondering about you.
아이 워즈 원더링 어바웃츄

소식이 진짜 궁금했어.

3. 우연한 만남

What a nice surprise to see you here!
왓 어 나이스 써프라이즈 투 씨이 유 히얼

너를 여기서 만날 줄이야!

It's strange to see you here.
잇츠 스트레인지 투 씨이 유 히얼

여기서 당신을 만나다니 뜻밖이에요.

Fancy meeting you here!
팬시 미딩 유 히얼

이런 곳에서 너를 만나다니!

I didn't expect to see you here.
아이 디든(트) 익스펙 투 씨이 유 히얼

여기서 널 만날 거라고 생각 못했어.

Wow, look who's here!
와우, 룩 후즈 히얼

와, 아니 이게 누구야!

John, is that you?
존, 이즈 댓 유

존, 너야?

It's a small world!
잇처 스몰 월드

세상 정말 좁구나!

What a coincidence!
왓 어 코우인시던스

이런 우연이 있다니!

What are you doing here?
왓 아 유 두잉 히얼

여긴 웬일이세요?

What brings you to City Hall?
왓 브링즈 유 투 씨디 호울

시청엔 웬일이세요?

What has kept you so busy?
왓 해즈 켑트 유 쏘우 비지

뭐가 그렇게 바빴어요?

Shouldn't you be at work now?
슈든(트) 유 비 앳 월크 나우

지금 회사에 있을 시간 아니에요?

We seem to run into each other often lately.
위 씨임 투 런 인투 이취 어덜 오펀 레이들리

요즘 우리 자주 만나네요.

I didn't expect to see you here.
아이 디든(트) 익스펙 투 씨 유 히얼

그렇지 않아도 널 만나고 싶었어.

What have you been doing?
왓 해뷰 비인 두잉

그동안 뭐하고 살았니?

4. 낯익은 얼굴을 봤을 때

Have we met before?
해브 위 멧 비포올

우리 전에 만난 적 있지?

Excuse me, don't I know you?
익스큐즈 미, 도운(트) 아이 노우 유

실례지만, 제가 아는 분 같은데요?

Are you Mr. Johnson by any chance?
아 유 미스터 존슨 바이 에니 췐스

혹시 존슨 씨 아니세요?

Excuse me, do you remember me?
익스큐즈 미, 두 유 리멤벌 미

실례지만, 저를 기억하세요?

I think I saw you somewhere.
아이 띵크 아이 쏘우 유 썸웨얼

어디선가 본 것 같은 생각이 드네요.

Hey, do you remember me?
헤이, 두 유 리멤벌 미

야, 나 기억나?

Do I know you?
두 아이 노우 유

나를 알아?

How did you know that?
하우 디쥬 노우 댓

나를 어떻게 알았어요?

Your face does look familiar.
유어 페이스 더즈 룩 퍼밀리어

낯이 익은 것 같아요.

I knew it was you.
아이 뉴우 잇 워즈 유

너인 줄 알았어.

We've all missed you.
위브 오올 미씨드 유

우리 모두 너를 보고 싶었어.

I'm sorry. I can't seem to recall.
아임 쏘리. 아이 캔(트) 씸 투 리컬

미안해요. 잘 생각나지 않네요.

Where did you go to school?
웨어 디쥬 고우 투 스쿨

학교 어디서 다녔어?

You have got the wrong person.
유 해브 갓 더 로옹 펄슨

사람을 잘못 본 것 같아요.

I'm sorry. I took you for someone else.
아임 쏘리. 아이 투큐 퍼 썸원 엘쓰

미안해요. 잘못 봤어요.

기본회화 | 만났을 때

CHAPTER 02 안부 인사

1_ 안부를 물을 때

How have you been?
하우 해뷰 비인

어떻게 지냈어요?

How have you been lately?
하우 해뷰 비인 레이들리

요즘 어땠어요?

How is life treating you lately?
하우 이즈 라입 트리딩 유 레이들리

요즘 별일 없으시죠?

Are you as busy as ever?
아 유 애즈 비지 애즈 에벌

요즘도 여전히 바쁘니?

How's your business doing?
하우즈 유어 비즈니스 두잉

사업은 잘 되세요?

How are things with you?
하우 아 띵스 위드 유

하는 일은 잘 되니?

How is your family?
하우 이즈 유어 패멀리

가족들은 다 안녕하세요?

How are your parents?
하우 아 유어 페어런츠

부모님은 안녕하세요?

How's everyone getting along?
하우즈 에브리원 게팅 얼로옹

모두들 잘 지내세요?

You look very well.
유 룩 베리 웰

너 좋아 보인다.

You look better than ever.
유 룩 베덜 댄 에벌

얼굴 좋아 보이네요.

How was your weekend?
하우 워즈 유어 위캔드

주말 잘 지냈어?

How did you enjoy your vacation?
하우 디쥬 인죠이 유어 베이케이션

휴가는 어떻게 보냈어요?

How was the trip?
하우 워즈 더 트립

여행은 어땠니?

기본회화 | 안부인사

2. 안부 인사에 답할 때

I've been well.
아이브 비인 웰

잘 지냈어요.

I'm fine.
아임 파인

덕분에 잘 지내.

Pretty good. I'm doing very well.
프리디 굿. 아임 두잉 베리 웰

아주 좋아요. 잘 지내요.

I'm getting by.
아임 게딩 바이

그럭저럭 지냈어.

Nothing much.
낫씽 머취

별일 없어.

Same as usual.
쎄임 애즈 유주얼

매일 그렇게 지내지.

Same as always.
쎄임 애즈 오올웨이즈

늘 똑같죠, 뭐.

Everything is going great.
에브리띵 이즈 고우잉 그레이트

모든 일이 다 잘 되고 있어요.

I have been busy with work.
아이 해브 비인 비지 위드 월크

일 때문에 좀 바빴어.

I'm still as busy as ever.
아임 스틸 애즈 비지 애즈 에벌

항상 바쁘네요.

I don't have time to breathe.
아이 도운(트) 해브 타임 투 브리이드

정신없이 바빠요.

My family are all very well.
마이 패밀리 아 오올 베리 웰

가족들은 모두 건강하게 지내요.

They are all very well.
데이 아 오올 베리 웰

모두 잘 지내세요.

Give my regards to your parents.
기브 마이 리가드즈 투 유어 페어런츠

부모님께 안부 전해주세요.

I'm sorry about not keeping in touch.
아임 쏘리 어바웃 낫 키핑 인 터취

그동안 연락 못해서 미안해요.

기본회화 | 안부인사

3_ 안색이 안 좋을 때

Is everything OK?
이즈 에브리띵 오우케이

괜찮아?

Are you feeling OK?
아 유 필링 오우케이

괜찮으세요?

You look worn out.
유 룩 원 아웃

너 기운 없어 보여.

You look upset.
유 룩 업셋

너 화난 것 같아.

You look down. What's wrong?
유 룩 다운. 왓츠 로옹

안색이 안 좋아 보여. 무슨 일 있어?

You don't look so good. What's the problem?
유 도운(트) 룩 쏘우 굿. 왓츠 더 프라블럼

안 좋아 보이는데, 무슨 일 있어요?

You don't seem yourself lately.
유 도운(트) 씨임 유어쎌프 레이들리

너 요즘 평소 같지 않아 보여.

Is there something wrong?
이즈 데얼 썸띵 로옹

무슨 안 좋은 일 있어요?

I'm under the weather today.
아임 언덜 더 웨덜 터데이

오늘 몸이 좋지 않아요.

I'm not having such a good day.
아임 낫 해빙 서취 어 굿 데이

오늘 기분이 좀 안 좋아요.

It's been a tough day.
잇츠 비넌 터프 데이

오늘 참 힘든 하루였어.

I'm stressed out from work.
아임 스트레스 다웃 프럼 월크

일 때문에 스트레스 받아.

Why don't you get some rest?
와이 돈츄 겟 썸 레스트

좀 쉬지 그래?

You should take a rest.
유 슈드 테이커 레스트

당신은 휴식을 취해야 해요.

You should see the doctor.
유 슈드 씨이 더 닥털

병원에 가보지 그래.

기본회화 | 안부인사

CHAPTER 03 작별 인사

1. 헤어질 때

I'm off now.
아임 오프 나우

갈게요.

I'd better leave.
아이드 베덜 리브

이제 가는 게 좋겠어.

I have got to be going.
아이 해브 갓 투 비 고우잉

저는 이만 가야겠어요.

I guess we'd better be going now.
아이 게쓰 위드 베덜 비 고우잉 나우

저는 이제 가봐야겠어요.

I've got to get home.
아이브 갓 투 겟 호움

이제 집에 가야겠어요.

Are you going home already?
아 유 고우잉 호움 오올레디

벌써 집에 가려고요?

I'm sorry but I should get going.
아임 쏘리 벗라이 슈드 겟 고우잉

아쉽지만 가야겠어요.

I'm afraid I must run.
아임 어프레이드 아이 머스트 런

이만 가봐야겠어.

Time to head back to the office.
타임 투 헤드 백 투 디 오피쓰

사무실에 다시 들어가야 할 시간이야.

Look at the time. Let's head out.
룩 앳 더 타임. 렛츠 헤다웃

벌써 시간이 이렇게 됐네요. 이만 갑시다.

Are we ready to leave?
아 위 레디 투 리이브

우리 이만 갈까?

It's getting late. I have got to be going.
잇츠 게딩 레잇. 아이 해브 갓 투 비 고우잉

너무 시간이 늦었어. 이만 가야겠어.

Yes, it's a little late.
예쓰, 잇처 리들 레잇

그래, 좀 늦었네.

Let's hit the road!
렛츠 힛 더 로우드

이제 그만 떠나자!

기본회화 | 작별인사

2_ 작별 인사

Good bye. Take care.
굿 바이. 테익 케얼

안녕히 가세요. 잘 지내세요.

Bye for now.
바이 퍼 나우

잘 가요.

Nice talking to you.
나이쓰 토킹 투 유

이야기 재미있었어요.

Thanks, I've had a good time.
땡스, 아이브 해드 어 굿 타임

고마워. 즐거웠어.

This has been a very productive meeting.
디스 해즈 비너 베리 프로덕티브 미딩

정말 유익한 모임이었어.

Bye. I must say it's been fun talking to you.
바이. 아이 머스트 쎄이 잇츠 비인 펀 토킹 투 유

잘 가. 오늘 이야기 즐거웠어.

I guess I'll see you tomorrow.
아이 게쓰 아일 씨이 유 터마로우

내일 봅시다.

Yes, me too. Take care.
예쓰, 미 투우. 테익 췌얼

나도 그래. 잘 가라.

I'm so glad that you're here.
아임 쏘우 글래드 댓 츄어 히얼

오늘 와주셔서 감사합니다.

Take care of yourself.
테익 케어러브 유어쎌프

조심해서 가.

Catch you later.
캐취 유 레이덜

또 만나자.

See you later. I'll be in touch.
씨이 유 레이덜. 아일 비 인 터취

또 봐. 연락할게.

Sure, I'll write you.
슈얼, 아일 롸잇 츄

좋아, 편지 쓸게.

It was a pleasure meeting you.
잇 워저 플레절 미딩 유

오늘 만나 뵙게 되서 반가웠습니다.

I'll keep my fingers crossed for you.
아일 킵 마이 핑거스 크로스트 풔 유

행운을 빕니다.

기본회화 | 작별인사

3. 만남을 기약할 때

Let's keep in touch!
렛츠 키핀 터취

연락하고 지내요!

See you next time.
씨이 유 넥스트 타임

다음에 봐.

I will see you again.
아이 윌 씨이 유 어겐

나중에 또 만나.

Give me a call sometime.
기브 미 어 콜 썸타임

나중에 한번 연락주세요.

We should do this again soon.
위 슈드 두 디쓰 어겐 쑤운

우리 언제 다시 한 번 만나요.

I hope to see you before I go.
아이 호우프 투 씨이 유 비포얼 아이 고우

떠나기 전에 한번 만났으면 좋겠어.

When shall we meet again?
웬 쉘 위 미잇 어겐

우리 언제 다시 만날까?

Let's have another get together soon.
렛츠 해브 어나덜 겟 투게덜 쑤운

조만간 모임을 다시 합시다.

Let's get together soon.
렛츠 겟 투게덜 쑤운

곧 만납시다.

Let's meet up on Friday.
렛츠 미잇 어폰 프라이데이

금요일에 봐요.

We should get together more often.
위 슈드 겟 투게덜 모얼 오펀

우리 좀 더 자주 만나요.

Will you look me up when you're in town?
윌 유 룩 미 업 웬 유어 인 타운

근처에 오면 꼭 연락 줄래요?

Please drop by the office again anytime.
플리즈 드롭 바이 디 오피쓰 어겐 에니타임

언제든지 사무실에 들러주세요.

It was very nice meeting you. I'll contact you soon.
잇 워즈 베리 나이쓰 미딩 유. 아일 칸택트 유 쑤운

아주 유익한 만남이었어요. 다시 연락할게요.

I'll be looking forward to it.
아일 비 루킹 포워드 투 잇

그 때가 기다려지네요.

4. 연락처 주고받기

How can I get hold of you?
하우 캐나이 겟 호울더브 유
당신과 어떻게 연락할 수 있어요?

Can I have your contact number?
캐나이 해뷰어 컨택트 넘벌
연락처를 알 수 있을까요?

Here's my business card. Call me anytime.
히얼즈 마이 비즈니스 카알드. 콜 미 에니타임
여기 제 명함이에요. 언제라도 연락하세요.

I'll give you my phone number.
아일 기뷰 마이 포운 넘벌
제 전화번호를 알려드릴게요.

I will tell you my cell number.
아이 윌 텔 유 마이 쎌 넘벌
내 휴대폰 번호 알려줄게.

Can I have your home number?
캐나이 해뷰어 호움 넘벌
자택 전화번호 좀 알 수 있을까요?

Can I have your fax number?
캐나이 해뷰어 팩스 넘벌
팩스번호가 어떻게 되세요?

The number's on my business card.
더 넘벌스 언 마이 비즈니스 카알드

전화번호는 명함에 적혀 있어요.

What number can I reach you at?
왓 넘벌 캐나이 리취 유 앳

당신과 연락하려면 몇 번으로 걸어야 할까요?

Would you like my phone number?
우쥬 라익 마이 포운 넘벌

제 전화번호 알려드릴까요?

You can reach me at this number.
유 캔 리취 미 앳 디쓰 넘벌

나랑 통화하려면 이 번호로 연락해.

Are you at this number all the time?
아 유 앳 디쓰 넘벌 오올 더 타임

이 번호로 하면 언제나 연락이 되나요?

Do you have another contact number?
두 유 해브 어나덜 컨택트 넘벌

다른 연락처가 있나요?

Could you tell me your e-mail address?
쿠쥬 텔 미 유어 이메일 어드레쓰

이메일 주소 좀 알려주실래요?

I'll be in my office. You can catch me there.
아일 비 인 마이 오피쓰. 유 캔 캐취 미 데얼

제 사무실로 연락 주세요.

기본회화 | 작별인사

CHAPTER 04 소개

1_ 다른 사람 소개하기

➡ **I want you to meet someone.**
아이 원트 유 투 미잇 썸원

너에게 소개해 주고 싶은 사람이 있어.

➡ **Do you want to say, "Hi" to John?**
두 유 원 투 쎄이, "하이" 투 존

존과 인사할래?

➡ **Have you two met before?**
해브 유 투우 멧 비포얼

두 사람 전에 인사 나눈 적 있어요?

➡ **I don't think we have been introduced.**
아이 도운(트) 띵 위 해브 비인 인트러듀스트

인사 나눈 적이 없는 것 같아요.

➡ **I'll introduce you all around.**
아일 인트러듀스 유 오올 어라운드

당신을 모두에게 소개할게요.

➡ **Mr. Miller, this is Mr. Johnson.**
미스터 밀러, 디쓰 이즈 미스터 존슨

밀러 씨, 이 분은 존슨 씨입니다.

He's my boss.
히즈 마이 보스

그는 나의 상사입니다.

He's my coworker.
히즈 마이 코우훨커

그는 나의 동료입니다.

Mr. Miller, this is my colleague, Mr. Michaels.
미스터 밀러, 디쓰 이즈 마이 칼리그, 미스터 마이클스

밀러 씨, 저와 함께 일하는 동료 마이클입니다.

We worked together for a couple of years.
위 훨크트 투게덜 풔러 커플 어브 이얼스

우리는 몇 년 동안 함께 일했어요.

This is Mr. Johnson of the sales department.
디쓰 이즈 미스터 존슨 어브 더 세일즈 디파트먼트

이 분은 영업부의 존슨 씨입니다.

She works for a hospital.
쉬 훨크스 풔러 하스피틀

그녀는 병원에서 일해요.

He's the branch manager of this bank.
히즈 더 브랜치 매니저 어브 디쓰 뱅크

그는 이 은행의 지점장이에요.

He's a general manager.
히즈 어 제너럴 매니절

그는 총지배인을 맡고 있어요.

She's the manager of this section.
쉬즈 더 매니절 어브 디쓰 섹션

그녀는 이 부서의 책임자입니다.

I'd like you to meet a friend of mine.
아이드 라익 유 투 미잇 어 프렌더브 마인

제 친구를 소개할게요.

Allow me to introduce you to my friend Mike.
얼라우 미 투 인트러듀스 유 투 마이 프렌드 마이크

제 친구 마이크를 소개할게요.

We grew up together.
위 그루우 업 투게덜

우리는 함께 자랐죠.

We know each other from college.
위 노우 이취 아덜 프럼 칼리쥐

우리는 대학 때부터 알고 지낸 사이죠.

This is my family.
디쓰 이즈 마이 패멀리

이들은 나의 가족입니다.

This is my father.
디쓰 이즈 마이 파덜

이분은 저의 아버님이십니다.

This is my mother. She is a housewife.
디쓰 이즈 마이 마덜. 쉬 이즈 어 하우스화이프

이분은 저의 어머님이세요. 그녀는 주부입니다.

Excuse me, are you Mr. and Mrs. Miller?
익스큐즈 미, 아 유 미스터 앤 미씨즈 밀러

실례지만, 밀러 씨 부부이신가요?

Mr. Johnson, meet my wife.
미스터 존슨, 미잇 마이 와이프

존슨 씨, 제 아내입니다.

John, this is my sister Su-Jin.
존, 디쓰 이즈 마이 시스털 수진

존, 여기는 내 여동생 수진이야.

This is my brother. He's an engineer.
디쓰 이즈 마이 브라덜, 히즈 언 엔지니얼

이쪽은 내 남동생이고, 엔지니어야.

누군가를 소개할 때

'이 분은 ~입니다'라고 소개하려면 "This is ~"라고 표현한다. 영어권에서는 윗사람의 이름을 먼저 부른 후, 아랫사람의 이름을 그에게 먼저 알려주는 것이 원칙이다. 예를 들어, 밀러 씨가 윗사람이고 존슨 씨가 아랫사람이라면 "Mr. Miller, this is Mr. Johnson."(밀러 씨, 이 분은 존슨 씨입니다.)라고 소개하면 된다. '그는(그녀는) ~입니다'라고 설명할 때는 "He's(She's) ~"라고 표현한다.

2_ 자기소개

Why don't we begin with an introduction?
와이 도운(트) 위 비긴 위던 인트러덕션

우리 소개부터 시작할까요?

Let me introduce myself.
렛 미 인트러듀스 마이셀프

제 소개를 할게요.

Hello, I'm Su-Jin Lee.
헬로우, 아임 수진리

안녕하세요? 이수진입니다.

My name is Su-Jin Lee.
마이 네임 이즈 수진리

저는 이수진이라고 합니다.

I'm Su-Jin Lee. Just call me Su-Jin.
아임 수진리. 저스트 콜 미 수진

이수진이라고 합니다. 그냥 수진이라고 부르세요.

I'm from Seoul.
아임 프럼 서울

저는 서울 출신이에요.

I was born and raised in Seoul.
아이 워즈 본 앤 레이즈딘 서울

저는 서울에서 태어나고 자랐어요.

I'm 27 years old.
아임 투웬티 쎄븐 이얼스 올드

저는 27살입니다.

My birthday is at the end of May.
마이 벌쓰데이 이즈 앳 디 앤더브 메이

제 생일은 5월 31일입니다.

I am in computers.
아이 엠 인 컴퓨러스

저는 컴퓨터와 관련된 일을 해요.

I work for a publishing company.
아이 월크 퍼러 퍼블리싱 컴퍼니

저는 출판사에서 근무합니다.

자신을 소개할 때

자기소개는 "I am ~" / "I'm ~"으로 시작한다. 이때 자신의 지위를 밝히지 않고 이름과 성을 알려주는 것이 일반적이다. 또한, 자기이름 앞에는 Mr. 혹은 Mrs.나 Miss. 와 같은 존칭을 붙이지 않는다.
직업을 말할 때는 "I am ~" 또는 "I work for ~" 뒤에 직업명이나 일하는 장소를 말하면 된다. 직책(직위)을 말할 때도 "I am ~" 뒤에 직책(직위)명을 말하면 된다.

3. 소개를 받았을 때

Nice to meet you.
나이쓰 투 미잇 츄

만나서 반가워요.

I'm so glad to see you.
아임 쏘우 글래드 투 씨이 유

만나서 반갑습니다.

I'm glad to meet you.
아임 글래드 투 미잇 츄

만나서 기뻐요.

I'm honored to meet you.
아임 아널드 투 미잇 츄

만나서 영광입니다.

It's a pleasure to meet you.
잇쳐 플레절 투 미잇 츄

만나서 영광입니다.

How nice to meet you.
하우 나이쓰 투 미잇 츄

만나서 반가워요.

Nice to meet you, too.
나이쓰 투 미잇 츄, 투우

저야말로 반갑습니다.

I'm very pleased to meet you.
아임 베리 플리즈드 투 미잇 츄

당신을 만나게 되어 매우 기뻐요.

It's a pleasure to have finally met you.
잇처 플레절 투 해브 파이널리 멧 츄

당신을 꼭 한 번 만나 뵙고 싶었어요.

I have always wanted to meet you.
아이 해브 오올웨이즈 원티드 투 미잇 츄

늘 만나고 싶었어요.

I don't think we've met before.
아이 도운(트) 띵 위브 멧 비포얼

처음 뵙는 것 같아요.

I've heard a lot about you.
아이브 헐드 어 랏 어바웃츄

말씀 많이 들었어요.

I see. You are new, right?
아이 씨이. 유 아 뉴우, 라잇

알아요. 새로 오신 분이시죠?

What do you do for a living?
왓 두 유 두 퍼러 리빙

무슨 일을 하세요?

I hope we can get to know each other better.
아이 호우프 위 캔 겟 투 노우 이취 어덜 베덜

당신과 더 친해졌으면 좋겠어요.

기본회화

소개

4. 이름, 호칭 묻기

- **What's your name?**
  왓츠 유어 네임

  이름이 어떻게 되니?

- **May I have your name, please?**
  메이 아이 해뷰어 네임, 플리즈

  성함을 말씀해 주실래요?

- **Could I have your full name, please?**
  쿠다이 해뷰어 풀네임, 플리즈

  성함이 어떻게 되십니까?

- **Excuse me, could I get your name please?**
  익스큐즈 미, 쿠다이 겟 츄어 네임 플리즈

  실례지만, 성함이 어떻게 되세요?

- **I don't believe I got your name.**
  아이 도운(트) 빌리브 아이 갓 츄어 네임

  네 이름을 아직 못 들은 것 같아.

- **What was your first[last] name again?**
  왓 워즈 유어 펄슷[라슷] 네임 어겐

  이름[성]을 다시 말해 줄래요?

- **Could you spell your first[last] name for me?**
  쿠쥬 스펠 유어 펄슷[라슷] 네임 퍼 미

  당신 이름[성]의 철자를 알려주시겠어요?

What should I call you?
왓 슈다이 콜 유

너를 어떻게 불러야 할까?

What would you like me to call you?
왓 우쥬 라익 미 투 콜 유

당신을 어떻게 부르면 될까요?

What is your nick-name?
왓 이즈 유어 닉네임

네 이름의 애칭은 뭐야?

Mind if I call you Danny?
마인드 이프 아이 콜 유 대니

'대니'라고 불러도 돼요?

누군가를 부를 때

여러분! Everyone! / You all.
신사숙녀 여러분! Ladies and gentlemen!
(의사) 마이클 선생님 Dr. Michael
밀러 교수님 Professor Miller
대통령 각하 / 사장님 Mr. President
꼬마야! Hey, kid! / Hey, little boy!
이봐, 자네! Hey, you! / You, there!
국민 여러분! Country men!
어린이 여러분! Boys and girls!

05 CHAPTER 축하와 감사

1_ 축하의 말

Congratulations on your promotion.
컨그래출레이션스 언 유어 프러모우션

승진을 축하드립니다.

Congratulations on your success.
컨그래출레이션스 언 유어 석쎄쓰

성공을 축하합니다.

Let's celebrate our victory!
렛츠 셀러브레잇 아우얼 빅터리

우리의 승리를 자축해요!

Congratulations! I'm really happy for you.
컨그래출레이션스, 아임 리얼리 해피 풔 유

축하해! 나도 정말 기뻐.

I hear that you'll be having a baby soon.
아이 히얼 댓 유일 비 해빙 어 베이비 쑤운

임신하셨다면서요?

I heard you had a baby boy.
아이 헐드 유 해드 어 베이비 보이

득남하셨다면서요?

Congratulations on your new baby.
컨그래출레이션스 언 유어 뉴우 베이비

출산을 축하해요.

Happy birthday to you!
해피 벌스데이 투 유

생일 축하해!

Many happy returns!
매니 해피 리턴스

만수무강하십시오!

Happy Anniversary!
해피 에너벌서리

결혼기념일 축하해!

Happy silver wedding anniversary.
해피 실버 웨딩 에너벌서리

은혼식을 축하드립니다.

Happy golden wedding anniversary.
해피 골든 웨딩 에너벌서리

금혼식을 축하드립니다.

Congratulations on getting into university.
컨그래출레이션스 언 게딩 인투 유니벌서디

대학교에 합격한 거 축하해.

I'd like to congratulate you on passing the test.
아이드 라익 투 컨그래출레이트 유 언 패싱 더 테스트

시험에 합격한 거 축하드려요.

2. 칭찬할 때

- **That's very nice of you.**
  댓츠 베리 나이쓰 어브 유

  참 친절하시네요.

- **You look nice.**
  유 룩 나이쓰

  너 멋져 보인다.

- **You're coming along well.**
  유아 커밍 얼로옹 웰

  아주 잘하고 있어요.

- **It was a good presentation today.**
  잇 워저 굿 프리젠테이션 터데이

  오늘 발표 참 좋았어.

- **Let's all give him a big hand.**
  렛츠 오올 기브 힘 어 빅 핸드

  우리 모두 그에게 큰 박수를 보냅시다.

- **Your reputation precedes you.**
  유어 레퓨테이션 프리씨이즈 유

  당신 명성이 자자하시더군요.

- **You must be a man of ability.**
  유 머스트 비 어 맨 어브 어빌러티

  능력이 대단하세요.

- **You deserve it. You're the best!**
  유 디절브 잇. 유아 더 베스트

  넌 그럴 만한 자격이 있어. 최고야!

- **You are worthy of the award.**
  유 아 월디 어브 디 어워드

  당신은 상 받을 자격이 있어요.

- **You're lovelier than your pictures.**
  유아 러브리어 댄 유어 픽철스

  실제로 보니 사진보다 더 아름다우세요.

- **You are good with your hands.**
  유 아 굿 윗 유어 핸즈

  손재주가 좋으시네요.

- **Definitely two thumbs up!**
  데퍼니들리 투우 떰즈 업

  아주 좋았어!

- **You always know the right thing to say.**
  유 오올웨이즈 노우 더 라잇 띵 투 쎄이

  인사성이 참 밝구나.

- **I'm so proud of you.**
  아임 쏘우 프라우드 어브 유

  네가 정말 자랑스러워.

- **It's fun talking to you.**
  잇츠 펀 토킹 투 유

  너와의 대화는 즐거워.

기본회화 | 축하감사

3. 기원, 바람

Good luck to you!
굿 럭 투 유

행운을 빌어!

I wish you the best of luck.
아이 위쉬 유 더 베스트 어브 럭

행운을 빌어요.

God bless you!
갓 블레스 유

너에게 신의 가호가 있기를!

I know you will hit it big.
아이 노우 유 윌 히딧 빅

당신은 크게 성공하실 거예요.

I'll pray for your success.
아일 프레이 퍼 유어 석쎄쓰

성공을 빌어요.

May you succeed in your new job.
메이 유 석씨드 인 유어 뉴우 찹

새로운 직장에서 성공하길 빕니다.

I hope you will be happy.
아이 호우퓨 윌 비 해피

네가 행복하길 바란다.

All the best for you.
오올 더 베스트 풔 유

좋은 일만 가득하길 빌어.

I hope things will turn out well for you.
아이 호우프 띵스 윌 턴 아웃 웰 풔 유

모든 일이 잘 되길 바랄게.

May you always be happy.
메이 유 오올웨이즈 비 해피

항상 기쁜 일만 가득하길 빌게.

I wish you all the best in life.
아이 위쉬 유 오올 더 베스틴 라이프

너의 삶이 항상 행복하길 바랄게.

Happy holidays!
해피 할러데이즈

즐거운 명절 되세요!

Merry Christmas and Happy New Year!
메리 크리스머스 앤 해피 뉴우 이얼

즐거운 크리스마스와 새해 복 많이 받아요!

All the best for the New Year!
오올 더 베스트 풔 더 뉴우 이얼

새해에는 모든 행운이 깃들기를!

I hope you will have a better year.
아이 호우퓨 윌 해버 베덜 이얼

더 나은 한해가 되길 바랄게.

4. 감사의 인사

Thank you very much.
땡큐 베리 머취

정말 감사합니다.

I don't know how to thank you enough.
아이 도운(트) 노우 하우 투 땡큐 이너프

어떻게 감사를 드려야 할지 모르겠어요.

I'm very grateful to you.
아임 베리 그레이트펄 투 유

당신에게 매우 감사하고 있어요.

I appreciate your consideration.
아이 어프리쉐잇 유어 컨시덜레이션

배려해 주셔서 감사드려요.

I appreciate your help.
아이 어프리쉐잇 유어 헬프

도와주셔서 감사합니다.

Thank you for your kindness.
땡큐 퍼 유어 카인(드)너스

친절에 감사합니다.

Thanks for your compliment.
땡스 퍼 유어 컴플리먼트

칭찬해 주셔서 감사합니다.

I appreciate it very much.
아이 어프리쉬에잇 딧 베리 머취

그 점 고맙게 생각해요.

I would like to express my thanks.
아이 우드 라익 투 익스프레쓰 마이 땡스

고맙다는 말씀을 전하고 싶었어요.

Everyone appreciates what you have done.
에브리원 어프리쉬에이츠 왓 유 해브 던

다들 고마워하고 있어요.

I'd appreciate it if you could do that.
아이드 어프리쉬에잇 딧 이퓨 쿠드 두 댓

그렇게 해주시면 저야 고맙죠.

Thank you for everything you've done for me.
땡큐 퍼 에브리띵 유브 던 퍼 미

그동안 베풀어 주신 것에 대해 감사드려요.

Thank you for all the trouble you've done for me.
땡큐 퍼 오올 더 트러블 유브 던 퍼 미

저를 위해 애써주셔서 감사합니다.

I'd like to credit this glory to everyone who helped me.
아이드 라익 투 크레딧 디쓰 글로리 투 에브리원 후 헬프드 미

저를 도와주신 모든 분들께 이 영광을 돌리고 싶어요.

I'll never forget what you have done for me.
아일 네벌 퍼겟 왓 유 해브 던 퍼 미

당신이 베푼 은혜 평생 잊지 못할 거예요.

5_ 답례의 말

⇒ **You're welcome.**
유아 웰컴

천만에요.

⇒ **Not at all.**
낫 앳 오울

천만에요.

⇒ **No problem.**
노우 프라블럼

천만에요.

⇒ **It's my pleasure.**
잇츠 마이 플레절

도움이 됐다니 기뻐.

⇒ **It's kind of you to say that.**
잇츠 카인더브 유 투 쎄이 댓

그렇게 말해 주니 고마워.

⇒ **I should be the one to thank you.**
아이 슈드 비 디 원 투 땡큐

제가 오히려 고맙죠.

⇒ **I'm glad to hear that.**
아임 글래드 투 히얼 댓

정말 잘됐어요.

I'm glad you like it.
아임 글래드 유 라이킷

마음에 든다니 다행이야.

I'm honored by your words.
아임 아널드 바이 유어 월즈

과찬의 말씀입니다.

Glad to be of help.
글래드 투 비 어브 헬프

도움이 되어서 기뻐.

Don't hesitate to ask me whenever you need help.
도운(트) 헤저테잇 투 애스크 미 웨네벌 유 니드 헬프

도움이 필요하면 언제든지 말씀하세요.

I'll keep that in mind.
아일 킵 댓 인 마인드

명심할게요.

I just got lucky, that's all.
아이 저스트 갓 럭키, 댓츠 오올

단지 운이 좋았을 뿐이야.

You are making me blush.
유 아 메이킹 미 블러시

부끄러워요.

I'll give you my best.
아일 기뷰 마이 베스트

앞으로 더 열심히 할게요.

기본회화 / 축하감사

CHAPTER 06 사과 표현

1. 사과할 때

I'm sorry.
아임 쏘리

미안합니다.

I'm very sorry.
아임 베리 쏘리

정말 죄송해요.

Sorry, that I blew it.
쏘리, 댓 아이 블루 잇

죄송해요, 저 때문에.

I'd like to say I'm sorry.
아이드 라익 투 쎄이 아임 쏘리

미안하다는 말을 하고 싶어요.

I'm sorry, my mistake.
아임 쏘리, 마이 미스테익

미안해. 내 실수야.

I was wrong.
아이 워즈 로옹

내 잘못이야.

I blame no one but myself.
아이 브레임 노우 원 벗 마이셀프

잘못은 내게 있어.

I'm sorry for not being careful.
아임 쏘리 풔 낫 비잉 케어풀

주의를 기울이지 못해 미안해요.

I'm sorry if it offended you.
아임 쏘리 이프 잇 어펜디드 유

기분 나빴다면 미안해.

Please accept my apology.
플리즈 억셉트 마이 어팔러지

부디 제 사과를 받아주세요.

I feel really sorry about this.
아이 피일 뤼얼리 쏘리 어바웃 디쓰

이 일에 대해서 정말 미안하게 생각해.

I didn't do it on purpose.
아이 디든(트) 두 잇 언 펄퍼스

일부러 그런 게 아니야.

It just happened.
잇 저스트 해펀드

어쩌다 보니 그렇게 됐어요.

Please don't get mad at me.
플리즈 도운(트) 겟 매드 앳 미

제발 화내지 마세요.

기본회화 | 사과표현

I shouldn't have said that.
아이 슈든(트) 해브 쎄드 댓

제가 말실수를 했어요.

I'm sorry I'm late.
아임 쏘리 아임 레잇

늦어서 미안해.

I'm sorry to keep you waiting.
아임 쏘리 투 킵 퓨 웨이딩

기다리게 해서 미안해.

I'm sorry for holding up the meeting.
아임 쏘리 풔 호울딩 업 더 미딩

회의를 지연시켜 죄송합니다.

I'm sorry, I forgot your birthday.
아임 쏘리, 아이 풔갓 츄어 벌쓰데이

미안해, 네 생일을 깜빡 잊었어.

I'm very sorry not to have answered earlier.
아임 베리 쏘리 낫 투 해브 앤썰드 얼리어

더 일찍 답장을 못해서 정말 미안해.

I'm very sorry. I don't know what to say.
아임 베리 쏘리. 아이 도운(트) 노우 왓 투 쎄이

정말 죄송해요. 뭐라고 드릴 말씀이 없군요.

I'm sorry for all the troubles that I have caused.
아임 쏘리 풔 오올 더 트러블즈 댓 아이 해브 코즈드

폐를 끼쳐서 대단히 죄송합니다.

2. 용서 구하기

Please forgive me.
플리즈 펄기브 미

용서해 주세요.

Give me a break.
기브 미 어 브레익

한번만 봐 주세요.

Please forgive my son.
플리즈 펄기브 마이 썬

제 아들을 용서해 주세요.

Can you forgive me?
캐 뉴 펄기브 미

용서해 주시겠어요?

Give me a chance to make it up to you.
기브 미 어 챈스 투 메이킷 업 투 유

만회할 기회를 한 번 주세요.

This won't happen again.
디쓰 원(트) 해펀 어겐

다신 이런 일 없을 거야.

Please forgive him for my sake.
플리즈 펄기브 힘 퍼 마이 세이크

저를 봐서라도 그를 용서해 주세요.

3_ 사과에 답할 때

Thank you for apologizing.
땡큐 퍼 어팔러자이징
사과해 줘서 고마워.

Think no more of it.
띵크 노우 모얼 어브 잇
괜찮아요.

No problem. It can happen to anyone.
노우 프라블럼. 잇 캔 해펀 투 에니원
괜찮아. 그럴 수도 있지.

I accept your apology.
아이 억셉트 유어 어팔러지
네 사과를 받아들일게.

From now on, be careful.
프럼 나우 언, 비 케얼풀
앞으로는 조심해요.

I will let you off this time.
아이 윌 레츄 오프 디스 타임
이번만 봐주는 거야.

Don't let it happen again.
도운(트) 렛 잇 해펀 어겐
다신 이런 일 없도록 해주세요.

Don't worry about it.
도운(트) 워리 어바우딧

걱정하지 마세요.

I'm afraid I can't accept your apology.
아임 어프레이드 아이 캔(트) 억셉트 유어 어팔러지

유감스럽지만 네 사과를 받아들일 수 없어.

I can't forgive him.
아이 캔(트) 펄기브 힘

그를 용서할 수 없어요.

I don't know. It's going to take some time.
아이 도운(트) 노우. 잇츠 고우잉 투 테익 썸 타임

난 모르겠어. 시간이 좀 걸릴 거야.

How can you do this to me?
하우 캔 유 두 디쓰 투 미

내게 어떻게 이럴 수 있어요?

Don't reason with me!
도운(트) 리즌 위드 미

변명하지 마!

You shouldn't apologize!
유 슈든(트) 어팔러자이즈

사과할 필요 없어요!

No, that's what you always say.
노우, 댓츠 왓 유 오올웨이즈 쎄이

싫어, 넌 항상 그렇게 말하잖아.

기본회화

사과표현

CHAPTER 07
부탁

1. 부탁할 때

May I ask you a favor?
메이 아이 애스큐 어 페이벌

부탁 하나 해도 될까요?

Could I ask you for a personal favor?
쿠다이 애스큐 퍼러 퍼스널 페이벌

개인적인 부탁을 드려도 될까요?

I need to ask you for a huge favor.
아이 니드 투 애스큐 퍼러 휴지 페이벌

꼭 부탁할 게 있어.

I have a big favor to ask.
아이 해버 빅 페이벌 투 애스크

너에게 꼭 부탁할 게 있는데.

Please carry this baggage.
플리즈 캐리 디쓰 배기지

이 짐을 운반해 주세요.

Could you call me a taxi?
쿠쥬 콜 미 어 택시

택시 좀 불러주시겠어요?

Can I borrow your pen?
캐나이 바로우 유어 펜

펜을 좀 빌릴 수 있을까요?

Can I use your phone?
캐나이 유즈 유어 포운

전화 좀 사용할 수 있을까요?

Excuse me, would you mind giving me a ride?
익스큐즈 미, 우쥬 마인드 기빙 미 어 라이드

실례지만, 차를 태워주실 수 있나요?

Do you mind baby-sitting for us this evening?
두 유 마인 베이비씨딩 퍼 러스 디쓰 이브닝

오늘 저녁에 저희 집 애를 봐 주시겠어요?

May I have a glass of cold water, please?
메이 아이 해버 글래스 어브 코울드 워덜 플리즈

차가운 물 한 잔 주실래요?

Can you keep this baggage for me?
캐뉴 킵 디쓰 배기지 퍼 미

이 짐을 좀 보관해 주시겠어요?

Can I borrow some money from you?
캐나이 바로우 썸 머니 프럼 유

돈을 좀 빌릴 수 있을까요?

Can I get my picture taken with you?
캐나이 겟 마이 픽철 테이컨 위드 유

저와 함께 사진 찍어 주실래요?

기본회화

부탁

2. 부탁을 들어줄 때

Of course! Anything you say.
어브 콜스. 에니띵 유 쎄이

물론이야. 말만 해.

What can I do to help?
왓 캐나이 두 투 헬프

무엇을 도와드릴까요?

Go ahead. I'd be glad to.
고우 어헤드. 아이드 비 글래드 투

말해 봐. 기꺼이 해줄게.

How can I say no to you?
하우 캐나이 쎄이 노우 투 유

네 부탁을 어떻게 거절하겠니?

I'd be happy to help you.
아이드 비 해피 투 헬프 유

널 돕게 돼서 기뻐.

Do you want me to do anything else?
두 유 원트 미 투 두 에니띵 엘쓰

더 부탁할 거 없어요?

All right. With great pleasure.
오올 라잇. 위드 그레잇 플레절

알았어. 힘껏 해볼게.

3. 부탁을 거절할 때

I'd rather not.
아이드 래덜 낫

안 되겠어.

I really can't do it.
아이 리얼리 캔(트) 두 잇

그건 정말 할 수 없어요.

I'm sorry but I can't comply with your request.
아임 쏘리 벗 아이 캔(트) 컴플라이 위듀어 리퀘스트

미안하지만 네 요구에 응할 수 없어.

I'm sorry but I can't now.
아임 쏘리 벗 아이 캔(트) 나우

미안하지만 지금은 안 되겠어요.

I'll have to think about it.
아일 해브 투 띵커바우딧

생각 좀 해봐야겠어요.

I don't have the time to do what you are asking.
아이 도운(트) 해브 더 타임 투 두 왓 유 아 애스킹

바빠서 네 부탁을 들어줄 시간이 없어.

Don't give me a hard time.
도운(트) 기브 미 어 하알드 타임

날 곤란하게 만들지 마라.

4. 양해, 허락 구하기

Excuse me for a moment, please.
익스큐즈 미 퍼러 모우먼트 플리즈

잠깐 실례하겠습니다.

May I look at it?
메이 아이 룩 앳 잇

잠시 살펴봐도 될까요?

Do you mind if I sit here?
두 유 마인드 이파이 씨잇 히얼

여기 앉아도 돼요?

Would you mind swapping seats with me?
우쥬 마인드 스와핑 씨잇츠 위드 미

자리 좀 바꿔주실 수 있나요?

May I come in? It won't be long.
메이 아이 컴 인? 잇 원(트) 비 로옹

들어가도 될까? 금방이면 되는데.

Excuse me, may I use the rest room?
익스큐즈 미, 메이 아이 유즈 더 레스트루움

실례지만, 화장실을 사용해도 될까요?

Can you lend this to me, please?
캐뉴 렌 디쓰 투 미 플리즈

이것 좀 빌릴 수 있어요?

Do you have a phone that I can use?
두 유 해버 포운 댓 아이 캔 유즈

전화 좀 사용할 수 있을까요?

Excuse me, could you move over a little?
익스큐즈 미, 쿠쥬 무브 오우벌 어 리들

실례지만, 옆으로 좀 가주시겠어요?

Would you please wait here a moment?
우쥬 플리즈 웨잇 히얼 어 모우먼트

여기서 잠깐 기다려 주시겠어요?

Will you leave me alone?
윌 유 리이브 미 얼로운

나 좀 혼자 있게 해주래?

Do you mind if I join you?
두 유 마인드 이프 아이 조인 유

내가 함께해도 될까?

May I take your picture?
메이 아이 테이큐어 픽철

당신 사진을 찍어도 될까요?

Would you mind if I open the window?
우쥬 마인 이프 아이 오우펀 더 윈도우

창문을 열어도 될까요?

Do you mind my smoking?
두 유 마인드 마이 스모킹

담배를 피워도 될까요?

5. 도움을 청할 때

Please help me.
플리즈 헬프 미

저를 좀 도와주세요.

I wonder if you can help me.
아이 원더 이퓨 캔 헬프 미

저를 좀 도와주실 수 있나요?

Can you help me, please?
캐뉴 헬프 미 플리즈

저를 도와주실래요?

Can you give me a hand, please?
캐뉴 기브 미 어 핸드 플리즈

저를 좀 도와주시겠어요?

I have a terrible problem.
아이 해버 테러블 프라블럼

제가 곤경에 처했어요.

I need your help very badly.
아이 니드 유어 헬프 베리 배들리

당신의 도움이 꼭 필요해요.

Please, I really need your help.
플리즈, 아이 리얼리 니드 유어 헬프

부탁드려요. 당신의 도움이 정말 필요해요.

Can I call you when I need your help?
캐나이 콜 유 웨나이 니드 유어 헬프

도움이 필요할 때 전화해도 돼?

I know this is a lot of trouble.
아이 노우 디쓰 이저 랏 어브 트라블

나도 번거로운 일이라는 거 알아.

Could you lend me a hand with these parcels?
쿠쥬 렌드 미 어 핸드 위드 디즈 파썰즈

짐 꾸리는 거 좀 도와주실래요?

Will you lend me a hand with this?
윌 유 렌드 미 어 핸드 위드 디쓰

이것 좀 거들어줄래?

Will you do that for me?
윌 유 두 댓 퍼 미

나 대신 그 일 좀 해줄래?

Could you tell me how this works?
쿠쥬 텔 미 하우 디쓰 웍스

이거 어떻게 작동하는지 알려주시겠어요?

Please do something about it.
플리즈 두 썸띵 어바우딧

그걸 어떻게 좀 해주세요.

Could you help me with this job?
쿠쥬 헬프 미 윗 디쓰 좝

이 일 좀 도와주시겠어요?

기본회화

부탁

6. 도움을 줄 때

I'll help you.
아일 헬프 유

내가 도와줄게.

Just say the word.
저슷 쎄이 더 월드

말씀만 하세요.

I'll always help you.
아일 오올웨이즈 헬프 유

내가 언제든 도와줄게.

Do you want me to lend you a hand?
두 유 원트 미 투 렌드 유 어 핸드

내가 거들어줄까?

Call me whenever you need me.
콜 미 웨네버 유 니드 미

내가 필요하면 언제든지 불러.

I'm glad to help.
아임 글래드 투 헬프

기꺼이 도와줄게요.

I will do what I can.
아이 윌 두 왓 아이 캔

내가 할 수 있는 건 할게.

7_ 사양할 때

I can do it by myself.
아이 캔 두 잇 바이 마이셸프

나 혼자 할 수 있어.

I'm the one who is responsible.
아임 디 원 후 이즈 리스판써블

제가 해야 할 일인데요.

I think I can handle this alone.
아이 띵크 아이 캔 핸들 디쓰 얼로운

나 혼자 할 수 있을 것 같아.

No thank you. Thanks for asking.
노우 땡큐. 땡쓰 퍼 애스킹

괜찮아요. 말이라도 고마워요.

Thanks, but I would rather not.
땡스, 버라이 우드 래더 낫

고맙지만 사양할게요.

Don't worry about it.
도운(트) 워리 어바우딧

걱정하지 마세요.

You don't have to do it.
유 도운(트) 햅 투 두 잇

그럴 필요 없어요.

8_ 충고할 때

Can I give you some advice?
캐나이 기브 유 썸 어드바이스

충고 좀 해도 될까?

Can I give you a word of advice?
캐나이 기브 유 어 워덥 어드바이스

충고 한마디 해도 될까요?

I need your advice.
아이 니드 유어 어드바이스

네 충고가 필요해.

What's done is done, just get over it.
왓츠 던 이즈 던, 저슷 겟 오버릿

이미 벌어진 일은 잊어버려.

Knock yourself out.
노크 유어셀 파웃

최선을 다해요.

Don't give up on your dreams.
도운(트) 기브 업 언 유어 드림스

네 꿈을 포기하지 마라.

It's never too late to start.
잇츠 네버 투우 레잇 투 스타트

시작하기에 결코 늦지 않았어요.

9. 재촉할 때

I'm in a hurry.
아임 이너 허뤼

내가 좀 급해.

Can you hurry, please?
캐뉴 허뤼 플리즈

서둘러 주시겠어요?

Get it done as soon as you can.
게릿 던 애즈 쑤운 애즈 유 캔

가능한 한 빨리 해줘.

This is an emergency.
디쓰 이즈 언 이머전시

급한 일이야.

There is no time to lose.
데얼 이즈 노우 타임 투 루즈

시간이 없어요.

Why are you in such a hurry?
와이 아 유 인 서취 허뤼

뭐가 그리 급하세요?

Don't be so pushy.
도운(트) 비 쏘우 푸쉬

재촉하지 마세요.

CHAPTER 08 약속

1_ 약속 제안

Do you have time to spare?
두 유 해브 타임 투 스페얼

시간 좀 있어요?

Can you make time for me?
캐뉴 메익 타임 퓌 미

시간 좀 내주실래요?

Are you free after work?
아 유 프리 애프터 웕크

일 끝나고 한가해?

Are you free this evening?
아 유 프리 디쓰 이브닝

오늘 저녁 시간 있어?

Are you busy tomorrow?
아 유 비지 터마로우

내일 바쁘니?

What is your schedule like tomorrow?
왓 이즈 유어 스케줄 라익 터마로우

내일 일정이 어떻게 되세요?

Do you have any appointments tomorrow?
두 유 해브 에니 어포인트먼츠 터마로우

내일 무슨 약속 있어요?

How about having lunch tomorrow?
하우 어바웃 해빙 런취 터마로우

내일 점심식사 같이 할래요?

Let's get together sometime.
렛츠 겟 투게덜 썸타임

우리 언제 한번 만나요.

I want to see you before you leave.
아이 원 투 씨이 유 비포얼 유 리이브

네가 떠나기 전에 한번 봤으면 좋겠어.

What are you doing this Tuesday?
왓 아 유 두잉 디쓰 튜즈데이

이번 화요일에 뭐 하니?

Are you free on Wednesday?
아 유 프리 언 웬즈데이

수요일에 시간 있어요?

Are you free this weekend?
아 유 프리 디쓰 위캔드

이번 주말에 시간 있어?

Are you going out this weekend?
아 유 고우잉 아웃 디쓰 위캔드

이번 주말에 외출하니?

기본회화

약속

2. 약속하기, 거절

What did you have in mind?
왓 디쥬 해브 인 마인드

무슨 계획이라도 있어?

Why do you ask?
와이 두 유 애스크

왜 그러는 거야?

What is the occasion?
왓 이즈 디 어케이젼

나를 만나자고 하는 이유라도?

What do you want to see me about?
왓 두 유 원 투 씨이 미 어바웃

무슨 일로 만나자고 하는 거예요?

Do you have plans for today?
두 유 해브 플랜즈 퍼 터데이

오늘 무슨 계획 있어요?

Yes, anytime will be fine.
예쓰, 에니타임 윌 비 파인

네, 언제든 좋아요.

I will check my schedule.
아이 윌 첵 마이 스케쥴

내 일정을 확인해 볼게.

Let me check my organizer.
렛 미 첵 마이 올거나이절
다이어리 좀 체크해 볼게.

I'm free in the afternoon.
아임 프리 인 디 애프터누운
오후에는 시간 있어.

I have nothing on my calendar.
아이 해브 낫띵 언 마이 캐런덜
특별한 약속은 없어요.

In fact, I wanted to see you too.
인 펙트, 아이 원티드 투 씨이 유 투우
사실 나도 한번 만났으면 했어요.

I don't have time.
아이 도운(트) 해브 타임
저는 시간이 없어요.

I'm sorry, I have no time to spare.
아임 쏘리, 아이 해브 노우 타임 투 스페얼
미안해요, 시간이 안 되는데요.

I have an appointment with Mr. Michaels at 6.
아이 해번 어포인트먼트 위드 미스터 마이클스 앳 씩스
마이클 씨와 6시에 약속이 있어요.

I'll have more time next week.
아일 해브 모얼 타임 넥스트 위크
다음 주에 시간이 좀 더 생길 거예요.

3. 장소 정하기

Where shall we meet?
웨얼 쉘 위 미잇

우리 어디서 만날까?

Where is a good place to meet?
웨얼 이저 굿 플레이스 투 미잇

어디가 만나기 좋은 곳인가요?

What did you have in mind?
왓 디쥬 해빈 마인드

가고 싶었던 데 있어?

Where is the most convenient for you?
웨얼 이즈 더 모스트 컨비니언트 퍼 유

어디가 가장 편하세요?

Do you know any good places?
두 유 노우 에니 굿 플레이시스

어디 좋은 곳을 아세요?

You pick the place.
유 픽 더 플레이스

네가 장소를 정해.

You decide where.
유 디사이드 웨얼

네가 어디로 할지 정해.

I know a good restaurant nearby.
아이 노우 어 굿 레스토런트 니얼바이

근처에 근사한 레스토랑이 있어.

I know a very good place.
아이 노우 어 베리 굿 플레이스

제가 정말 좋은 곳을 알아요.

Let's meet nearby your office.
렛츠 미잇 니얼바이 유어 오피쓰

당신 사무실 근처에서 만나요.

Let's meet at the Mir coffee shop.
렛츠 미잇 앳 더 미르 커피샵

미르 커피숍에서 만나요.

Would you like to come over?
우쥬 라익 투 컴 오우벌

이쪽으로 오시겠어요?

Shall I come your way?
쉐라이 컴 유어 웨이

내가 그쪽으로 가는 게 어떨까?

Would you come my way?
우쥬 컴 마이 웨이

제 쪽으로 오시겠어요?

I think that we can meet halfway.
아이 띵크 댓 위 캔 미잇 하프웨이

중간쯤에서 만나는 게 어떨까 해요.

기본회화 / 약속

4. 시간 정하기

What time would be good for you?
왓 타임 우드 비 굿 풔 유

몇 시가 좋아요?

When shall we meet?
웬 쉘 위 미잇

우리 언제 만날까?

When is it convenient for you?
웬 이짓 컨비니언트 풔 유

언제가 괜찮아요?

What time shall we make it?
왓 타임 쉘 위 메이킷

몇 시에 만날까요?

What time do you want me to come?
왓 타임 두 유 원트 미 투 컴

몇 시에 갈까요?

When you have time?
웬 유 해브 타임

시간 언제 있어?

Did you make an appointment?
디쥬 메이컨 어포인트먼트

약속하셨어요?

I'm supposed to meet him at ten.
아임 서포즈드 투 미잇 힘 앳 텐

10시에 만나기로 되어 있어요.

Is six o'clock OK for you?
이즈 씩스 어클락 오우케이 풔 유

6시 괜찮아요?

Anytime after five o'clock.
에니타임 애프털 파이브 어클락

5시 이후라면 언제든 좋아.

Can I see you this evening?
캐나이 씨이 유 디쓰 이브닝

오늘 저녁에 만날 수 있어요?

How about seven o'clock?
하우 어바웃 쎄븐 어클락

7시는 어때요?

I will be there by eight.
아이 윌 비 데얼 바이 에잇

8시까지 거기에 갈게요.

It's depends on your schedule.
잇츠 디펜즈 언 유어 스케쥴

너의 일정에 맞게 정해.

Anytime will be fine. You set the time.
에니타임 윌 비 파인. 유 셋 더 타임

아무 때나 괜찮아. 네가 시간 정해.

5_ 약속 확인, 변경

Are we still on?
아 위 스틸 언

우리 만나는 거 변동 없지?

Are we still planning to get together?
아 위 스틸 프래닝 투 겟 투게덜

우리 모임 갖기로 한 거 변동 없죠?

You didn't forget about tonight, right?
유 디든(트) 풔겟 어바웃 터나잇, 라잇

오늘 저녁 약속한 거 안 잊었죠?

Don't be late.
도운(트) 비 레잇

늦지 마세요.

OK. I won't be late.
오우케이. 아이 원(트) 비 레잇

알았어, 늦지 않을게.

I'll see you there then.
아일 씨이 유 데얼 덴

그럼 거기서 봐요.

Can we meet earlier?
캔 위 미잇 어얼리어

약속을 앞당길 수 있을까?

Something urgent came up.
썸띵 얼전트 케임 업

급한 일이 생겼어요.

Why don't we meet another day?
와이 도운(트) 위 미잇 어나덜 데이

우리 다른 날 만나면 어떨까요?

Can we do that next time?
캔 위 두 댓 넥스트 타임

약속을 다음 기회로 미룰 수 있을까요?

Let's push it back an hour.
렛츠 푸쉬 잇 백 컨 아우얼

약속을 한 시간만 뒤로 미뤄요.

I want to change the time to six o'clock.
아이 원 투 체인지 더 타임 투 씩스 어클락

약속을 6시로 바꾸고 싶어요.

Can we meet tomorrow and not today?
캔 위 미잇 터마로우 앤 낫 터데이

오늘 약속을 내일로 미룰 수 있어요?

Is it possible for us to meet later?
이짓 파써블 퍼 러스 투 미잇 레이덜

나중에 만나면 안 될까?

I'm sorry but I have to call off our engagement.
아임 쏘리 벗 아이 해브 투 콜 오프 아우얼 인게이지먼트

미안하지만 약속을 취소해야겠어요.

6_ 약속에 늦거나 어길 때

Why aren't you coming?
와이 안츄 커밍

너 왜 안 오는 거야?

What's taking so long?
왓츠 테이킹 쏘우 로옹

왜 늦는 거죠?

When will you get here?
웬 윌 유 겟 히얼

언제 여기 도착하니?

I'll be right there.
아일 비 라잇 데얼

거의 다 왔어요.

He said she was going to be late.
히 쎄드 쉬 워즈 고우잉 투 비 레잇

그녀는 조금 늦는다고 했어요.

What took you so long?
왓 투큐 쏘우 로옹

왜 이제야 와요?

Where were you at two?
웨얼 워어 유 앳 투우

너 2시까지 온다고 했잖아?

Did you forget about the appointment?
디쥬 퍼겟 어바웃 디 어포인트먼트

당신 약속을 잊은 거예요?

I can't wait any more.
아이 캔(트) 웨잇 에니 모얼

더 이상은 못 기다리겠어.

You have forgotten about the appointment.
유 해브 펄가튼 어바웃 디 어포인트먼트

약속을 잊으셨군요.

Why did you stand me up?
와이 디쥬 스탠드 미 업

왜 나를 바람맞혔니?

Have you been waiting for a long time?
해뷰 비인 웨이딩 퍼러 로옹 타임

너 오랫동안 기다렸니?

I have been waiting for an hour already.
아이 해브 비인 웨이딩 퍼런 아우얼 오올레디

나는 이미 한 시간째 기다리고 있어.

I'm sorry, I don't have time to relax.
아임 쏘리, 아이 도운(트) 해브 타임 투 릴랙스

미안해요, 너무 바빠서 놀 시간도 없어요.

I'm sorry, I'll pay for dinner.
아임 쏘리, 아일 페이 퍼 디널

미안해, 저녁은 내가 살게.

기본회화

약속

09 CHAPTER 초대와 방문

1_ 초대하기

Would you like to come to my house?
우쥬 라익 투 컴 투 마이 하우스

저희 집에 오시겠어요?

We'd like to invite you to our place.
위드 라익 투 인바이트 유 투 아우얼 플레이스

우리 집에 초대하고 싶어요.

Would you like to come to our place for dinner?
우쥬 라익 투 컴 투 아우얼 플레이스 퍼 디널

저희 집에 저녁 드시러 오시겠어요?

Would you like to come to my house for dinner?
우쥬 라익 투 컴 투 마이 하우스 퍼 디널

저희 집에서 저녁을 대접하고 싶은데 괜찮으세요?

Come in and have some tea.
컴 인 앤 해브 썸 티이

들어와서 차나 한 잔 하고 가세요.

Would you care to be my guest?
우쥬 케얼 투 비 마이 게스트

제 초대를 받아 주실래요?

Could you make it to my birthday party?
쿠쥬 매이킷 투 마이 벌쓰데이 파티

내 생일파티에 올래요?

I'm having a party this weekend. Do you want to come?
아임 해빙 어 파티 디쓰 위캔드. 두 유 원 투 컴

이번 주말에 모임이 있어. 올래?

It's an opening ceremony on Saturday. Would you like to come?
잇츠 언 오우퍼닝 쎄러머니 언 쎄덜데이. 우쥬 라익 투 컴

토요일에 개업식이 있어요. 와주시겠어요?

We'll throw a party at our house this weekend.
위일 뜨로우 어 파티 앳 아우얼 하우쓰 디쓰 위캔드

주말에 우리 집에서 파티를 할 거야.

Come to the party with us.
컴 투 더 파티 위드 어쓰

우리와 함께 파티에 가자.

I'd like to invite you to my party.
아이드 라익 투 인바이트 유 투 마이 파티

너를 파티에 초대하고 싶어.

What kind of party are you having?
왓 카인덥 파티 아 유 해빙

어떤 파티인가요?

How many guests will be there?
하우 메니 게스츠 윌 비 데얼

손님이 몇 분이나 오세요?

기본회화 초대방문

2. 초대에 응할 때

Thank you for inviting me.
땡큐 퍼 인바이딩 미

초대해 줘서 고마워.

I'm looking forward to it.
아임 루킹 퍼워드 투 잇

기대가 됩니다.

Sure I'll come.
슈얼 아일 컴

물론 가야지.

I'll definitely go there.
아일 데퍼니들리 고우 데얼

꼭 갈게요.

OK, that sounds like fun.
오우케이, 댓 사운즈 라익 펀

좋아. 재미있겠다.

Should I bring anything?
슈다이 브링 에니띵

무엇을 가져갈까요?

I'll bring dessert.
아일 브링 디절트

내가 디저트 가져갈게.

3_ 초대를 거절할 때

I can't come.
아이 캔(트) 컴

나는 못 가.

Thank you just the same.
땡큐 저스트 더 쎄임

고맙지만 안 돼요.

I'm afraid I won't be able to attend.
아임 어프라이드 아이 원(트) 비 에이블 투 어텐드

유감스럽게도 참석하지 못할 것 같아요.

I really want to, but I'm swamped with work.
아이 뤼얼리 원 투, 벗 아임 스왐프트 위드 훨크

정말 가고 싶지만, 할일이 많아서 안 되겠어요.

Thank you for inviting me, but it's not possible.
땡큐 풔 인비이딩 미, 벗 잇츠 낫 파써블

초대는 고맙지만, 시간이 안 될 것 같아요.

I can't make it this weekend.
아이 캔(트) 메이킷 디쓰 위캔드

이번 주말에는 안 될 것 같아.

I have something else to do.
아이 해브 썸띵 엘스 투 두

난 다른 할 일이 있어.

4. 환영 인사

Hello, please come in.
헬로우, 플리즈 컴 인

안녕하세요, 들어오세요.

Welcome to my house!
웰컴 투 마이 하우스

우리 집에 오신 걸 환영합니다!

Welcome to my housewarming!
웰컴 투 마이 하우스워밍

집들이에 오신 것을 환영합니다!

I'm glad you've come.
아임 글래드 유브 컴

네가 와서 기뻐.

Thanks for coming such a distance.
땡스 퍼 커밍 서처 디스턴스

멀리서 와주셔서 고마워요.

I've been waiting for you.
아이브 비인 웨이딩 퍼 유

널 기다리고 있었어.

You had no trouble finding the place I hope.
유 해드 노우 트러블 파인딩 더 플레이스 아이 호우프

찾는 데 어려움이 없었기를 바랍니다.

5_ 방문 인사

Here we are!
히얼 위 아
우리 왔어요!

I'm happy to be here.
아임 해피 투 비 히얼
여기 오게 돼서 나도 기뻐.

This is a small gift for you.
디쓰 이저 스멜 기프트 풔 유
이건 너를 위한 작은 선물이야.

I brought some flowers for you.
아이 브로트 썸 플라워즈 풔 유
꽃을 좀 사 왔어요.

You're living in a nice house.
유아 리빙 이너 나이쓰 하우스
너 좋은 집에 사는구나.

You've decorated the room beautifully.
유브 데코레잇트 더 루움 뷰디풀리
방을 예쁘게 꾸몄네.

Who is this person in the picture?
후 이즈 디쓰 펄슨 인 더 픽철
사진에 있는 사람은 누구야?

6_ 손님 접대

Please hang your jacket here.
플리즈 행 유어 재킷 히얼

외투를 여기 걸어요.

Please make yourself at home.
플리즈 메익 큐어쎌프 앳 호움

편안히 앉으세요.

Do you mind if I look around your house?
두 유 마인드 이파이 룩 어라운드 유어 하우스

집을 둘러봐도 될까요?

I'll show you around the place.
아일 쇼우 유 어라운드 더 플레이스

집을 구경시켜 줄게요.

Would you like something to drink?
우쥬 라익 썸띵 투 드링크

마실 것 좀 드시겠어요?

Can I get you anything?
캐나이 겟 츄 에니띵

뭘 좀 가져다줄까요?

Dinner is on the table.
디널 이즈 언 더 테이블

저녁이 준비됐어요.

➡️ **How do you like Korean food?**
하우 두 유 라익 커리언 푸드

한국 음식 좋아하세요?

➡️ **Have some before it gets cold.**
해브 썸 비포얼 잇 겟츠 코울드

식기 전에 드세요.

➡️ **Please help yourself.**
플리즈 헬프 유어셀프

마음껏 많이 드세요.

➡️ **Would you like some more?**
우쥬 라익 썸 모얼

좀 더 드시겠어요?

➡️ **Please tell me if you need something else.**
플리즈 텔 미 이퓨 니드 썸띵 엘스

더 필요한 게 있으면 말씀하세요.

➡️ **How did you enjoy your dinner?**
하우 디쥬 인조이 유어 디널

저녁 맛있게 먹었어요?

➡️ **You're a great cook. That was excellent.**
유아러 그레잇 쿡. 댓 워즈 엑설런트

너 요리 잘한다. 맛있었어.

➡️ **What would you like for dessert?**
왓 우쥬 라익 퍼 디절트

후식은 무엇으로 드실래요?

7_ 파티장에서

Help yourself to something to drink.
헬프 유어셀프 투 썸띵 투 드링크

음료 마음껏 드세요.

This party is rocking!
디쓰 파티 이즈 라킹

이 파티 진짜 멋있다!

This party is dead. Let's get out of here.
디쓰 파티 이즈 대드. 렛츠 겟 아우더브 히얼

이 파티 영 별로다. 여기서 나가자.

May I join in the conversation?
메이 아이 조인 인 더 컨벌세이션

내가 대화에 끼어도 될까?

Who is that over there by the balcony?
후 이즈 댓 오우벌 데얼 바이 더 밸커니

저기 발코니 옆에 있는 애는 누구야?

Would you like to dance with me?
우쥬 라익 투 댄스 위드 미

저와 춤추시겠어요?

May I have the honor of this dance?
메이 아이 해브 디 아널 어브 디스 댄스

함께 춤출 수 있는 영광을 줄래요?

8_ 배웅할 때

▶ **Well, I've got to take off now.**
  웰, 아이브 갓 투 테이커프 나우

  이만 가 봐야겠어요.

▶ **I had a very good time.**
  아이 해드 어 베리 굿 타임

  정말 즐거웠어.

▶ **Thank you for the lovely evening.**
  땡큐 퍼 더 러블리 이브닝

  멋진 저녁 시간 고마워.

▶ **Thanks for your wonderful hospitality.**
  땡스 퍼 유어 원더풀 하스퍼탤러디

  환대해 주셔서 감사합니다.

▶ **I'm glad you could make it.**
  아임 글래드 유 쿠드 메이킷

  와 주셔서 고마워요.

▶ **Please come to my house next time.**
  플리즈 컴 투 마이 하우스 넥스트 타임

  다음에 또 우리 집에 오세요.

▶ **Drive carefully.**
  드라이브 케어펄리

  운전 조심해.

CHAPTER 10 경조사

1. 결혼식

Congratulations a your marriage!
컨그래출레이션즈 어 유어 매리지

결혼 축하합니다.

I wish you both the best.
아이 위쉬 유 보우스 더 베슷

두 분 행복하기 바랍니다.

Best of luck to you both!
베스터브 럭 투 유 보우스

두 사람 행복하길 빌어요!

Who is the lucky guy?
후 이즈 더 럭키 가이

행운의 사나이는 누구예요?

What a beautiful bride! You're a lucky man!
왓 어 뷰리풀 브라이드, 유아러 럭키 맨

신부가 참 아름다워요! 당신은 정말 행운아예요!

Where are they going on their honeymoon?
웨얼 아 데이 고우잉 언 데얼 허니문

신혼여행은 어디로 간다고 해요?

- **What a lovely couple you make!**
  왓 어 러브리 커플 유 메익

  정말 어울리는 한 쌍이군요!

- **It's nice to see such a happy couple.**
  잇츠 나이쓰 투 씨이 서취 해피 커플

  행복한 커플을 보니까 기분이 좋아요.

- **I can't believe you two are getting married!**
  아이 캔(트) 빌리브 유 투우 아 게딩 매리드

  두 사람이 결혼하다니 믿기지가 않아요.

- **How do you know the bride and groom?**
  하우 두 유 노우 더 브라이드 앤드 그루움

  신랑 신부와는 어떻게 아시는 사이세요?

- **We went to university together.**
  위 웬 투 유니벌써리 투게덜

  두 사람과 같은 대학을 다녔어요.

- **That was a lovely ceremony!**
  댓 워저 러브리 쎄러머니

  정말 아름다운 결혼식이었어요!

- **I'm glad you could make it.**
  아임 글래듀 쿠드 메이킷

  결혼식에 참석해 주셔서 기뻐요.

- **I really appreciate you coming to the wedding.**
  아이 리얼리 어프리쉐잇 유 커밍 투 더 웨딩

  결혼식에 와주셔서 정말 감사합니다.

2. 장례식

Present my deepest condolences.
프리젠트 마이 딥피스트 컨도우런시즈

삼가 깊은 조의를 표합니다.

I'm sorry to hear that. I feel bad.
아임 쏘리 투 히얼 댓, 아이 필 배드

정말 안됐습니다. 마음이 아프군요.

Please accept my sincere condolences.
플리즈 억셉 마이 신시얼 컨도우런시즈

진심으로 애도의 뜻을 표하는 바입니다.

You must be having a hard time.
유 머스트 비 해빙 어 하드 타임

힘든 시간이시겠어요.

I'm sorry to hear about your loss.
아임 쏘리 투 히얼 어바웃 유어 로스

뭐라고 드릴 말씀이 없습니다.

We all grieve for you.
위 오올 그리브 풔 유

우리 모두 가슴 아파하고 있습니다.

Thank you for your sympathy.
땡큐 풔 유어 씸퍼씨

위로해 주셔서 감사합니다.

Thank you for coming and offering your condolences.
땡큐 퍼 커밍 앤 어퍼링 유어 컨도우런시즈

이렇게 와서 조의를 표해주시니 감사합니다.

I'll never forget her.
아일 네버 퍼겟 헐

저는 고인을 잊지 못할 것입니다.

It was a privilege to know him.
잇 워즈 어 프리벌리쥐 투 노우 힘

고인을 알게 된 것은 영광이었습니다.

He will always live on in our hearts.
히 윌 오올웨이즈 리브 언 인 아워 하알츠

고인은 우리 마음속에 영원히 살아 있을 것입니다.

How are you holding up?
하우 아 유 홀딩 업

이제 좀 괜찮으신가요?

Is there anything I can do?
이즈 데얼 에니띵 아이 캔 두

제가 뭐 도울 일이라도 있을까요?

If you need someone, you can lean on me.
이퓨 니드 썸원, 유 캔 리인 언 미

누군가가 필요하시면 제게 기대세요.

We are all here for you.
위 아 오올 히얼 퍼 유

당신에겐 우리가 있잖아요.

기본회화 | 경조사

STEP 2

바로바로 스피킹
감정&대화 편

upgrade

CHAPTER 11 대화

1_ 질문할 때

Does anyone have any questions?
더즈 에니원 해브 에니 퀘스천스

질문 있으신 분 계세요?

May I ask you a question?
메이 아이 애스큐 어 퀘스천

질문 하나 해도 될까요?

Would you mind if I ask you a question?
우쥬 마인드 이파이 애스큐 어 퀘스천

뭐 하나 질문해도 될까요?

Will you be taking questions?
윌 유 비 테이킹 퀘스천스

질문 받으실 건가요?

I wanted to ask you something.
아이 원티드 투 애스큐 썸띵

물어보고 싶은 게 있었어요.

I wonder whether I might ask you a question?
아이 원더 웨덜 아이 마잇 애스큐 어 퀘스천

제가 질문을 해도 좋을까요?

- **Can I ask you a personal question?**
  캐나이 애스큐 어 퍼스널 퀘스천

  개인적인 질문 하나 해도 될까요?

- **I have a lot to ask.**
  아이 해버 랏 투 애스크

  물어보고 싶은 게 정말 많아.

- **What am I supposed to do?**
  왓 엠 아이 써포우즈드 투 두

  내가 이럴 때 어떻게 하면 되는 거야?

- **Where did you get that idea?**
  웨얼 디쥬 겟 댓 아이디어

  어떤 점에서 그런 생각을 하게 됐어?

- **Can anyone answer my question?**
  캔 에니원 앤썰 마이 퀘스천

  내 질문에 대답할 사람 있어요?

- **What are your sentiments about this matter?**
  왓 아 유어 센터먼츠 어바웃 디쓰 메러

  이 문제에 대해 네 생각은 어때?

- **Who is there to ask about it?**
  후 이즈 데얼 투 애스커바웃 잇

  누구에게 물어봐야 해요?

- **I have something else to ask you.**
  아이 해브 썸띵 엘스 투 애스큐

  질문할 게 한 가지 더 있어요.

감정 & 대화

대화

2. 질문에 답할 때

That's a good question.
댓츠 어 굿 퀘스천

좋은 질문이야.

Yes and no.
예쓰 앤 노우

그렇기도 하고 아니기도 해.

You should think about it.
유 슈드 띵커바웃 잇

당신이 직접 생각해 보세요.

I'm sorry, that's all I know.
아임 쏘리, 댓츠 오올 아이 노우

미안하지만, 그게 내가 아는 전부야.

I hope it's not too personal though.
아이 호우프 잇츠 낫 투우 퍼스널 도우

너무 사적인 질문이 아니면 좋겠어요.

Please raise your questions later.
플리즈 레이즈 유어 퀘스천스 레이러

나중에 질문해 주세요.

No more questions.
노우 모얼 퀘스천스

더 이상 물어보지 마.

I have no idea.
아이 해브 노우 아이디어

난 전혀 모르겠어.

I haven't got the faintest idea.
아이 해븐(트) 갓 더 페인테슷 아이디어

난 전혀 짐작이 안 가.

I can't answer your question.
아이 캔(트) 앤썰 유어 퀘스천

내가 답할 수 있는 질문이 아니야.

I can't tell you the reasons.
아이 캔(트) 텔 유 더 리즌스

이유는 말할 수 없어.

No comment! They are confidential.
노우 카멘트! 데이 아 칸피덴셜

말할 수 없어! 그건 비밀이야.

I don't want to answer that.
아이 도운(트) 원 투 앤썰 댓

대답하고 싶지 않아요.

It's not something I can answer.
잇츠 낫 썸씽 아이 캔 앤썰

제가 답변할 수 있는 사항이 아니에요.

Please lay it all out for me.
플리즈 레이 잇 오올 아웃 풔 미

모두 다 설명해 주세요.

3_ 이야기를 꺼낼 때

May I speak with you?
메이 아이 스픽 위드 유

얘기 좀 할 수 있어?

I have something to tell you.
아이 해브 썸띵 투 텔 유

너에게 할 말이 있어.

I'd like to have a word with you.
아이드 라익 투 해버 월드 위드 유

당신에게 할 말이 있어요.

I have something to ask you.
아이 해브 썸띵 투 애스큐

너에게 좀 물어볼 말이 있어.

Do you have time to spare?
두 유 해브 타임 투 스페얼

시간 좀 내주실래요?

Are you free to talk?
아 유 프리 투 톡

편하게 얘기 좀 할 수 있니?

Let's go someplace to talk.
렛츠 고우 썸플레이스 투 톡

어디 가서 얘기 좀 해요.

➡️ **Let's have a heart to heart talk.**
렛츠 해버 할투 할트 톡

터놓고 얘기해 봅시다.

➡️ **Can we go somewhere quiet and talk?**
캔 위 고우 썸웨얼 콰이엇 앤 톡

어디 가서 조용히 얘기 좀 할까요?

➡️ **Can I see you now?**
캐나이 씨이 유 나우

지금 나 좀 볼 수 있니?

➡️ **Can you spare me a moment, please?**
캔 유 스페어 미 어 모우먼, 플리즈

잠깐 시간 좀 내주실래요?

➡️ **I know you're busy, but do you have time to spare?**
아이 노우 유아 비지, 벗 두 유 해브 타임 투 스페얼

바쁘신 줄 알지만, 시간 좀 내주시겠어요?

➡️ **I want to talk to you privately.**
아이 원투 톡 투 유 프라이버들리

개인적으로 상의할 게 있어.

➡️ **I need to talk to you right now.**
아이 니드 투 톡 투 유 라잇 나우

지금 꼭 할 얘기가 있어.

➡️ **Everybody, may I have your attention, please?**
에브리바디, 메이 아이 해뷰어 어텐션 플리즈

여러분, 잠깐 주목해 주시겠어요?

4. 소식, 정보를 전할 때

▶ **Hey, have you heard?**
헤이, 해뷰 헐드
야, 얘기 들었어?

▶ **You will be surprised to hear this.**
유 윌 비 서프라이즈 투 히얼 디쓰
너 이 말 들으면 놀랄 거야.

▶ **Did you hear what happened?**
디쥬 히얼 왓 해펀드
무슨 일이 있었는지 들었어?

▶ **Get a load of this.**
겟 어 로우드 어브 디쓰
내 말 좀 들어봐.

▶ **You won't believe what I just heard!**
유 원(트) 빌리브 왓 아이 저슷 헐드
내가 무슨 얘기 들었는지 믿기 어려울 걸!

▶ **You'll never guess what I heard.**
유일 네버 게쓰 왓 아이 헐드
내가 무슨 말을 들었는지 알아?

▶ **Did you hear the news?**
디쥬 히얼 더 뉴스
소식 들었어?

No, what? Please tell me.
노우 왓, 플리즈 텔 미

아니, 뭔데? 말해줘.

Please don't cut me off like that.
플리즈 도운(트) 컷 미 어프 라익 댓

제 말 좀 끝까지 들어보세요.

That's what happened.
댓츠 왓 해펀드

바로 그렇게 된 거였어.

How did you find out?
하우 디쥬 파인 다웃

너 어디서 들었는데?

It was the headline on the news.
잇 워즈 더 헤드라인 언 더 뉴스

신문 헤드라인에 실렸어.

I heard that ages ago.
아이 헐드 댓 에이지스 어고우

그거 옛날에 들은 얘기야.

Stop interrupting me while I'm talking.
스탑 인터럽팅 미 와일 아임 토킹

말하는 중이니까 끼어들지 마.

Curiosity killed the cat.
큐어리아써디 킬드 더 캣

너무 많이 알려고 하지 마라.

5_ 이해했는지 확인하기

Did you get everything I said?
디쥬 겟 에브리띵 아이 쎄드

내 말 다 알겠어?

Are you following me?
아 유 팔로우윙 미

내 얘기 이해했니?

Do you get the message?
두 유 겟 더 메시지

말뜻을 알겠어요?

Are you paying attention?
아 유 페이잉 어텐션

내 말 듣고 있니?

Do you understand what I mean?
두 유 언더스탠 왓 아이 미인

제 말뜻을 이해하시겠어요?

Do you know what I'm talking about?
두 유 노우 왓 아임 토킹 어바웃

내 말이 무슨 말인지 이해되세요?

Do you know the position I'm in?
두 유 노우 더 포지션 아임 인

제가 어떤 입장에 있는지 아시겠어요?

It makes sense to me.
잇 메이크스 센스 투 미

이해가 됩니다.

All right. I see what you mean.
오올 라잇. 아이 씨이 왓츄 미인

알았어. 무슨 말인지 알아.

I know what you're talking about.
아이 노우 왓 유아 토킹 어바웃

네가 무슨 말 하는지 알았어.

I understand your position.
아이 언더스탠 유어 포지션

당신의 처지를 이해해요.

Now I know why you said that.
나우 아이 노우 와이 유 쎄드 댓

이제 네가 왜 그렇게 말했는지 알겠어.

I don't understand.
아이 도운(트) 언더스탠

모르겠어.

I'm not sure.
아임 낫 슈어

확실하게는 몰라.

I'm sorry I don't follow you.
아임 쏘리 아이 도운(트) 팔로우 유

미안하지만 말하는 뜻을 모르겠어요.

감정 & 대화

대화

6_ 맞장구, 농담

Oh, really?
오우, 리얼리

정말이야?

That's interesting!
댓츠 인터레스팅

재밌다!

So, that's what it was.
쏘우, 댓츠 와릿 워즈

그래서 그랬구나!

Oh, that reminds me.
오우, 댓 리마인즈 미

아 맞다, 그러니까 생각나.

Is that so?
이즈 댓 쏘우

그래요?

That's over the limit.
댓츠 오버 더 리밋

그건 좀 너무했네.

Are you sure about that?
아 유 슈얼 어바웃 댓

확실해요?

You serious?
유 시어리어스

진짜요?

Are you pulling my leg?
아 유 풀링 마이 레그

나 놀리는 거지?

Are you making fun of me?
아 유 메이킹 펀 어브 미

지금 나 놀리는 거야?

I was just joking.
아이 워즈 저슷 조킹

농담이야.

I'm just joking around.
아임 저슷 조킹 어라운드

농담하는 것뿐이야.

Stop making me laugh.
스탑 메이킹 미 래프

그만 좀 웃겨라.

What's so funny?
왓츠 쏘우 퍼니

뭐가 그렇게 웃겨?

I'm not in the mood for jokes.
아임 낫 인 더 무드 풔 조크스

지금 농담할 기분 아니야.

7. 오해가 생겼을 때

What should I do to clear the air?
왓 슈다이 두 투 클리어 디 에어

어떻게 해야 오해를 풀 수 있을까?

Don't get me wrong.
도운(트) 겟 미 로옹

오해하지 마세요.

How can we get back to the way we were?
하우 캔 위 겟 백 투 더 웨이 위 워얼

어떻게 해야 오해를 풀 수 있을까?

What is the matter with you? Are you with me?
왓 이즈 더 매털 위듀, 아 유 위드 미

어떻게 된 상황이야? 지금 듣고 있어?

How could you do that to me?
하우 쿠쥬 두 댓 투 미

어떻게 이럴 수 있어?

You got me wrong.
유 갓 미 로옹

그건 오해야.

How can we get back to the way we were?
하우 캔 위 겟 백 투 더 웨이 위 워얼

어떻게 하면 우리 오해를 풀 수 있을까?

What made you believe such a story?
왓 메이듀 빌리브 서취 스토리

어째서 그런 얘기를 믿게 됐어요?

What should I do to clear the air?
왓 슈다이 두 투 클리어 디 에어

어떻게 하면 오해를 풀 수 있을까요?

Let's just cut to the chase.
렛츠 저슷 컷 투 더 췌이스

단도직입적으로 말해요.

What are you saying?
왓 아 유 쎄잉

지금 뭐라고 하는 거야?

What are you blabbering on about?
왓 아 유 브래벌링 어너바웃

너 대체 무슨 말을 하려는 거야?

Cut to the chase!
컷 투 더 췌이스

빙빙 돌리지 말고 말해!

I wasn't saying that to you.
아이 워즌(트) 쎄잉 댓 투 유

너 들으라고 한 말 아니야.

That's not what I meant.
댓츠 낫 왓 아이 멘트

그런 뜻이 아니야.

감정 & 대화

대화

8_ 못 알아들었을 때

I beg your pardon.
아이 베그 유어 파든

(죄송합니다만) 뭐라고 말씀하셨어요?

What do you mean by that?
왓 두 유 미인 바이 댓

그게 무슨 뜻이죠?

I can't understand. Pardon me?
아이 캔(트) 언더스탠드. 파든 미

이해할 수 없어요. 다시 한 번 알려주실래요?

Can you write it down?
캔 유 라이팃 다운

그 내용을 종이에 적어줄래요?

Could you speak more slowly?
쿠쥬 스픽 모어 슬로울리

좀 더 천천히 말씀해 주시겠어요?

What do you call it in English?
왓 두 유 콜 잇 인 잉글리쉬

그 말을 영어로 뭐라고 하죠?

Would you speak a little louder?
우쥬 스피커 리를 라우더

좀 더 큰소리로 말씀해 주시겠어요?

You are speaking too fast for me.
유 아 스피킹 투우 패슷 퍼 미

네가 말하는 게 너무 빨라.

I don't speak English very well.
아이 도운(트) 스픽 잉글리쉬 베리 웰

영어를 잘 못해요.

How do you pronounce this word?
하우 두 유 프러나운스 디쓰 월드

이 단어는 어떻게 발음해요?

Could you spell it for me, please?
쿠쥬 스펠 잇 퍼 미 플리즈

철자를 알려주시겠어요?

What did you say just now?
왓 디쥬 쎄이 저슷 나우

방금 뭐라고 했어요?

Can you go over that again for me?
캐뉴 고우 오버 댓 어겐 퍼 미

좀 더 알기 쉽게 설명해 줄래요?

Do you get how it happened now?
두 유 겟 하우 잇 해펀드 나우

이제 어떻게 된 일인지 알겠죠?

Can you explain that to me once more?
캐뉴 익쓰플랜 댓 투 미 원스 모얼

다시 한 번 설명해 줄래요?

9_ 말문이 막힐 때

Well ….
웰
글쎄….

Well, what I mean ….
웰, 왓 아이 미인
글쎄, 내 말은….

Well, I would say ….
웰, 아이 우드 쎄이
음, 말하자면….

Where was I?
웨얼 워즈 아이
내가 어디까지 말했지?

What was I saying?
왓 워즈 아이 쎄잉
내가 무슨 말을 했지?

What were we talking about?
왓 워 위 토킹 어바웃
우리 어디까지 얘기했었죠?

What am I supposed to say?
왓 엠 아이 써포우즈투 쎄이
내가 어떻게 말해야 할까?

I don't know what I'm supposed to say.
아이 도운(트) 노우 왓 아임 써포우즈투 쎄이

뭐라고 말해야 할지 모르겠어.

In fact….
인 펙트

사실은….

Umm, actually….
음, 액추얼리

음, 사실은….

You know….
유 노우

그러니까 말이지….

What I mean is….
왓 아이 미인 이즈

내 말은….

Let's see….
렛츠 씨이

자 보자….

Where were we?
웨얼 워 위

우리 어디까지 했지?

What was I talking about just now?
왓 워즈 아이 토킹 어바웃 저슷 나우

내가 지금 무슨 얘기하고 있었지?

CHAPTER 12 의견

1. 네와 아니오

➡ **Yes, I am.**
예스, 아이 엠

네, 그래요.

➡ **That's right.**
댓츠 라잇

그렇습니다. (맞습니다.)

➡ **Thank you.**
땡큐

고맙습니다.

➡ **I'll be glad to.**
아일 비 글래드 투

기꺼이 할게요.

➡ **That's all right.**
댓츠 오올 라잇

좋습니다.

➡ **You're welcome.**
유아 웰컴

천만에요.

Me, too.
미, 투우

나도 그래.

No, I'm not.
노우, 아임 낫

아니요, 그렇지 않아요.

That's not right.
댓츠 낫 라잇

그렇지 않습니다.

No, thank you.
노우, 땡큐

아니 괜찮아요.

Of course not.
어브 콜스 낫

물론 아닙니다.

No, way!
노우, 웨이

당치 않아요!

That's too much.
댓츠 투우 머취

그건 무리야.

I'm sorry but I can't now.
아임 쏘리 버다이 캔(트) 나우

미안하지만 안 되겠어요.

2. 제안이나 의견

What's your view on this?
왓츠 유어 뷰우 언 디쓰

어떻게 생각하세요?

What do you think we should do?
왓 두 유 띵크 위 슈드 두

우리가 어떻게 해야 할까요?

Have you come up with any good opinions?
해브 유 컴 업 윗 에니 굿 어피니언스

좋은 의견이 있으세요?

What's your opinion on this?
왓츠 유어 어피니언 언 디쓰

이 건에 대해 당신 생각은 무엇인가요?

Can I tell you what I think?
캐나이 텔 유 왓 아이 띵크

제가 한마디 해도 될까요?

Can I suggest something?
캐나이 서제스트 썸띵

제안 하나 해도 될까요?

I have got an idea.
아이 해브 갓 언 아이디어

좋은 수가 있어요.

I have a good idea.
아이 해브 어 굿 아이디어

제게 좋은 생각이 있어요.

Would you mind if I gave you a suggestion?
우쥬 마인드 이파이 게이브 유 어 서제스천

한 가지 제안을 드려도 될까요?

Let me give my humble opinion.
렛 미 기브 마이 험블 어피니언

제 소견을 말씀드릴게요.

What makes you so sure?
왓 메익스 유 쏘우 슈얼

무슨 근거로 그렇게 확신하니?

Let's reason whether your answer is correct or not.
렛츠 리즌 웨덜 유어 앤썰 이즈 커랙트 오얼 낫

당신의 답이 옳은지 그른지 논의해 봅시다!

How about we talk about it over lunch?
하우 어바웃 위 토커바우딧 오우벌 런취

그 문제는 점심이나 하면서 의논하면 어떨까요?

How did you come up with the idea?
하우 디쥬 컴 업 위드 디 아이디어

어떻게 그런 생각을 다 했어요?

Would you give me a full account of the job?
우쥬 기브 미 어 풀 어카운터브 더 좝

그 일에 대해 자세히 알려주실래요?

3_ 찬성 의견

I agree with you about your opinion.
아이 어그리 위듀 어바웃 츄어 어피니언

당신 의견에 동의합니다.

I'm all for your plan.
아임 오올 풔 유얼 플랜

네 계획에 찬성이야.

I couldn't agree with you more.
아이 쿠든(트) 어그리 위듀 모얼

전적으로 찬성입니다.

You can say that again!
유 캔 세이 댓 어겐

지당하신 말씀입니다!

OK, that's a good idea.
오우케이, 댓처 굿 아이디어

좋아. 그거 멋진 생각이야.

What does it matter?
왓 더즈 잇 매덜

괜찮지 않나요?

I'm of the same opinion.
아임 어브 더 세임 어피니언

너는 나와 의견이 통하네.

I think so, too.
아이 띵크 쏘우, 투우

나도 그렇게 생각해.

Why didn't I think of that?
와이 디든(트) 아이 띵커브 댓

내가 왜 그 생각을 못했을까?

That's exactly it!
댓츠 이그젝틀리 잇

바로 그거야!

I was just thinking the same thing.
아이 워즈 저스트 띵킹 더 세임 띵

나도 똑같이 생각하고 있었어.

I agree with you on that.
아이 어그리 위듀 언 댓

그 점에 대해서 네 말에 동의해.

I have no objection to it.
아이 해브 노우 어브젝션 투 잇

반대 의견이 없습니다.

There is reason in what you say.
데얼 이즈 리즌 인 왓 유 쎄이

당신 말에 일리가 있군요.

That might explain it.
댓 마잇 익스플레인 잇

그 말이 맞겠어요.

감정 & 대화

의견

4. 반대 의견

I don't agree with you.
아이 도운(트) 어그리 위드 유

당신 의견에 반대합니다.

I'm against the plan.
아임 어개인스트 더 플랜

나는 그 계획에 반대야.

I have a different opinion.
아이 해버 디퍼런트 어피니언

난 다른 의견을 갖고 있어.

I don't see it that way.
아이 도운(트) 씨이 잇 댓 웨이

나는 그 일을 그렇게 보지 않아요.

You're wrong on both counts.
유아 로옹 언 보스 카운츠

그건 완전히 틀렸어.

I don't know anything about it.
아이 도운(트) 노우 에니띵 어바우딧

난 그것에 대해 아무것도 몰라.

I don't think so.
아이 도운(트) 띵크 쏘우

난 그렇게 생각하지 않아.

I couldn't possibly disagree more.
아이 쿠든(트) 파써블리 디써그리 모얼

절대로 동의할 수 없어.

You've got it totally wrong.
유브 갓 잇 토우털리 로옹

당신 완전히 잘못 알고 있군요.

I can't buy that!
아이 캔(트) 바이 댓

그건 납득할 수 없어요!

I have no great opinion of his work.
아이 해브 노우 그레잇 어피니언 어브 히즈 웕크

난 그의 일을 그다지 높게 평가하지 않아요.

I'm afraid I can't agree with you.
아임 어프레이드 아이 캔(트) 어그리 위드 유

유감이지만 동의할 수 없군요.

What the hell are you talking about?
왓 더 헬 아 유 토킹 어바웃

대체 무슨 얘기를 하고 있는 거예요?

You know nothing. It's just impossible.
유 노우 낫띵. 잇츠 저스트 임파써블

넌 아무것도 몰라. 그건 불가능해.

Are you out of your mind?
아 유 아웃 어브 유어 마인드

당신 제정신이에요?

5. 협상, 타협

There is room for compromise.
데얼 이즈 루움 퍼 컴프러마이즈

타협의 여지가 남아 있어요.

How about a compromise?
하우 어바웃 어 컴프러마이즈

어떻게 타협할까요?

Let's make a deal.
렛츠 메이커 디일

협상을 합시다.

Let's have a heart-to-heart talk.
렛츠 해브 어 하알트 투 하알트 톡

솔직한 대화를 나눠 봅시다.

We have the upper hand.
위 해브 디 어퍼 핸드

우리가 유리해요.

We're in an unfavorable position.
위아 이넌 언페이버러블 퍼지션

우리가 불리해요.

This is your decision.
디쓰 이즈 유어 디씨전

네 결정에 달렸어.

I'm bound to get it my way.
아임 바운드 투 게딧 마이 웨이

난 내 방식대로 할래.

I have nothing to lose.
아이 해브 낫씽 투 루즈

나는 손해 볼 게 없어.

Do you seriously mean what you say?
두 유 씨어리어슬리 미인 왓츄 쎄이

진정으로 그런 말을 하는 거야?

We're not seeing eye to eye on the matter.
위아 낫 씨잉 아이 투 아이 언 더 메덜

서로 의견이 너무 다르군요.

I need some time to think it over.
아이 니드 썸 타임 투 띵킷 오우벌

생각해볼 시간을 주세요.

Let me think about it for a few days.
렛 미 띵커바우릿 풔러 퓨우 데이스

며칠 동안 생각할 시간을 주세요.

You can tell me if you want.
유 캔 텔 미 이프 유 원트

말씀하시고 싶으면 하세요.

I think we're done with words.
아이 띵크 위얼 던 위드 월즈

더 얘기할 필요도 없는 것 같군요.

감정 & 대화

의견

6. 설득할 때

What made you change your mind?
왓 메이드 유 체인지 유어 마인드

왜 마음을 바꿨어요?

Why would you even consider that?
와이 우쥬 이븐 컨시덜 댓

왜 그렇게 생각하는 거예요?

I want your honest opinion.
아이 원츄어 아니스트 어피니언

너의 솔직한 의견을 듣고 싶어.

You listen to me.
유 리슨 투 미

내 말을 들어요.

I wish you wouldn't do that.
아이 위쉬 유 우든(트) 두 댓

저는 당신이 그러지 않았으면 좋겠어요.

Take my word for it.
테이크 마이 월드 퍼 릿

저를 믿어주세요.

Trust me. I'll take care of it.
트러스트 미, 아일 테익 케어러브 잇

내가 책임지고 해결할게.

Let's be reasonable.
렛츠 비 리즈너블

이성적으로 생각해.

Think about it again, please.
띵커바우딧 어겐 플리즈

다시 생각해 보세요.

I would ask for some second opinions.
아이 우드 애스크 풔 썸 쎄컨드 어피니언스

나라면 다른 사람의 의견을 좀 더 알아볼 거야.

If I were you, I wouldn't do that.
이파이 워 유, 아이 우든(트) 두 댓

내가 당신이라면 그렇게 안할 거예요.

This is out of the question.
디쓰 이즈 아웃 어브 더 퀘스천

그건 문제가 되지 않아요.

We'll go over it later.
위일 고우 오버릿 레이덜

우리 나중에 얘기하자.

You made a tough decision.
유 메이더 터프 디씨전

어려운 결심을 했구나.

I applaud you for your decision.
아이 어플로드 유 풔 유어 디씨전

그 결심 잘 하셨어요.

감정 & 대화

의견

7_ 예상, 추측, 느낌

I knew it!
아이 뉴우 잇

내가 그럴 줄 알았어!

I told you so.
아이 토울드 유 쏘우

그러게 내가 뭐랬니?

In my opinion, we should try that.
인 마이 어피니언, 위 슈드 트라이 댓

내 생각으로는 해볼 만해요.

You should try it. I think it's possible.
유 슈드 트라잇. 아이 띵크 잇츠 파써블

한 번 해봐요. 나는 가능하다고 봐요.

I have no idea.
아이 해브 노우 아이디어

잘 모르겠어요.

I can't really say.
아이 캔(트) 리얼리 쎄이

뭐라고 말을 못하겠어.

I haven't got the faintest idea.
아이 해븐(트) 갓 더 페인티스트 아이디어

전혀 짐작할 수가 없어요.

I don't see it that way.
아이 도운(트) 씨이 잇 댓 웨이

나는 그렇게 보지 않습니다.

It's not likely.
잇츠 낫 라이클리

그럴 것 같지 않아.

I have a bad feeling about this.
아이 해버 배드 필링 어바웃 디쓰

예감이 좋지 않아요.

Who would know? Nothing is impossible.
후 우드 노우? 낫씽 이즈 임파써블

누가 알아요? 세상에 불가능한 일이란 없어요.

I'm sure you will be fine.
아임 슈얼 유 윌 비 파인

너는 틀림없이 잘할 거야.

I think it's possible.
아이 띵크 잇츠 파써블

나는 가능하다고 봐.

I didn't expect this.
아이 디든(트) 익쓰펙트 디쓰

이건 예상 밖이군요.

I had no idea this would happen.
아이 해드 노우 아이디어 디쓰 우드 해편

일이 이렇게 될 줄 정말 몰랐어.

CHAPTER 13 기분 표현

1. 기쁨, 즐거움

I'm so happy.
아임 쏘우 해피

너무 행복해.

What a great feeling!
왓 어 그레잇 필링

기분이 끝내줘요!

Nothing could be more wonderful.
낫띵 쿠드 비 모얼 원더풀

이렇게 기쁜 일은 없었어요.

You look happy.
유 룩 해피

당신 행복해 보여요.

I'm really happy for you.
아임 리얼리 해피 퍼 유

네가 잘돼서 나도 기뻐.

I'm very pleased with it.
아임 베리 플리즈드 위드 잇

매우 만족해요.

- **What an incredible feeling!**
  왓 언 인크레더블 필링

  도무지 믿어지지가 않아!

- **I had a very good time.**
  아이 해더 베리 굿 타임

  정말 행복한 시간이었어요.

- **I feel like a million bucks.**
  아이 피일 라이커 밀리언 벅스

  기분이 날아갈 것 같아.

- **That is really something.**
  댓 이즈 리얼리 썸띵

  그건 정말로 대단한 거야.

- **I couldn't be happier with it.**
  아이 쿠든(트) 비 해피얼 위드 잇

  더 이상 기쁠 수는 없을 거예요.

- **I have never been happier in my life.**
  아이 해브 네벌 비인 해피얼 인 마이 라이프

  내 생애 이보다 더 기쁜 일은 없었어요.

- **I'm glad to hear that.**
  아임 글래드 투 히얼 댓

  듣던 중 반가운 소리군요.

- **My mind is at ease.**
  마이 마인드 이즈 앳 이즈

  마음이 편해요.

감정 & 대화

기분표현

2_ 기분이 안 좋을 때

I was in a mood.
아이 워즈 이너 무드

기분이 그냥 좀 그랬어.

So so.
쏘우 쏘우

그저 그래요.

I have a lot on my mind.
아이 해브 어 랏 언 마이 마인드

고민이 많아요.

I don't feel like doing anything.
아이 도운(트) 피일 라익 두잉 에니띵

아무것도 할 기분이 아니에요.

I'm not in the mood for jokes.
아임 낫 인 더 무드 풔 조우크스

나 지금 농담할 기분 아니에요.

You don't understand how I feel.
유 도운(트) 언덜스탠드 하우 아이 피일

당신은 내 기분 이해하지 못할 거예요.

I'm stressed out.
아임 스트레스트 아웃

너무 스트레스 받아.

3. 근심, 초조

I'm really concerned about it.
아임 리얼리 컨서언드 어바우딧

나는 정말 걱정돼.

What are you all worked up about?
왓 아 유 오올 월크덥 어바웃

무엇 때문에 그렇게 화가 났어요?

I'm on the edge right now.
아임 언 디 에지 라잇 나우

지금 초조해요.

My heart is pounding like a drum.
마이 할트 이즈 파운딩 라이커 드럼

심장이 두근거려요.

I have not slept a wink.
아이 해브 낫 스렙터 윙크

한숨도 못 잤어.

I'm a nervous wreck.
아임 어 널버스 렉크

무척 긴장돼.

What are you fretting over?
왓 아 유 프레딩 오우벌

뭘 그리 초조해하고 있어요?

4. 슬픔, 절망

I'm so sad.
아임 쏘우 쎄드

너무 슬퍼요.

I feel like crying.
아이 피일 라익 크라잉

울고 싶어요.

I'm feeling down.
아임 필링 다운

우울해요.

I'm grieving.
아임 그리빙

가슴 아파요.

I have tears in my eyes.
아이 해브 티어스 인 마이 아이스

눈물이 나요.

I'm heartbroken.
아임 하알트브로우컨

마음이 아파요.

It really hurt me.
잇 리얼리 헐트 미

너무 가슴 아파요.

I'm distressed.
아임 디쓰레스트

너무 괴로워요.

I'm sad. Don't make it worse.
아임 쎄드. 도운(트) 메이킷 월스

슬픈데 더 우울하게 만들지 말아요.

My life is so hopeless.
마이 라이프 이즈 쏘우 호우플리스

눈앞이 캄캄해요.

Nothing could be worse than this.
낫띵 쿠드 비 월스 댄 디쓰

이보다 더 나쁜 일은 없을 거예요.

All my efforts came to nothing.
오올 마이 에펄츠 케임 투 낫띵

모든 게 수포로 돌아갔어요.

What am I supposed to do?
왓 엠 아이 써포우즈 투 두

나 이제 어떻게 하죠?

I'm finished. I've lost everything.
아임 피니쉬드. 아이브 로스트 에브리띵

이제 끝이야. 난 모든 걸 잃었어.

I have no future. There's just no more hope.
아이 해브 노우 퓨철. 데얼즈 저스트 노우 모얼 호우프

내게 미래는 없어. 아무 희망이 없어.

감정 & 대화

기분표현

5_ 위로할 때

- **What's the problem?**
  왓츠 더 프라블럼

  무슨 일 있어?

- **Do you have something on your mind?**
  두 유 해브 썸띵 언 유어 마인드

  무슨 걱정되는 일이라도 있어요?

- **Don't worry. Take it easy.**
  도운(트) 워리. 테이킷 이지

  너무 걱정하지 마세요.

- **Why the long face?**
  와이 더 로옹 페이스

  왜 그렇게 우울한 얼굴이야?

- **You look so sad.**
  유 룩 쏘우 쎄드

  너 슬퍼 보여.

- **That's so sad. How are you holding up?**
  댓츠 쏘우 쎄드. 하우 아 유 홀딩 업

  슬픈 일이에요. 힘드시겠어요?

- **Keep your chin up.**
  키퓨어 친 업

  용기 잃지 말고 기운 내.

Don't be dejected.
도운(트) 비 디젝티드

실망하지 마세요.

Don't get too down.
도운(트) 겟 투우 다운

너무 우울해하지 마세요.

I'm sorry to hear that. I feel bad for you.
아임 쏘리 투 히얼 댓. 아이 피일 배드 풔 유

이런, 안됐군요. 마음이 아프네요.

You're taking this too hard.
유아 테이킹 디쓰 투우 할드

너무 상심하지 마세요.

I'm sure everything's going to be okay.
아임 슈얼 에브리띵즈 고우잉 투 비 오우케이

모든 일이 잘 될 거라고 믿어요.

Tomorrow will look after itself.
터마로우 윌 룩 애프털 잇쎌프

내일 일은 내일 걱정해.

It's just one of those things.
잇츠 저스트 원 어브 도우즈 띵즈

세상 일이 다 그런 거야.

Pull yourself together.
풀 유어쎌프 투게덜

기운 내세요.

6 용기, 격려

You can start anew.
유 캔 스탈트 어뉴

넌 다시 시작할 수 있어.

I bet you can make it.
아이 벳츄 캔 메이킷

난 네가 해낼 거라고 믿어.

Do your best. You can do it!
두 유어 베스트. 유 캔 두 잇

최선을 다해. 너라면 할 수 있어!

It will turn out well.
잇 윌 턴 아웃 웰

다 잘 될 거예요.

I'm on your side.
아임 언 유어 사이드

저는 당신 편이에요.

We are all here for you.
위 아 오올 히얼 풔 유

당신에겐 우리가 있어요.

Don't underestimate yourself.
도운(트) 언덜레스터메잇 유어쎌프

네 능력을 과소평가하지 마라.

Don't give up! It is now or never.
도운(트) 기브 업, 잇 이즈 나우 오얼 네벌

포기하지 마라! 이런 기회는 다시 오지 않아.

Believe in yourself. I'm sure you will do fine.
빌리빈 유어쎌프, 아임 슈얼 유 윌 두 파인

자신을 믿으세요. 더 잘될 거라고 확신해요.

Hang in there.
행 인 데얼

참고 견뎌보세요.

Don't be dejected. You'll do better next time.
도운(트) 비 디젝티드, 유일 두 베덜 넥스트 타임

실망하지 마세요. 다음에 잘하면 돼요.

Don't worry! Things will get better.
도운(트) 워리, 띵스 윌 겟 베덜

걱정하지 마! 좋아질 거야.

Always look on the bright side.
오올웨이즈 룩 언 더 브라잇 싸이드

긍정적으로 생각하세요.

Believe in yourself.
빌리빈 유어쎌프

네 자신을 믿어봐.

Don't put yourself down.
도운(트) 풋츄어쎌프 다운

너무 기죽지 마라.

7_ 화, 분노

I'm getting angry!
아임 게딩 앵그리

화가 나요!

I can't stand it any more.
아이 캔(트) 스탠딧 에니 모얼

더 이상은 못 참겠어.

Are you angry with me?
아 유 앵그리 위드 미

나한테 화났어?

Shut up!
셧 업

입 닥쳐!

Get the hell out of here!
겟 더 헬 아웃 어브 히얼

여기서 썩 꺼져버려!

There is a limit to my patience.
데얼 이즈 어 리밋 투 마이 페이션스

참는 것도 한계가 있어요.

You're driving me up the wall.
유아 드라이빙 미 업 더 월

너 때문에 화가 나 미치겠어.

Don't make fun of me.
도운(트) 메익 펀 어브 미

놀리지 마세요.

That's too much.
댓츠 투우 머취

너무 지나치군요.

You are out of line.
유 아 아웃 어브 라인

말이 좀 지나치군요.

How can you say that?
하우 캔 유 세이 댓

어떻게 그렇게 말할 수 있어요?

I don't want to hear it.
아이 도운(트) 원 투 히얼 잇

듣고 싶지 않아요.

It was a waste of time.
잇 워저 웨이스터브 타임

그건 시간 낭비였어.

He really pissed me off.
히 리얼리 피스트 미 오프

그가 나를 정말 열 받게 했어.

I could hardly believe my ears.
아이 쿠드 하들리 빌리브 마이 이얼스

내 귀를 의심했어요.

8. 당황, 놀라움

I was tongue-tied.
아이 워즈 텅타이드

말문이 막히네요.

You surprised me!
유 써프라이즈드 미

놀랐잖아요!

Oh, God! I'm dumbstruck.
오우 가드! 아임 덤스트럭

하느님 맙소사! 놀라서 말도 못하겠군요.

What in the world!
왓 인 더 월드

세상에!

What a surprise!
와러 써프라이즈

정말 놀랍구나!

That's a bit of a shock.
댓처 빗 어브 어 쇼크

이거 충격적인데요.

No one would've guessed.
노우 원 우드브 게쓰드

이건 예상 밖이야.

You don't say!
유 도운(트) 쎄이

뭐라구!

That's a bolt out of the blue!
댓처 볼타웃 어브 더 블루

웬 날벼락이에요!

I can't believe it.
아이 캔(트) 빌리빗

믿을 수 없어요.

It doesn't matter to me.
잇 더즌(트) 메덜 투 미

난 아무렇지도 않아.

Oh, no! No way!
오우, 노우! 노우 웨이

오, 이런! 말도 안 돼!

Stop joking around!
스탑 조우킹 어라운드

농담 그만 해!

I was scared to death.
아이 워즈 스케얼드 투 데쓰

무서워 죽는 줄 알았어.

It made my skin crawl.
잇 메이드 마이 스킨 크로올

소름 끼쳐요.

9_ 불평, 비난

I feel bad.
아이 피일 배드

기분 나빠요.

You're always complaining.
유아 오올웨이즈 컴플레이닝

넌 항상 불평만 하는구나.

I'm stressed out. Just stop it!
아임 스트레스트 아웃. 저스트 스탑 잇

너무 스트레스 받아. 제발 좀 그만해!

This work is tedious just thinking about it.
디쓰 월키즈 티디어스 저스트 띵킹 어바우딧

그 일 생각만 해도 지긋지긋해.

Oh, my gosh! Here we go again.
오우, 마이 가쉬, 히얼 위 고우 어겐

맙소사! 또 시작이군.

It was a real drag!
잇 워저 리얼 드레그

지루해서 죽는 줄 알았어!

Oh, quit your bellyaching!
오우, 큇츄어 벨리에이킹

그만 좀 투덜거릴래!

Leave me be alone!
리브 미 비 얼로운

날 좀 가만히 내버려 둬!

What would you like to say?
왓 우쥬 라익 투 쎄이

무슨 말을 하고 싶은 거예요?

Don't try to lecture me!
도운(트) 트라이 투 렉철 미

내게 이래라저래라 하지 마!

Don't get mad at me.
도운(트) 겟 매댓 미

내게 화내지 마.

Why are you taking it out on me?
와이 아 유 테이킹 잇 아웃 언 미

왜 내게 화풀이 하니?

You were the one who was wrong.
유 워 디 원 후 워즈 로웅

잘못한 사람은 바로 너야.

Can't you do anything?
캔(트) 유 두 에니띵

너 할 줄 아는 거 있어?

What do you take me for?
왓 두 유 테익 미 풔

나를 뭘로 생각하는 거니?

CHAPTER 14 시간과 날씨

1. 시간을 물을 때

Do you know the time?
두 유 노우 더 타임

몇 시인가요?

What time is it now?
왓 타임 이짓 나우

지금 몇 시인가요?

Do you have the time now?
두 유 해브 더 타임 나우

지금 몇 시입니까?

Could you tell me what time it is?
쿠쥬 텔 미 왓 타임 잇 이즈

몇 시인지 알려주실래요?

It's seven o'clock on the dot.
잇츠 쎄븐 어클락 언 더 닷

7시 정각이에요.

It's a quarter past eleven.
잇처 쿼덜 패스트 일레븐

11시 15분이에요.

➡ **It is half past three.**
   잇 이즈 해프 패스트 뜨리

   3시 30분이야.

➡ **It's a little past six.**
   잇처 리들 패스트 씩스

   6시가 조금 넘었어.

➡ **It's already after ten.**
   잇츠 오올레디 애프털 텐

   벌써 10시가 넘었어.

➡ **It's noon.**
   잇츠 누운

   정오가 되었네요.

시간 읽는 법

9시	nine o'clock / nine o'clock sharp (9시 정각)
9시 05분	nine oh five / five after nine
9시 10분	nine ten / ten after nine
9시 15분	nine fifteen / a quarter after nine
9시 20분	nine twenty / twenty after nine
9시 30분	nine thirty / half past nine
9시 40분	nine forty / twenty to ten (10시 20분전)
9시 45분	nine forty-five / a quarter to ten (10시 15분전)
9시 50분	nine fifty / ten to ten (10시 10분전)
9시 55분	nine fifty-five / five to ten (10시 5분전)

감정 & 대화

시간 날씨

2. 시간 관련 표현

What's the time on your watch?
왓츠 더 타임 언 유어 와치

네 시계로는 몇 시야?

My watch says five-thirty.
마이 와치 세이즈 파이브 썰디

내 시계는 5시 30분을 가리키고 있어.

Is your watch right?
이즈 유어 와치 라잇

네 시계 정확해?

My watch is five minutes early.
마이 와치 이즈 파이브 미니츠 어얼리

5분 빠른데요.

My watch is five minutes behind.
마이 와치 이즈 파이브 미니츠 비하인드

5분 느린데요.

My watch is wrong.
마이 와치 이즈 로웅

내 시계 고장 났어.

The clock is a few minutes slow.
더 클락 이저 퓨 미닛츠 슬로우

그 시계는 몇 분 느려요.

What time do you want to meet for dinner?
왓 타임 두 유 원 투 미잇 풔 디널

몇 시에 저녁식사 할까요?

It's ten o'clock on the dot.
잇츠 텐 어클락 언 더 닷

10시 정각에 봐요.

I come to the office at eight o'clock every morning.
아이 컴 투 디 오피쓰 앳 에잇 어클락 에브리 모닝

난 매일 아침 8시에 사무실에 출근해.

What time do you get off work today?
왓 타임 두 유 게러프 월크 터데이

오늘 몇 시까지 일할 거야?

I'm going to leave at seven o'clock sharp.
아임 고우잉 투 리브 앳 쎄븐 어클락 샾프

정확히 7시에 나갈 거야.

Time is up.
타임 이즈 업

시간이 됐네요.

Hurry up. There is no time to lose.
허뤼 업. 데얼 이즈 노우 타임 투 루우즈

서둘러. 시간 없어.

There is no need to hurry. There's plenty of time.
데얼 이즈 노우 니드 투 허뤼. 데얼즈 프렌티 어브 타임

서두를 필요 없어. 시간 충분해.

3_ 날짜를 물을 때

What's the date today?
왓츠 더 데잇 터데이

오늘 며칠이에요?

What is today's date?
왓 이즈 터데이즈 데잇

오늘이 며칠이야?

It's September 10th.
잇츠 셉템벌 텐쓰

9월 10일이야.

It's the 25th of September.
잇츠 더 투웬티 파이브쓰 어브 셉템벌

9월 25일이야.

It's October 15th.
잇츠 악토우벌 피프틴쓰

10월 15일이야.

Is today the 10th or 11th?
이즈 터데이 더 텐쓰 오얼 일레번쓰

오늘이 10일이야, 11일이야?

It's the 11th.
잇츠 디 일레번쓰

11일이에요.

➡ **What was the date yesterday?**
왓 워즈 더 데잇 예스터데이

어제는 며칠이었지?

➡ **What will the date be tomorrow?**
왓 윌 더 데잇 비 터마로우

내일은 며칠인가요?

➡ **What's the day after tomorrow?**
왓츠 더 데이 애프털 터마로우

모레가 무슨 날이지?

➡ **What date is next Tuesday?**
왓 데잇 이즈 넥스트 튜즈데이

다음 주 화요일이 며칠이지?

➡ **When did you come to Korea?**
웬 디쥬 컴 투 커리어

한국에는 언제 왔어요?

➡ **When is your birthday?**
웬 이즈 유어 벌쓰데이

네 생일이 언제야?

➡ **When do you start your vacation?**
웬 두 유 스탈트 유어 베이케이션

너 방학이 언제부터야?

➡ **When is the deadline?**
웬 이즈 더 데드라인

마감일은 언제입니까?

4. 날짜 관련 표현

I was born on July 20th, 1976.
아이 워즈 본 언 줄라이 투웬티쓰, 나인틴 세븐티 씩스

난 1976년 7월 20일에 태어났어.

I graduated from university in 2003.
아이 그래쥬에이티드 프럼 유니벌서티 인 투우 따우전드 앤 쓰리

난 2003년에 대학교 졸업했어.

When is your presentation?
웬 이즈 유어 프리젠테이션

당신 회사의 설명회는 언제인가요?

The presentation will be on Monday, May 10th.
더 프리젠테이션 윌 비 언 먼데이, 메이 텐쓰

설명회는 5월 10일 월요일에 있을 거예요.

Do you have time tomorrow?
두 유 해브 타임 터마로우

내일 시간 있어?

May I take a week off?
메이 아이 테이커 윅 오프

일주일간 휴가를 얻을 수 있나요?

I'll come back to work on August 15th.
아일 컴 백 투 월크 언 오거스트 피프틴쓰

난 8월 15일에 돌아올 거야.

연도와 날짜 읽기

1) 연도는 하나의 숫자로 읽을 수 있다. 이때 어떤 해의 ~1년일 경우에는 반드시 'and'를 붙여서 읽는다.

   1999년   one thousand nine hundred ninety-nine
            nineteen hundred ninety-nine
   2001년   two thousand and one
   2009년   two thousand nine

2) 연도를 앞에서부터 두 단위씩 끊어서 읽는다. 단, 뒤의 두 자리가 10 미만일 경우에는 'oh'를 넣어서 읽는다.

   1998   nineteen ninety-eight
   2009   twenty oh-nine
   2010   twenty-ten

3) 날짜를 쓸 때 '일'을 표시하는 숫자는 1, 2, 3 등과 같은 기수로 쓰지만 읽을 때는 first, second 등과 같은 서수로 읽는다. 우리나라는 날짜를 '연도, 월, 일' 순으로 쓰지만 미국은 '월, 일, 연도' 순서로, 영국은 '일, 월, 연도' 순서로 쓴다.

   2010년 8월 24일 August 24, 2010 (24 August 2010)
                    August twenty-fourth, twenty-ten

5_ 요일을 물을 때

What day is it today?
왓 데이 이짓 터데이

오늘 무슨 요일이에요?

Today is Friday.
터데이 이즈 프라이데이

오늘은 금요일이에요.

What day is it today?
왓 데이 이짓 터데이

오늘 무슨 요일이지?

It's Wednesday.
잇츠 웬즈데이

수요일이야.

What day was it yesterday?
왓 데이 워짓 예스털데이

어제는 무슨 요일이었죠?

It was Tuesday.
잇 워즈 튜즈데이

화요일이었죠.

What day will it be tomorrow?
왓 데이 윌 잇 비 터마로우

내일 무슨 요일이지?

- **It will be Thursday.**
  잇 윌 비 썰즈데이

  목요일이지.

- **Is today a special day?**
  이즈 터데이 어 스페셜 데이

  오늘 특별한 날이야?

- **What day is Christmas this year?**
  왓 데이 이즈 크리스마스 디쓰 이얼

  크리스마스는 무슨 요일이지?

- **Let me check my calendar.**
  렛 미 첵 마이 캘런덜

  달력을 확인해 볼게요.

- **What's the occasion next Friday?**
  왓츠 디 어케이션 넥스트 프라이데이

  다음 주 금요일이 무슨 날이지?

- **What day of the week is the 19th?**
  왓 데이 어브 더 위크 이즈 더 나인틴쓰

  19일이 무슨 요일이에요?

- **What holidays do we have this month?**
  왓 할리데이즈 두 위 해브 디쓰 먼쓰

  이번 달에 무슨 공휴일이 있지?

- **I'd like to take this Friday off.**
  아이드 라익 투 테익 디쓰 프라이데이 오프

  이번 주 금요일에 휴가를 내고 싶어요.

감정 & 대화

시간 날씨

6. 날씨를 물을 때

➡ **How is the weather today?**
하우 이즈 더 웨덜 터데이

오늘 날씨 어때?

➡ **It looks like rain.**
잇 룩스 라이크 레인

비가 올 것 같아.

➡ **Will it be fine tomorrow?**
윌 잇 비 파인 터마로우

내일은 날씨가 좋을까?

➡ **How is the weather today?**
하우 이즈 더 웨덜 터데이

오늘 날씨 어때?

➡ **What a beautiful day!**
왓 어 뷰티플 데이

너무 화창한 날씨야!

➡ **The weather is fine today.**
더 웨덜 이즈 파인 터데이

오늘은 날씨가 좋아.

➡ **It's cloudy today.**
잇츠 클라우디 터데이

오늘은 날씨가 흐려요.

It looks like it's going to rain today.
잇 룩스 라익 잇츠 고우잉 투 레인 터데이

오늘 비가 올 것 같아.

It's a bit chilly today.
잇처 빗 칠리 터데이

오늘은 좀 쌀쌀해.

It's gusty today.
잇츠 거스티 터데이

오늘은 바람이 심해.

It's so cold today.
잇츠 쏘우 코울드 터데이

오늘 너무 춥다.

How do you like this weather?
하우 두 유 라익 디쓰 웨덜

오늘 날씨 어떤가요?

Today is supposed to be a sunny day.
터데이 이즈 써포즈드 투 비 어 써니 데이

오늘은 날씨가 화창할 거야.

The wind is dying down.
더 윈디즈 다잉 다운

바람이 잔잔해졌어요.

Is it going to rain today?
이짓 고우잉 투 레인 터데이

오늘 비가 올까?

7_ 날씨 관련 표현

What is the weather forecast for today?
왓 이즈 더 웨덜 포올캐스트 풔 터데이

오늘 일기예보 어때?

Let's check the weather forecast.
렛츠 첵 더 웨덜 포올캐스트

일기예보를 확인해 봐요.

The weather forecast was wrong.
더 웨덜 포올캐스트 워즈 로옹

일기예보가 틀렸어.

Those clouds look like rain.
도우즈 클라우즈 룩 라이크 레인

구름을 보니 비가 올 것 같아.

It's just pouring rain out there.
잇츠 저스트 포올링 레인 아웃 데얼

억수 같은 비가 쏟아지고 있어요.

The weather is nasty today.
더 웨덜 이즈 내스티 터데이

오늘 날씨 고약해.

What's the weather going to be like tomorrow?
왓츠 더 웨덜 고우잉 투 비 라익 터마로우

내일 날씨는 어떨 것 같아?

The forecast calls for a cloudy day.
더 포올캐스트 콜즈 퍼러 클라우디 데이

일기예보에서 내일 흐릴 거라고 했어.

I can't take hot weather.
아이 캔(트) 테익 핫 웨덜

더운 날씨는 못 견디겠어.

The first snow will fall today.
더 펄스트 스노우 윌 폴 터데이

오늘 첫눈이 올 거래.

What is the weather like in Seoul?
왓 이즈 더 웨덜 라이킨 서울

서울 날씨는 어떠니?

How is the weather over there?
하우 이즈 더 웨덜 오우버 데얼

거기 날씨는 어때?

What is the weather like in New York?
왓 이즈 더 웨덜 라이킨 뉴욕

뉴욕의 날씨는 어떤가요?

The weather has changed suddenly.
더 웨덜 해즈 췌인지드 서든리

날씨가 갑자기 변했어.

It has been raining for the past three days.
잇 해즈 비인 레이닝 퍼 더 패스트 뜨리 데이즈

3일 내내 비가 오고 있어요.

8_ 기후, 계절

Spring is just around the corner.
스프링 이즈 저스터라운드 더 코너

봄이 바로 코앞에 왔어.

It is rather cold for spring weather.
잇 이즈 래덜 코울드 풔 스프링 웨덜

봄 날씨 치고는 꽤 춥네요.

It's getting warmer day by day.
잇츠 게딩 워머 데이 바이 데이

날마다 더 더워지고 있어요.

I wonder how long this heat will last.
아이 원덜 하울롱 디쓰 히트 윌 라스트

이 더운 날씨가 얼마나 이어질지 모르겠네.

This weather will not hold so long.
디쓰 웨덜 윌 낫 호울드 쏘우 로응

이런 날씨가 오래 계속되진 않을 거야.

The rainy season has set in.
더 레이니 시즌 해즈 세틴

장마철이 됐어.

The storm is on the way.
더 스톰 이즈 언 더 웨이

곧 태풍이 올 것 같아.

The rainy season is over.
더 레이니 시즌 이즈 오우벌

장마철이 끝났어.

There is so much rain this year.
데얼 이즈 쏘우 머취 레인 디쓰 이얼

올해는 유난히 비가 많이 와.

The fall leaves are changing colors.
더 폴 리브즈 아 체인징 컬러스

낙엽이 물들고 있어.

It's getting colder day by day.
잇츠 게딩 코울더 데이 바이 데이

날이 갈수록 추워져요.

This winter is unusually mild.
디쓰 윈털 이즈 언유주얼리 마일드

이번 겨울은 이상하게 포근해요.

There is so much snow this year.
데얼 이즈 쏘우 머취 스노우 디쓰 이얼

올해는 유난히 눈이 많이 와요.

Spring and Autumn are the best seasons.
스프링 앤 오텀 아 더 베스트 시즌스

봄과 가을이 가장 좋은 계절이야.

The weather is changeable at the turn of the seasons.
더 웨덜 이즈 체인저블 앳 더 턴 어브 더 시즌스

환절기에는 날씨가 변덕스러워요.

CHAPTER 15 개인의 신상

1. 가족 관계

➡ **Do you have any siblings?**
두 유 해브 에니 씨브링스

형제가 있으세요?

➡ **How many bothers and sisters do you have?**
하우 메니 브라덜스 앤 씨스터스 두 유 해브

형제자매가 몇 명이야?

➡ **I have no siblings.**
아이 해브 노우 씨브링스

난 형제가 없어.

➡ **I have a sister and two brothers. I'm the youngest.**
아이 해브 어 씨스털 앤 투우 브라덜스. 아임 디 영기스트

누나와 두 형이 있어. 내가 막내야.

➡ **Do you live with your parents?**
두 유 리브 위드 유어 페어런트

부모님과 함께 살아요?

➡ **I lost my parents when I was young.**
아이 로스트 마이 페어런츠 웬 아이 워즈 영

부모님은 내가 어렸을 때 돌아가셨어.

How many people are there in your family?
하우 메니 피플 아 데어린 유어 패밀리

가족이 몇 분이나 되세요?

I live away from my family.
아이 리브 어웨이 프럼 마이 패밀리

난 식구들과 떨어져 지내.

I'm married. / I'm single.
아임 매리드   아임 싱글

저는 결혼했어요. / 저는 미혼에요.

I'm still looking for Mr. Right.
아임 스틸 루킹 풔 미스터 라잇

난 아직 딱 맞는 상대를 찾고 있어.

We've been married for three years.
위브 빈 매리드 풔 뜨리 이얼스

우린 결혼한 지 3년 됐어.

How many children do you have?
하우 메니 칠드런 두 유 해브

자녀는 어떻게 되세요?

We don't have any children.
위 도운(트) 해브 에니 칠드런

저희는 아이가 없어요.

I have one daughter.
아이 해브 원 도우더

저는 딸이 하나 있어요.

2. 고향, 출신지

Where are you from?
웨얼 아 유 프럼

어디 출신이에요?

Where were you born?
웨얼 워어 유 본

너는 어디서 태어났어?

Where did you grow up?
웨얼 디쥬 그로우 업

넌 어디서 자랐니?

I'm from New York.
아임 프럼 뉴욕

난 뉴욕 출신이야.

How long have you been in New York?
하울롱 해브 유 비닌 뉴욕

뉴욕에서 얼마나 살았어요?

Most of our relatives are in Seoul.
모우스터브 아우얼 렐러티브즈 아 인 서울

친척들이 거의 서울에 살아요.

I lived in Seoul until I was in high school.
아이 리브딘 서울 언틸 아이 워즈 인 하이 스쿨

고등학교 때까지 서울에서 살았어.

3. 주거지

Where do you live?
웨얼 두 유 리브

넌 어디에 살아?

Do you live in a house or an apartment?
두 유 리브 이너 하우스 오얼 언 어팔트먼트

단독주택에 살아, 아파트에 살아?

Do you live with your family?
두 유 리브 위드 유어 패밀리

식구들과 함께 살아요?

I live in the ABC apartments.
아이 리브 인 디 에이비씨 어팔트먼트츠

나는 ABC 아파트에 살아요.

I've lived here for three years.
아이브 라이브드 히얼 퍼 뜨리 이얼스

이곳에서 3년째 살고 있어.

I like this neighborhood.
아이 라익 디쓰 네이버후드

이 동네가 마음에 들어요.

My house is about ten minutes on foot from the station.
마이 하우스 이즈 어바웃 텐 미닛츠 언 풋 프럼 더 스테이션

우리 집은 역에서 걸어서 10분 거리에 있어요.

4 일, 직업

What's your job?
왓츠 유어 찹

직업이 뭐예요?

What do you do for a living?
왓 두 유 두 퍼러 리빙

무슨 일을 하세요?

I'm self-employed.
아임 셀프 임프로이드

자영업을 하고 있어요.

What's your position at work?
왓츠 유어 포지션 앳 월크

직책은 어떻게 되세요?

I'm a general manager.
아임 어 제너럴 매니절

총지배인을 맡고 있어요.

How long have you had this job?
하울롱 해뷰 해드 디쓰 찹

이 일 한 지는 얼마나 됐어요?

That must be a cool job.
댓 머스트 비 어 쿨 찹

정말 멋진 직업이에요.

Where's your office?
웨얼즈 유어 오피쓰

사무실이 어디에 있어요?

My office is near City Hall.
마이 오피쓰 이즈 니얼 씨디 호울

사무실은 시청 근처에 있어요.

How do you like your job?
하우 두 유 라익 유어 잡

직장이 마음에 드니?

I'm happy with my work.
아임 해피 위드 마이 월크

지금 하는 일에 만족하고 있어.

I want to quit this job. I'm tired of work.
아이 원 투 퀴트 디쓰 잡, 아임 타이얼드 어브 월크

일을 그만두고 싶어. 지겨워 죽겠어.

I'm working part-time.
아임 월킹 파트타임

파트타임으로 일해요.

I'm a college student.
아임 어 칼리쥐 스튜든트

저는 대학생이에요.

I'm thinking about going to graduate school.
아임 띵킹 어바웃 고우잉 투 그래쥬에잇 스쿠울

대학원 진학을 생각하고 있어요.

5_ 외모

▸ **I'm slightly plump. / You're so skinny.**
아임 스라이틀리 프럼프   유아 쏘우 스키니

난 좀 통통해.   / 너는 너무 말랐어.

▸ **You're in good shape.**
유아 인 굿 쉐이프

날씬하세요.

▸ **You're a tall fellow.**
유아러 토올 팰로우

키가 크네요.

▸ **You're well built.**
유아 웰 빌트

체격이 좋으세요.

▸ **I have long hair.**
아이 해브 로옹 헤얼

난 머리가 길어요.

▸ **You're so pretty.**
유아 쏘우 프리디

넌 정말 예뻐.

▸ **You're a natural beauty.**
유아러 내쳐럴 뷰디

넌 자연스런 아름다움이 있어.

➡ **I wear almost no make-up.**
아이 웨얼 오올모우스트 노우 메이컵

난 화장을 거의 하지 않아.

➡ **You look young for your age.**
유 룩 영 퍼 유어 에이지

나이에 비해 젊어 보여요.

➡ **You have such cute dimples.**
유 해브 서취 큐트 딤플스

넌 보조개가 예뻐.

➡ **She's so tiny.**
쉬즈 쏘우 타이니

그녀는 체구가 작아요.

➡ **He's so handsome.**
히즈 쏘우 핸썸

그는 잘생겼어요.

➡ **How much do you weigh?**
하우 머취 두 유 웨잇

몸무게가 얼마예요?

➡ **How tall are you?**
하우 톨 아 유

키가 얼마나 돼요?

➡ **I wish I were taller.**
아이 위쉬 아이 워어 토올러

난 키가 좀 더 크면 좋겠어.

6_ 성격

I'm carefree.
아임 케얼프리

난 덜렁대는 편이야.

I'm not that sociable.
아임 낫 댓 소우셔블

난 그리 사교적이지 못해.

My friends say that I'm an introvert.
마이 프랜즈 쎄이 댓 아임 언 인트러벌트

친구들은 내가 내성적이라고 해요.

I'm open-minded.
아임 오픈 마인디드

난 개방적이야.

I'm such an optimist.
아임 써취 언 압터미스트

난 낙천주의자야.

I'm such a pessimist.
아임 써취 어 페서미스트

난 비관론자야.

They say I'm a cheerful person.
데이 쎄이 아임 어 취어펄 펄슨

난 밝고 쾌활하다는 소리를 많이 들어.

I talk quite freely with everybody.
아이 토크 콰이트 프릴리 위드 에브리바디

난 누구에게나 허물없이 얘기하는 편이야.

What kind of person do you think you are?
왓 카인더브 펄슨 두 유 띵크 유 아

당신은 성격이 어떻다고 생각하세요?

He has a great personality.
히 해저 그레잇 펄서낼러티

그 사람은 성격이 좋아요.

He's hot-tempered.
히즈 핫탬펄드

그는 다혈질이야.

He's too conservative.
히즈 투우 컨설버티브

그는 너무 보수적이야.

She has a big mouth.
쉬 해저 빅 마우스

그녀는 허풍쟁이야.

She seems to be kind of shy.
쉬 씸스 투 비 카인더브 샤이

그녀는 좀 수줍어하는 것 같아요.

She's independent.
쉬즈 인디펜던트

그녀는 독립심이 강해요.

CHAPTER 16 취미와 여가시간

1_ 취미

- **What's your hobby?**
  왓츠 유어 하비

  넌 취미가 뭐니?

- **Do you take any kind of lessons?**
  두 유 테익 에니 카인더브 레슨스

  뭔가 배우는 거 있어요?

- **Do you have any special interests?**
  두 유 해브 에니 스페셜 인터레스츠

  특별히 좋아하는 게 있어요?

- **I like to travel.**
  아이 라익 투 트래벌

  난 여행을 좋아해.

- **I like cooking.**
  아이 라익 쿠킹

  난 요리하는 거 좋아해.

- **I'm very interested in taking photos.**
  아임 베리 인터레스티드 인 테이킹 포우토스

  난 사진 찍는 것에 관심이 많아요.

I'm really into gardening.
아임 리얼리 인투 가알드닝

난 정원 가꾸기에 푹 빠져 있어요.

I'm a film buff.
아임 어 필름 버프

난 영화광이야.

Do you go to the movies often?
두 유 고우 투 더 무비즈 오픈

극장에 자주 가세요?

Have you seen any good movies lately?
해뷰 씨인 에니 굿 무비즈 레이들리

최근에 좋은 영화 본 거 있어?

What kind of movies do you enjoy watching?
왓 카인덥 무비즈 두 유 엔조이 왓칭

어떤 영화 즐겨 보니?

I like action films.
아이 라익 액션 필름스

액션 영화 좋아해.

Stamp collecting is a relaxing hobby.
스탬프 콜렉팅 이저 리랙싱 하비

우표 수집은 마음을 편하게 해주는 취미야.

My hobby is collecting antiques.
마이 하비 이즈 컬렉팅 앤틱스

저의 취미는 골동품 수집입니다.

- **I'm a CD collector.**
  아임 어 씨디 컬랙터

  난 CD를 수집해.

- **I used to cross-stitch all the time.**
  아이 유스투 크러스 스팃취 오올 더 타임

  십자수를 자주 했어요.

- **I'm learning flower arrangement.**
  아임 러닝 플라워 어레인지먼트

  꽃꽂이를 배우고 있어요.

- **I like watching more than playing.**
  아이 라익 왓칭 모얼 댄 프레잉

  난 운동하는 것보다 보는 거 좋아해.

- **Listening to music is my only pleasure.**
  리스닝 투 뮤직 이즈 마이 오운리 플레절

  음악 감상이 제 유일한 즐거움이에요.

- **What kind of music do you like?**
  왓 카인더브 뮤직 두 유 라이크

  어떤 음악 좋아하니?

- **I love jazz.**
  아이 러브 째즈

  재즈가 좋아.

- **I'm really into rock music.**
  아임 리얼리 인투 락 뮤직

  난 록 음악에 푹 빠졌어.

🔊 **I have never really been interested in opera.**
아이 해브 네벌 리얼리 비인 인터레스티드 인 아퍼러

오페라는 전혀 관심 없어요.

🔊 **Who's your favorite musician?**
후즈 유어 페이버릿 뮤지션

가장 좋아하는 음악가는 누구야?

🔊 **The woman singer's voice is very haunting.**
더 우먼 싱어스 보이스 이즈 베리 호온팅

그 여가수의 목소리는 정말 호소력 있어.

🔊 **Can you play any instrument?**
캐뉴 플레이 에니 인스트러먼트

연주할 수 있는 악기 있어요?

🔊 **I play the piano.**
아이 플레이 더 피애노우

난 피아노를 쳐.

🔊 **I learned to play the violin when I was young.**
아이 러닌드 투 플레이 더 바이얼린 웨나이 워즈 영

어렸을 때 바이올린 배웠어.

🔊 **I really can't sing.**
아이 리얼리 캔(트) 씽

난 노래를 정말 못해.

🔊 **I have no particular hobbies.**
아이 해브 노우 퍼티큘러 하비스

저는 특별한 취미가 없어요.

2. 여가 활동

What do you do in your spare time?
왓 두 유 두 인 유어 스페얼 타임

여가시간에 뭐하고 보내세요?

What do you do on the weekend?
왓 두 유 두 언 더 위캔드

주말에는 뭘 하고 지내요?

I just stay in and watch TV on the weekends.
아이 저스트 스테이 인 앤 와취 티브이 언 더 위캔즈

휴일엔 하루 종일 TV만 봐.

How about going for a drive?
하우 어바웃 고우잉 퍼러 드라이브

드라이브 하는 거 어때?

I usually spend time with my friends.
아이 유즈얼리 스펜드 타임 위드 마이 프렌즈

난 주로 친구들을 만나.

I like to read in my spare time.
아이 라익 투 리드 인 마이 스페얼 타임

여가시간엔 독서하는 게 좋아요.

I try to exercise as often as possible.
아이 트라이 투 엑널사이즈 애즈 오펀 애즈 파써블

가능한 한 자주 운동하려고 노력해.

➡️ **I've taken up jogging recently.**
아이브 테이컨 업 자깅 리슨들리

최근에 조깅을 시작했어요.

➡️ **Do you play golf?**
두 유 플레이 갈프

골프 치세요?

➡️ **I've been playing golf for over ten years.**
아이브 비인 플레이잉 갈프 퍼 오우벌 텐 이얼스

십 년 넘게 골프를 치고 있어요.

➡️ **Let's play together sometime.**
렛츠 플레이 투게덜 썸타임

언제 한번 같이 치러 가요.

➡️ **It's not easy to find the time to play.**
잇츠 낫 이지 투 파인 더 타임 투 플레이

운동시간을 내기가 힘들어.

➡️ **I'm really into mountain climbing.**
아임 리얼리 인투 마운틴 클라이밍

등산에 푹 빠졌어.

➡️ **I go to the stadium to watch games.**
아이 고우 투 더 스테디엄 투 와취 게임스

시합 보러 경기장에 가요.

➡️ **I like the atmosphere in the stadium.**
아이 라익 디 앳머스피얼 인 더 스테디엄

난 경기장 분위기를 좋아해요.

CHAPTER 17 전화 통화

1_ 전화를 걸 때

➡ **Hi, is Mike there?**
하이, 이즈 마이크 데얼

안녕하세요, 마이크 있어요?

➡ **Hello. This is Su-mi Kim.**
헬로우. 디쓰 이즈 수미김

여보세요, 저는 김수미라고 해요.

➡ **Is this Mr. Henry Miller?**
이즈 디쓰 미스터 헨리 밀러

헨리 밀러 씨이신가요?

➡ **I'd like to speak to Mr. Johnson.**
아이드 라익 투 스픽 투 미스터 존슨

존슨 씨와 통화하고 싶어요.

➡ **Can I speak to Mr. Johnson, please?**
캐나이 스픽 투 미스터 존슨 플리즈

존슨 씨 좀 바꿔주실래요?

➡ **Hello. May I speak to Mr. Johnson, please?**
헬로우. 메이 아이 스픽 투 미스터 존슨 플리즈

여보세요, 존슨 씨와 통화할 수 있을까요?

- **This is Henry Miller of HD Company.**
  디쓰 이즈 헨리 밀러 어브 에이치디 컴퍼니

  저는 HD사의 헨리 밀러라고 합니다.

- **I just called a minute ago. Is Henry there?**
  아이 저스트 콜드 어 미닛 어고우. 이즈 헨리 데얼

  방금 전화했던 사람인데, 헨리 있나요?

- **Please connect me with Mr. Johnson.**
  플리즈 커넥트 미 위드 미스터 존슨

  존슨 씨와 연결시켜 주세요.

- **Extension five-one-two, please.**
  익스텐션 파이브 원 투우 플리즈

  내선번호 512번으로 연결해 주세요.

- **I think he changed his extension.**
  아이 띵크 히 체인지드 히즈 익스텐션

  그의 내선번호가 바뀐 것 같아요.

- **Has he returned yet?**
  해즈 히 리턴드 옛

  그가 돌아왔나요?

- **When can I expect to talk to him?**
  웬 캐나이 익스펙 투 토크 투 힘

  언제쯤 그와 통화할 수 있을까요?

- **Is there any other way to get a hold of him?**
  이즈 데얼 에니 어덜 웨이 투 겟 어 호울드브 힘

  다른 연락방법이 없을까요?

2. 전화를 받을 때

Hello, who's calling?
헬로우, 후즈 콜링
여보세요, 누구십니까?

Who's calling, please?
후즈 콜링 플리즈
전화 거신 분은 누구십니까?

Hello, this is Henry Miller speaking.
헬로우, 디쓰 이즈 헨리 밀러 스피킹
여보세요, 헨리 밀러입니다.

Am I speaking to Mr. Johnson?
엠 아이 스피킹 투 미스터 존슨
존슨 씨입니까?

Speaking. Who's calling?
스피킹, 후즈 콜링
전데요. 누구세요?

May I ask who's calling?
메이 아이 애스크 후즈 콜링
누구시라고 전해 드릴까요?

Who should I say is calling?
후 슈다이 세이 이즈 콜링
누구시라고 전해 드릴까요?

Whom would you like to speak to?
훔 우쥬 라익 투 스픽 투

어느 분을 찾으세요?

His extension is 302.
히즈 익쓰텐션 이즈 뜨리 오 투우

그의 내선번호는 302번이에요.

Thanks for calling.
땡스 퍼 콜링

전화 주셔서 감사합니다.

The phone's ringing. Somebody, answer the phone.
더 포운즈 링잉, 썸바디, 앤썰 더 포운

전화 오는데, 누구 전화 좀 받아주세요.

Is anyone gonna get that?
이즈 에니원 고너 겟 댓

누구 전화 받을 사람 없어요?

I'll get it.
아일 겟 잇

제가 받을게요.

I have to go. I've got another call.
아이 해브 투 고우, 아이브 갓 어나덜 콜

그만 끊어야겠어요. 다른 전화가 와서요.

I'm busy now. I will call back later.
아임 비지 나우, 아이 윌 콜 백 레이덜

지금 바빠. 나중에 다시 걸게.

3. 전화 연결

Hold on a minute, please.
호울드 어너 미닛 플리즈

끊지 말고 기다려 주세요.

Hold, please. I will transfer your call.
호울드 플리즈. 아이 윌 트랜스펄 유어 콜

잠깐만요, 전화 돌려 드릴게요.

Just a second, I'll get the person you asked for.
저스터 세컨드, 아일 겟 더 펄슨 유 애스크드 퍼

잠깐만요, 그분을 바꿔드릴게요.

I'll put you through to him.
아일 푸츄 쓰루 투 힘

그에게 연결해 드릴게요.

I will put you through to Johnson.
아이 윌 푸츄 쓰루 투 존슨

존슨 씨에게 연결해 드릴게요.

There's a call for you.
데얼즈 어 콜 퍼 유

전화 받으세요.

There is a call for you on line two.
데얼 이저 콜 퍼 유 언 라인 투우

2번 전화가 와 있어요.

4. 잘못 걸었을 때

You've dialed the wrong number.
유브 다이얼드 더 로옹 넘벌

전화 잘못 거셨는데요.

What number are you calling?
왓 넘벌 아 유 콜링

몇 번으로 전화하셨어요?

No one by that name lives here.
노우 원 바이 댓 네임 리브즈 히얼

여기 그런 사람 없어요.

He doesn't live here anymore.
히 더즌(트) 리브 히얼 에니모얼

그는 이제 여기 안 살아요.

There is no Mike in this office.
데얼 이즈 노우 마이크 인 디쓰 오피쓰

이 사무실에 마이크라는 사람은 없어요.

I must have dialed the wrong number.
아이 머스트 해브 다이얼드 더 로옹 넘벌

제가 전화를 잘못 걸었나 봅니다.

I got the wrong extension.
아이 갓 더 로옹 익스텐션

다른 번호로 연결되었어요.

5. 통화 곤란, 부재중

I'm not available at the moment.
아임 낫 어베일러블 앳 더 모우먼트

지금 통화하기 어려워요.

I can't talk long.
아이 캔(트) 토크 로웅

통화 길게 못해요.

Can I call you back?
캐나이 콜 유 백

나중에 전화해도 될까요?

He is on another line right now.
히 이즈 언 어나덜 라인 라잇 나우

그는 지금 다른 전화를 받고 있어요.

He can't come to the phone right now.
히 캔(트) 컴 투 더 포운 라잇 나우

그는 지금 전화 받을 수 없어요.

He's in a meeting right now.
히즈 이너 미딩 라잇 나우

그는 지금 회의 중이에요.

I'm afraid his line is busy at the moment.
아임 어프레이드 히즈 라인 이즈 비지 앳 더 모우먼트

죄송하지만 그는 통화중입니다.

He hasn't arrived yet.
히 해즌(트) 어라이브드 옛

그는 아직 안 나왔어요.

He is on his lunch break.
히 이즈 언 히즈 런취 브레익

그는 식사하러 나가셨어요.

He just stepped out.
히 저스트 스텝트 아웃

그는 방금 나가셨어요.

He's gone for the day.
히즈 고온 퍼 더 데이

그는 퇴근하셨어요.

He's not available.
히즈 낫 어베이러블

그는 자리에 안 계세요.

He's on a business trip.
히즈 언 어 비즈니스 트립

그는 출장 중이세요.

He's on holiday.
히즈 언 할리데이

그는 휴가 중이세요.

When do you expect him back?
웬 두 유 익스펙트 힘 백

언제쯤 돌아오실까요?

감정 & 대화

전화통화

6_ 전화 통화 중에

I'm so glad I caught you.
아임 쏘우 그래드 아이 코트 유

통화해서 다행이야.

You called me at the right time.
유 콜드 미 앳 더 라잇 타임

마침 전화 잘했어.

I was just about to give you a call.
아이 워즈 저스트 어바웃 투 기뷰 어 콜

막 전화 하려던 참이었어.

I just called to say hi.
아이 저스트 콜드 투 쎄이 하이

그냥 걸었어요.

I'm sorry, I couldn't call you for some time.
아임 쏘리, 아이 쿠든(트) 콜 유 퍼 썸타임

미안해, 한동안 연락 못했어.

Forgive me for calling so early.
펄기브 미 퍼 콜링 쏘우 어얼리

너무 일찍 전화해서 죄송해요.

Is this too late?
이즈 디쓰 투우 레이트

너무 늦게 전화한 건 아니지?

When is a good time for you?
웬 이저 굿 타임 풔 유

언제 통화하기 편하세요?

How can I get a hold of you?
하우 캐나이 겟 어 호울드브 유

당신과 어떻게 연락할 수 있어요?

You'd be better off calling my cell phone.
유드 비 베덜 오프 콜링 마이 쎌포운

내 휴대폰으로 연락하는 게 좋겠어.

The cell number's on my card.
더 쎌 넘벌스 언 마이 카알드

휴대폰 번호는 명함에 있어요.

I'll call you back when I get home.
아일 콜 유 백 웨나이 겟 호움

집에 가서 다시 연락할게요.

You're too difficult to get through to!
유아 투우 디피컬 투 겟 뜨루 투

너랑 통화 한 번 하기 정말 어렵다!

Why was your phone off?
와이 워즈 유어 포운 오프

휴대폰도 꺼놓고 뭐하니?

Did you change cell phone numbers?
디쥬 체인지 쎌포운 넘벌스

너 휴대폰 번호 바꿨어?

감정 & 대화

전화통화

7_ 메시지 남길 때

Do you want to leave a message?
두 유 원 투 리이브 어 메시지

메시지 남기시겠어요?

May I take a message for him?
메이 아이 테이커 메시지 풔 힘

그에게 메시지 남겨드릴까요?

Would you like to hold or leave a message?
우쥬 라익 투 호울드 오얼 리이브 어 메시지

기다리실래요, 아니면 메시지를 남기실래요?

Please make a note of my call.
플리즈 메이커 노우트 어브 마이 콜

메모를 부탁합니다.

Will you tell him to please return my call?
윌 유 텔 힘 투 플리즈 리턴 마이 콜

제게 전화해달라고 전해주실래요?

Could you just tell him that John called?
쿠쥬 저스트 텔 힘 댓 존 콜드

존에게 전화 왔었다고 전해주실래요?

Tell him to call my cell phone, please.
텔 힘 투 콜 마이 쎌포운 플리즈

그에게 제 휴대폰으로 전화하라고 해주세요.

Yes, I'll make sure he gets the message.
예스, 아일 메익 슈얼 히 겟츠 더 메시지

네, 그렇게 전해 드릴게요.

Would you let me know when he comes back?
우쥬 렛 미 노우 웬 히 컴스 백

그와 연락되면 제게 알려주실래요?

He can call me anytime when he is available.
히 캔 콜 미 에니타임 웬 히 이즈 어베이러블

그가 아무 때나 전화해도 상관없어요.

I will have him get back to you.
아이 윌 해브 힘 겟 백 투 유

너에게 바로 연락하라고 할게.

Were there any calls for me?
워 데얼 에니 콜즈 풔 미

나한테 전화 온 데 없었어요?

What was the number?
왓 워즈 더 넘벌

전화번호 받아놨어요?

Leave a message on my cell phone.
리이버 메시지 언 마이 쎌포운

내 휴대폰에 메시지 남겨.

Please leave a message if I don't answer.
플리즈 리이버 메시지 이프 아이 도운(트) 앤썰

전화 안 받으면 자동응답기에 메시지 남겨주세요.

감정 & 대화

전화통화

CHAPTER 18
전화에 이상이 있을 때

1. 통화 불량, 혼선

Can you hear my voice?
캐뉴 히얼 마이 보이스

내 말 잘 들리니?

I can't hear you well.
아이 캔(트) 히얼 유 웰

잘 안 들려요.

Can you call me back?
캐뉴 콜 미 백

다시 전화해 줄래요?

There is too much static.
데얼 이즈 투우 머취 스태딕

전화 연결이 안 좋네요.

I can't hear you. I'll hang up and call you again.
아이 캔(트) 히얼 유. 아일 행업 앤 콜 유 어겐

잘 안 들려. 끊었다가 다시 걸게.

I think it's my phone.
아이 띵크 잇츠 마이 포운

제 전화기에 이상이 있는 것 같아요.

- **I'll switch over to another phone.**
  아일 스위치 오우벌 투 어나덜 포운

  다른 전화기로 걸게요.

- **How is this now?**
  하우 이즈 디쓰 나우

  이젠 어떠세요?

- **There is noise on the line.**
  데얼 이즈 노이즈 언 더 라인

  전화기에 잡음이 있어요.

- **There is some interference on the line.**
  데얼 이즈 썸 인터피어런스 언 더 라인

  전화가 혼선이 되네요.

- **I hear somebody else talking on the same line.**
  아이 히얼 썸바디 엘스 토오킹 언 더 쎄임 라인

  다른 사람의 목소리가 들려요.

- **My cell phone has lots of static.**
  마이 쎌포운 해즈 라츠 어브 스태딕

  내 휴대폰은 잡음이 많이 나.

- **Can you hear that static on the phone?**
  캐뉴 히얼 댓 스태딕 언 더 포운

  전화기에서 지지직 소리 들리는 것 같지 않니?

- **I can't make out what you are saying.**
  아이 캔(트) 메익카웃 왓 유 아 쎄잉

  말하는 걸 알아들을 수가 없어.

2. 전화 고장

What number do I call for repairs?
왓 넘벌 두 아이 콜 퍼 리페얼즈

고장신고는 몇 번이죠?

Your phone's out of order.
유어 포운즈 아웃 어브 오덜

전화가 고장 났어요.

What is wrong with this phone?
왓 이즈 로옹 윗 디쓰 포운

이 전화기 뭐가 잘못됐어요?

There is no dial tone.
데얼 이즈 노우 다이얼 토운

발신음이 안 나요.

I don't get a dial tone.
아이 도운(트) 겟 어 다이얼 토운

발신음이 안 들려요.

It's ringing but no answer.
잇츠 링잉 벗 노우 앤썰

신호는 가는데 전화를 안 받아요.

I can receive calls, but I can't make any.
아이 캔 리시브 콜즈, 벗 아이 캔(트) 메익 에니

받을 수는 있는데, 걸 수가 없어요.

전화번호 읽기

1) 전화번호는 한 자리씩 기수로 읽는다. 숫자 '0'은 'oh' 또는 'zero'라고 읽는다. 전화번호를 들을 때 'oh'를 숫자 '5'로 듣지 않도록 주의한다.

   231-6047   two three one, six oh[zero] four seven
   02-621-3721   oh[zero] two, six two one, three seven two one

2) 연같은 숫자가 두 번 반복될 때 미국에서는 숫자를 각각 읽고, 영국에서는 'double'을 이용해서 읽는다. 숫자 '0'이 세 번 반복될 때는 'thousand'로 읽는다.

   321-2275   [미국영어] three two one, two two seven five
               [영국영어] three two one, double two seven five
   213-5300   [미국영어] two one three, five three oh oh
               [영국영어] two one three, five three double oh
   621-8000   six two one, eight thousand

⊙ 전화자동응답기(answering machine) 녹음

"여보세요. 저는 지금 전화를 받을 수 없으니 '삐-' 소리가 난 후에 메시지를 남겨주십시오. 가능한 한 신속히 연락드리겠습니다. 감사합니다."

"Hello, I am unable to come to the phone right now. Please leave your message after you hear the 'beep'. I'll call you back as soon as I possibly can. Thank you."

CHAPTER 19 전화 관련 표현

1. 휴대전화

Can I call you on your cell phone?
캐나이 콜 유 언 유어 쎌포운

휴대폰으로 연락할까?

What are you doing with your cell phone?
왓 아 유 두잉 위드 유어 쎌포운

너 휴대폰으로 뭘 하니?

Is that your cell phone ringing?
이즈 댓츄어 쎌포운 링잉

너 전화 오는 거 아니야?

My batteries are very low.
마이 배더리즈 아 베리 로우

배터리가 얼마 없어.

My cell phone's not working right.
마이 쎌포운즈 낫 월킹 라잇

내 휴대폰이 말을 듣지 않아.

Don't be on the cell phone long.
도운(트) 비 언 더 쎌포운 로옹

휴대폰 통화 오래 하지 마라.

My cell phone bill is sky high this month.
마이 쎌포운 빌 이즈 스카이 하이 디쓰 먼쓰

이번 달 휴대폰 요금 엄청 많이 나왔어.

Text message me, please.
텍스트 메시지 미 플리즈

내게 문자메시지 보내주세요.

If you get disconnected, leave a message.
이프 유 겟 디스커넥티드, 리이버 메시지

끊어지면 메시지 남겨.

I'll send you a text message.
아일 쎈듀 어 텍스트 메시지

문자메시지 보낼게.

Why don't you just leave a spoken message?
와이 돈츄 저스트 리이버 스포우컨 메시지

음성 메시지를 남기는 게 어때요?

I didn't hear the phone ring, it was set to vibrate.
아이 디든(트) 히얼 더 포운 링, 잇 워즈 셋 투 바이브레잇

진동으로 해놔서 못 들었어요.

My cell phone battery is almost dead.
마이 쎌포운 배터리 이즈 오올모스트 데드

내 휴대폰 배터리가 거의 다 닳았어요.

This darn cell phone is not working properly.
디쓰 다안 쎌포운 이즈 낫 월킹 프라펄리

이놈의 휴대폰이 제대로 작동하지 않아.

2. 국제전화 할 때

Operator, may I help you?
아퍼레이덜, 메이 아이 헬프 유

교환입니다, 무엇을 도와드릴까요?

I'd like to make an international call to Korea, please.
아이드 라익 투 메이컨 인터내셔늘 콜 투 커리어 플리즈

한국에 국제전화를 걸고 싶어요.

Which city, sir?
위치 씨디, 썰

어디로 거세요?

I'd like to make a collect call to Seoul, Korea, please.
아이드 라익 투 메이커 컬렉 콜 투 서울 커리어 플리즈

한국 서울로 수신자부담 전화를 걸고 싶어요.

Anyone who answers will be fine.
에니원 후 앤썰스 윌 비 파인

전화 받는 사람은 누구라도 상관없어요.

I'd like to make a person-to-person call to Seoul, Korea, please.
아이드 라익 투 메이커 펄슨 투 펄슨 콜 투 서울 커리어 플리즈

한국 서울로 지명 전화를 하고 싶어요.

What's the number?
왓츠 더 넘벌

전화번호를 알려주시겠어요?

The number is 2-6221-3020.
더 넘벌 이즈 투우 식스 투우 투우 원 쓰리 지로우 투우 지로우

번호는 2-6221-3020이에요.

Your name and number, please.
유어 네임 앤 넘벌 플리즈

당신 이름과 번호를 알려주세요.

Hold on a minute, please.
호울드 언 어 미닛 플리즈

끊지 말고 기다려 주세요.

Your party is on the line, go ahead.
유어 팔디이즈 언 더 라인, 고우 어헤드

상대방이 나왔어요. 말씀하세요.

You have a collect call from Mr. Johnson. Will you accept?
유 해브 어 컬렉트 콜 프럼 미스터 존슨, 윌 유 억셉트

존슨 씨가 수신자부담으로 전화했는데, 받으실래요?

Where's the public phone?
웨얼즈 더 퍼블릭포운

공중전화는 어디에 있죠?

Do I need to dial out to make calls?
두 아이 니드 투 다이얼 아웃 투 메익 콜즈

외부전화를 걸려면 다른 번호를 눌러야 합니까?

Where can I get a calling card?
웨얼 캐나이 겟 어 콜링 카압드

전화카드는 어디서 사죠?

Part 2

진짜 회화실력을 키우는 핵심표현

CHAPTER 20 우체국에서

1_ 일반 우편물

Is there a post office near here?
이즈 데어러 포스트 오피쓰 니얼 히얼

이 근처에 우체국이 있어요?

Where do they sell stamps?
웨얼 두 데이 쎌 스탬프스

어디에서 우표를 팔아요?

Where is the mail box?
웨얼 이즈 더 메일 박스

우체통은 어디에 있어요?

Please send it as regular mail.
플리즈 쎈드 잇 애즈 레귤러 메일

보통우편으로 보내주세요.

I'd like to send this by express mail.
아이드 라익 투 쎈드 디쓰 바이 익쓰프레스 메일

빠른우편으로 부치고 싶어요.

How fast will it get there?
하우 패스트 윌 잇 겟 데얼

언제 도착하죠?

How much is it to send express mail?
하우 머취 이짓 투 쎈드 익스프레쓰 메일

빠른우편으로 보내면 얼마죠?

How much is the postage for this letter?
하우 머취 이즈 더 포스티쥐 퍼 디쓰 레덜

이 편지에 얼마짜리 우표를 붙여야 하죠?

Please give me five one dollar stamps.
플리즈 기브 미 파이브 원 달러 스탬프스

1달러짜리 우표 5장 주세요.

Do you have any commemorative stamps for sale?
두 유 해브 에니 커메머러팁 스탬프스 퍼 쎄일

판매용 기념우표가 있습니까?

I want to send this card to Korea.
아이 원 투 쎈드 디쓰 카알드 투 커리어

이 엽서를 한국으로 부치고 싶어요.

Please send by sea-mail to Korea.
플리즈 쎈드 바이 씨이메일 투 커리어

한국에 선박편으로 보내주세요.

Please send everything by air-mail.
플리즈 쎈드 에브리띵 바이 에얼메일

모두 항공우편으로 보내주세요.

How much does it cost to send a postcard to Korea?
하우 머취 더즈 잇 코우스트 투 쎈더 포우스트카알드 투 커리어

한국으로 엽서 보내는 게 얼마죠?

일상생활

우체국

2 등기 우편

➡ **Please register this letter.**
플리즈 레지스털 디쓰 레덜

이 편지를 등기로 해주세요.

➡ **How much is the postage?**
하우 머취 이즈 더 포우스티지

우편요금은 얼마입니까?

➡ **I have to weigh the letter.**
아이 해브 투 웨이 더 레덜

무게를 달아봐야 합니다.

➡ **Would you weigh this letter for me?**
우쥬 웨이 디쓰 레덜 풔 미

이 편지의 무게를 달아주시겠어요?

우체국 관련 단어

우체국 post office 포우스트 오피쓰　**우체통** mailbox 메일박스
수신인 addressee 어드레쓰　　　　**발신인** sender 쎈더
우표 postage stamp 포우스티쥐 스템프
그림엽서 picture postcard 픽철 포우스트카드
항공우편 air-mail 에얼메일　　　　**선박우편** sea-mail 씨이메일
등기우편 registered mail 레지스터드 메일
속달 express 익스프레스　　　　　**소포** parcel 파쓸

3. 소포를 보낼 때

I'd like to have a package delivered to Korea.
아이드 라익 투 해브 어 패키지 딜리벌드 투 커리어

이 소포를 한국에 보내고 싶어요.

Do you sell boxes here?
두 유 쎌 박씨즈 히얼

여기서 소포용 박스를 팔아요?

Would you weigh this package?
우쥬 웨이 디쓰 패키지

이 소포 중량을 달아주실래요?

What is contained in these parcels?
왓 이즈 컨테인드 인 디즈 파쓸즈

소포에 무엇이 들어있나요?

Is there anything breakable?
이즈 데얼 에니띵 브레이커블

깨질 만한 것은 없나요?

Please insure this parcel just in case.
플리즈 인슈얼 디쓰 파쓸 저스틴 케이스

만일을 위해 소포를 보험에 들어주세요.

When do you think it will get there?
웬 두 유 띵킷 윌 겟 데얼

그것이 언제 도착할 수 있을까요?

CHAPTER 21 은행에서

1. 환전

➡ **What's the exchange rate today?**
왓츠 디 익스체인지 레잇 터데이

오늘 환율은 어때요?

➡ **It's 1,100 won to the dollar.**
잇츠 원 따우젼드 원 헌드렛 원 투 더 달러

1달러 당 1,100원이에요.

➡ **How much commission do you charge?**
하우 머취 커미션 두 유 촤알지

환전 수수료는 얼마죠?

➡ **I'd like to change this into U.S. dollars.**
아이드 라익 투 체인지 디쓰 인투 유에쓰 달러스

미국 달러로 바꾸고 싶어요.

➡ **Please change Korean won into U.S. dollars.**
플리즈 체인지 커리언 원 인투 유에쓰 달러스

한화를 미화로 바꿔주세요.

➡ **Please change this to Hong Kong dollars.**
플리즈 체인지 디쓰 투 항캉 달러스

홍콩 달러로 바꿔주세요.

Please give it to me in 100 Euro bills.
플리즈 기빗 투 미 인 원 헌드렛 유로 빌즈

전액 100유로화로 주세요.

I'd like to exchange 200 dollars.
아이드 라익 투 익스체인지 투우 헌드렛 달러스

200달러를 바꾸고 싶어요.

I'd like to cash this traveller's check, please.
아이드 라익 투 캐쉬 디쓰 트래벌러스 첵 플리즈

이 여행자수표를 현금으로 바꾸고 싶어요.

All right. May I see your passport, please?
오올 라잇. 메이 아이 씨이 유어 패쓰폴트 플리즈

알겠습니다. 여권 좀 보여주시겠어요?

Could you endorse this check, please?
쿠쥬 인도올스 디쓰 첵 플리즈

이 수표에 이서 좀 해주시겠어요?

은행 관련 단어

은행 bank 뱅크	환전소 money exchange 머니 익스체인지
달러 dollar 달러	유로 Euro 유로
파운드 pound 파운드	환율 exchange rate 익스체인지 레잇
동전 coin 코인	잔돈 small change 스몰 체인지
소액권 small bill 스몰 빌	고액권 large bill 라쥐 빌
현금 cash 캐쉬	수표 check 첵

2. 입출금

I'd like to deposit money, please.
아이드 라익 투 디파짓 머니 플리즈

예금을 하고 싶어요.

I want to take money out.
아이 원 투 테익 머니 아웃

돈을 찾고 싶어요.

I want to make a withdrawal.
아이 원 투 메이커 윗드로얼

예금을 인출하고 싶어요.

Fill out this deposit slip, please.
필 아웃 디쓰 디파짓 슬립 플리즈

입금전표를 작성해 주세요.

How would you like your money?
하우 우쥬 라익 유어 머니

돈을 어떻게 드리면 될까요?

Do you want it in cash or check?
두 유 원팃 인 캐쉬 오얼 첵

현금으로 드릴까요, 수표로 드릴까요?

Can I have it in cash, please?
캐나이 해빗 인 캐쉬 플리즈

현금으로 주실 수 있나요?

3. 계좌 거래

일상생활 / 은행

I'd like to open an account, please.
아이드 라익 투 오우펀 언 어카운트 플리즈

계좌를 개설하고 싶어요.

What's the interest?
왓츠 디 인터레스트

이자는 얼마나 되죠?

What type of account do you want?
왓 타입 어브 어카운트 두 유 원트

어떤 종류의 예금을 원하세요?

I'd like to open a savings account, please.
아이드 라익 투 오우펀 어 쎄이빙즈 어카운트 플리즈

통장을 개설하고 싶어요.

I'd like to close my account.
아이드 라익 투 클로우스 마이 어카운트

예금을 해약하고 싶어요.

Can you fill out this form?
캐뉴 필 아웃 디쓰 폼

이 양식을 작성해 주실래요?

May I see some proof of ID?
메이 아이 씨이 썸 프루프 어브 아이디

신분증을 보여주시겠어요?

4. 현금자동인출기

How do I withdraw money?
하우 두 아이 윗드로오 머니

어떻게 돈을 인출하죠?

How do I make a deposit?
하우 두 아이 메이커 디파짓

어떻게 입금하죠?

Insert your card here.
인썰트 유어 카알드 히얼

여기에 당신 카드를 넣어주세요.

Enter your pin number, please.
엔터 유어 핀 넘벌 플리즈

비밀번호를 입력하세요.

Please accept.
플리즈 억셉트

승인을 눌러주세요.

Can I get a receipt of my transaction?
캐나이 겟 어 리씨트 어브 마이 트랜잭션

거래 영수증을 받을 수 있나요?

I'm having some trouble using the ATM.
아임 해빙 썸 트러블 유징 디 에이티엠

현금자동인출기를 사용하는 데 문제가 생겼어요.

5. 신용카드, 대출

I want to apply for a credit card.
아이 원 투 어플라이 풔러 크레딧 카알드

신용카드를 신청하고 싶어요.

When will it be issued?
웬 윌 잇 비 이슈드

언제 발급되죠?

Would I qualify for the loan?
우드 아이 콸러파이 풔 더 로운

대출을 받을 수 있을까요?

I'd like to discuss a bank loan.
아이드 라익 투 디쓰커스 어 뱅크 로운

대출을 상의하고 싶어요.

I'd like to apply for a business loan.
아이드 라익 투 어플라이 풔러 비즈니스 로운

사업 대출을 받고 싶습니다.

How long will it take to get a loan?
하울롱 윌 잇 테익 투 겟 어 로운

대출 받는데 얼마나 걸릴까요?

Can I get a housing loan?
캐나이 겟 어 하우징 로운

주택 대출을 받을 수 있나요?

일상생활 / 은행

CHAPTER 22 세탁소에서

1_ 세탁물 맡길 때

I'm going to take these clothes to the cleaners.
아임 고우잉 투 테익 디즈 클로우즈 투 더 클리너스

이 옷들을 세탁소에 가져갈 거예요.

I'd like these pants to be pressed.
아이드 라익 디즈 팬츠 투 비 프레스트

이 바지를 다리고 싶어요.

Please clean and press this suit.
플리즈 클린 앤 프레쓰 디쓰 슈트

이 슈트를 세탁하고 다려주세요.

I spilled wine all over my suit.
아이 스필드 와인 오올 오우벌 마이 슈트

양복에 와인을 쏟았어요.

I think you'd be safer sending it to the cleaners.
아이 띵크 유드 비 세이펄 쎈딩 잇 투 더 클리너스

세탁소에 보내는 게 좋을 것 같아요.

Could I get these dry cleaned?
쿠다이 겟 디즈 드라이 클린드

이 옷을 드라이클리닝 해주시겠어요?

I'd like to have my coat dry cleaned.
아이드 라익 투 해브 마이 코우트 드라이 클린드

코트를 드라이클리닝 하고 싶어요.

I'll need this suit cleaned on Friday.
아일 니드 디쓰 슈트 클린드 언 프라이데이

이 양복 금요일까지는 세탁해야 합니다.

Could you take out the stains?
쿠쥬 테이카웃 더 스테인스

얼룩 좀 제거해 주시겠어요?

This won't damage my suit, will it?
디쓰 원(트) 데미지 마이 슈트, 윌 잇

양복이 손상되는 일은 없겠죠?

My clothes won't shrink, will they?
마이 크로우즈 원(트) 쉬링크, 윌 데이

옷이 줄어들지는 않겠죠?

Can you clean carpets?
캐뉴 클린 칼펫츠

카펫도 세탁하세요?

When can I get it back?
웬 캔 아이 겟 잇 백

언제 찾아갈 수 있어요?

When will it be ready?
웬 윌 잇 비 레디

언제 다 될까요?

일상생활 / 세탁소

2. 세탁물 찾을 때

Is my laundry ready?
이즈 마이 론드리 레디

제 세탁물이 다 됐어요?

I want to pick up my laundry.
아이 원 투 피컵 마이 론드리

세탁물을 찾으러 왔어요.

I have come to pick up my dry cleaning.
아이 해브 컴 투 피컵 마이 드라이 클리닝

드라이클리닝 맡긴 옷을 찾으러 왔어요.

I'm calling to see if my laundry is ready.
아임 콜링 투 씨이 이프 마이 론드리 이즈 레디

세탁물이 다 됐는지 확인하러 연락했어요.

Here's my claim ticket.
히얼즈 마이 클레임 티킷

여기 세탁확인증이요.

You guys did a good job. Thank you.
유 가이즈 디더 굿 잡. 땡큐

잘해 주셔서 감사합니다.

You didn't remove the stains.
유 디든(트) 리무브 더 스테인스

얼룩이 빠지지 않았네요.

3_ 수선할 때

Do you fix clothes as well?
두 유 픽스 크로우즈 애즈 웰

옷 수선도 하세요?

I'd like to have the pants shortened.
아이드 라익 투 해브 더 팬츠 숄튼드

바지 좀 줄여주세요.

Could you lengthen the pants?
쿠쥬 렝쓴 더 팬츠

바지 길이 좀 늘여 주시겠어요?

Can you bring this skirt up a bit?
캐뉴 브링 디쓰 스컬트 어버 빗

치마 길이 좀 줄일 수 있나요?

This zipper fell off. Can you replace it?
디쓰 지퍼 페러프. 캐뉴 리플레이스 잇

지퍼가 떨어졌는데, 갈아주시겠어요?

When will you pick it up?
웬 윌 유 피킷 업

언제 찾아가실 거죠?

I'm sorry I can't fix that.
아임 쏘리 아이 캔(트) 픽스 댓

죄송하지만, 수선할 수 없어요.

CHAPTER 23 미용실에서

1. 원하는 헤어스타일

How would you like your hair?
하우 우쥬 라익 유어 헤얼

머리를 어떻게 하고 싶으세요?

What kind of hair-style would you like?
왓 카인덥 헤얼스타일 우쥬 라익

어떤 헤어스타일을 원하세요?

What did you have in mind?
왓 디쥬 해브 인 마인드

생각하신 머리모양 있으세요?

My hair has gotten so long and messy.
마이 헤얼 해즈 가튼 쏘우 로옹 앤 메씨

머리가 너무 길고 지저분해진 것 같아요.

I'd like my hair to have more body.
아이드 라익 마이 헤얼 투 해브 모얼 바디

머리를 좀 더 풍성하게 하고 싶어요.

I want to look like the female star in the photo.
아이 원 투 룩 라익 더 피메일 스탈 인 더 포우토

사진 속 여배우처럼 해주세요.

Blow dry my hair, please.
블로우 드라이 마이 헤얼 플리즈

머리를 드라이해 주세요.

I'd like to go for a new hair-style.
아이드 라익 투 고우 퍼러 뉴우 헤얼스타일

헤어스타일을 바꾸고 싶어요.

Your hair is so long and pretty.
유어 헤얼 이즈 쏘우 로옹 앤 프리디

지금 머리도 길고 예쁘세요.

I part my hair to the left.
아이 팔트 마이 헤얼 투 더 레프트

왼쪽으로 가르마를 타요.

My hair is very thick.
마이 헤얼 이즈 베리 씩

머리숱이 무척 많아요.

I usually wear my hair up.
아이 유주얼리 웨어 마이 헤얼 업

평소에 머리를 묶고 다녀요.

Where did you have your hair dyed?
웨얼 디쥬 해뷰어 헤얼 다이드

머리 염색 어디서 했어요?

I like what you did with my hair.
아이 라익 왓 유 디드 위드 마이 헤얼

머리모양이 마음에 들어요.

2. 머리를 자를 때

▶ **How do you want it cut?**
하우 두 유 원트 잇 컷

어떻게 잘라 드릴까요?

▶ **Just a trim, please.**
저스터 트림 플리즈

다듬어 주세요.

▶ **I just want a trim.**
아이 저스트 원터 트림

조금만 다듬어 주세요.

▶ **I want a crew cut.**
아이 원터 크루 컷

스포츠형으로 잘라주세요.

▶ **I'd like to have my hair cut short.**
아이드 라익 투 해브 마이 헤얼 컷 솔트

머리를 짧게 자르고 싶어요.

▶ **Take a few inches off the ends.**
테이커 퓨 인치즈 오프 디 엔즈

끝에 몇 인치 정도만 잘라주세요.

▶ **Can you cut it shoulder length, please?**
캐뉴 컷 잇 쇼울더 렝쓰 플리즈

어깨 길이만큼 잘라주실래요?

3_ 염색, 파마할 때

I'd like to have my hair dyed, please.
아이드 라익 투 해브 마이 헤얼 다이드 플리즈

머리를 염색하고 싶어요.

What color do you want your hair dyed?
왓 컬러 두 유 원트 유어 헤얼 다이드

어떤 컬러로 염색하시겠어요?

Can you color my hair brown?
캐뉴 컬러 마이 헤얼 브라운

갈색으로 염색해 주시겠어요?

I want to get a perm.
아이 원 투 겟 어 펌

파마를 해주세요.

What kind of perm do you want?
왓 카인더브 펌 두 유 원트

어떤 파마를 해드릴까요?

Can I see some pictures?
캐나이 씨이 썸 픽철스

사진들을 좀 볼 수 있어요?

I'd like a magic please.
아이드 라이커 매직 플리즈

매직을 해주세요.

CHAPTER 24 부동산중개업소

1. 집을 구할 때

⇨ **We are looking for a house to rent.**
위 아 루킹 퍼러 하우스 투 렌트

임대할 집을 찾고 있어요.

⇨ **How big a place are you looking for?**
하우 빅 어 플레이쓰 아 유 루킹 퍼

어느 정도 되는 집을 찾고 있습니까?

⇨ **I'd like to be close to the school.**
아이드 라익 투 비 클로우스 투 더 스쿠울

학교에서 가까운 곳을 원해요.

⇨ **Do you have a house close to a subway station?**
두 유 해브 어 하우스 클로우스 투 어 썹웨이 스테이션

지하철역에서 가까운 집이 있나요?

⇨ **There is a deposit and a monthly rent system.**
데얼 이저 디파짓 앤 어 먼쓸리 렌트 시스템

전세와 월세 임대가 있습니다.

⇨ **How many rooms does this apartment have?**
하우 메니 루움즈 더즈 디쓰 어팔트먼트 해브

이 아파트는 방이 몇 개죠?

2 집을 구경할 때

Can I see the place now?
캐나이 씨이 더 플레이쓰 나우

지금 집을 볼 수 있어요?

It's a very solid house.
잇츠 어 베리 솔리드 하우스

아주 튼튼한 집이죠.

This house gets a lot of sun.
디쓰 하우스 겟츠 어 랏 어브 썬

이 집은 햇빛이 잘 들어요.

What's the transportation like?
왓츠 더 트랜스폴테이션 라익

교통은 어떻습니까?

How much is the rent?
하우 머취 이즈 더 렌트

임대료는 얼마죠?

The rent is sky-high in my area.
더 렌티즈 스카이하이 인 마이 에어리어

우리 동네는 집세가 아주 비싸요.

How long is the lease?
하울롱 이즈 더 리스

계약 기간은 얼마죠?

3. 계약할 때

It looks like it's in good shape.
잇 룩스 라익 잇친 굿 셰이프

쓸 만해 보이네요.

When can I move in?
웬 캐나이 무브 인

언제 이사 올 수 있어요?

I want to sign the lease.
아이 원 투 사인 더 리스

임대 계약하겠어요.

I'd like to rent this apartment.
아이드 라익 투 렌트 디쓰 어팔트먼트

이 아파트를 빌릴게요.

How do I pay the rent?
하우 두 아이 패이 더 렌트

월세는 어떻게 내죠?

Your rent is due on the 1st of each month.
유어 렌티즈 듀 언 더 퍼스트 어브 이취 먼쓰

월세는 매월 1일에 내면 돼요.

Could you affix your stamp here?
쿠쥬 어픽스 유어 스탬프 히얼

계약서에 서명해 주시겠어요?

4. 이사

Are you all packed?
아 유 오올 팩트
이삿짐 전부 쌌니?

I did all the packing.
아이 디드 오올 더 페킹
나 혼자 이삿짐을 다 쌌어.

The moving company is taking care of it.
더 무빙 컴퍼니 이즈 테이킹 케어러브 잇
이삿짐센터에 맡겼어.

When will you supply the gas?
웬 윌 유 서프라이 더 개스
가스는 언제 공급되죠?

The water tap is broken.
더 워덜 탭 이즈 브로우컨
수도꼭지가 고장 났어요.

As soon as you move in.
애즈 쑨 애즈 유 무브 인
이사 오는 대로 바로 해줄게요.

When is the housewarming party?
웬 이즈 더 하우스워밍 파티
집들이 언제 할 거예요?

CHAPTER 25 공공기관

1. 관공서 이용

Would you direct me to the right section?
우쥬 디렉트 미 투 더 라잇 섹션

담당 부서를 알려주실래요?

Who am I supposed to see about this?
후 엠 아이 써포즈드 투 씨이 어바웃 디쓰

어느 분이 이 업무를 담당하세요?

You have to put it down in writing.
유 해브 투 풋 잇 다운 인 라이딩

문서로 작성해야 합니다.

Which am I supposed to fill out?
위치 엠 아이 써포우즈드 투 필 아웃

제가 작성해야 할 서류가 어떤 거죠?

Where do I sign?
웨얼 두 아이 싸인

어디에 서명하죠?

Why is this taking so long?
와이 이즈 디쓰 테이킹 쏘우 로옹

왜 이렇게 오래 걸리죠?

2. 도서관 이용

Please check if this book is in.
플리즈 첵 이프 디쓰 북 이즈 인

이 책이 있는지 확인 부탁합니다.

I'd like to check out these books, please.
아이드 라익 투 첵카웃 디즈 북스 플리즈

이 책들을 대출하고 싶어요.

Can I check this book out?
캐나이 첵 디쓰 북 아웃

이 책을 대출할 수 있을까요?

For how long can I check out this book?
풔 하울롱 캐나이 첵카웃 디쓰 북

대출 기간은 언제까지예요?

How many books can I borrow at once?
하우 메니 북스 캐나이 바로우 앳 원쓰

한 번에 몇 권 정도 대출이 가능하죠?

Where do I return this book?
웨얼 두 아이 뤼턴 디쓰 북

이 책을 어디에 반납해요?

When do I have to return it?
웬 두 아이 해브 투 뤼턴 잇

언제까지 반납하죠?

일상생활 / 공공기관

3. 경찰서에서

Officer, my child is missing.
오피썰, 마이 촤일드 이즈 미씽

경관님, 제 아이가 실종됐어요.

Describe your child for me.
디스크라이브 유어 차일드 풔 미

아이의 모습을 설명해 주세요.

Tell me how old he is and what he looks like.
텔 미 하우 올드 히 이즈 앤 왓 히 룩스 라익

나이와 인상착의를 설명해 주세요.

Where did you last see the child.
웨얼 디쥬 라스트 씨이 더 차일드

아이를 마지막으로 본 게 어디죠?

My wallet was taken, and credit cards were in it.
마이 월릿 워즈 테이컨, 앤드 크레딧 카알드즈 워어린 잇

지갑을 도난당했는데 그 속에 신용카드가 있어요.

That's an emergency!
댓츠 언 이멀젼씨

응급상황이에요!

I'd like to report a traffic accident.
아이드 라익 투 리폴터 트래픽 엑써던트

교통사고를 신고하려고 해요.

➡️ **There is someone injured here.**
데얼 이즈 썸원 인쥬어드 히얼

여기 다친 사람이 있어요.

➡️ **My friend is bleeding from the head.**
마이 프렌드 이즈 블리딩 프럼 더 헤드

내 친구 머리에서 피가 납니다.

➡️ **I had a traffic accident.**
아이 해더 트래픽 액씨던트

충돌 사고를 당했어요

➡️ **I was hit by a car. I was walking in the cross walk.**
아이 워즈 힛 바이 어 카알. 아이 워즈 월킹 인 더 크로쓰 월크

교통사고를 당했어요. 난 횡단보도를 걷고 있었어요.

➡️ **I'd like to report a fire.**
아이드 라익 투 리폴터 파이어

화재 신고를 하려고 합니다.

관공서 (Public Office)

시청 city hall 씨리홀　　**경찰서** police station 펄리쓰 스테이션
소방서 fire station 파이어 스테이션　　**파출소** police box 펄리쓰 박스
대사관 embassy 앰버씨　　**영사관** consulate 칸설러트
출입국 관리사무소 immigration office 이머그레이션 오피쓰

CHAPTER 26 공연장에서

1. 티켓, 공연 문의

Where is the ticket office?
웨얼 이즈 더 티킷 오피쓰

어디에 매표소가 있죠?

I'd like to reserve some seats for tonight.
아이드 라익 투 리절브 썸 씨잇츠 풔 터나잇

오늘 밤 좌석을 예약하고 싶어요.

Do you have any tickets left for tonight's show?
두 유 해브 에니 티킷츠 레프트 풔 터나잇츠 쇼우

오늘 밤 공연 티켓이 남아 있어요?

When is the last show?
웬 이즈 더 라스트 쇼우

마지막 공연이 언제죠?

Can I reserve two seats for tomorrow?
캐나이 리절브 투우 씨잇츠 풔 터마로우

내일 좌석을 예약할 수 있을까요?

How much is the admission fee?
하우 머치 이즈 디 어드미션 피이

입장료는 얼마죠?

Do you have student discounts?
두 유 해브 스튜던트 디쓰카운츠

학생 요금할인이 되나요?

Which seats do you want?
윗치 씨잇츠 두 유 원트

어떤 좌석을 찾으세요?

A royal seat, please.
어 로우얄 씨잇 플리즈

로열석으로 주세요.

Two of the cheapest tickets, please.
투우 어브 더 칩피스트 티킷츠 플리즈

가장 싼 좌석으로 2장 주세요.

The tickets are sold out.
더 티킷츠 아 솔다웃

표가 매진되었어요.

What time does the performance begin?
왓 타임 더즈 더 펄포올먼스 비긴

공연은 몇 시에 시작해요?

How long is the intermission?
하울롱 이즈 디 인털미션

휴식 시간은 얼마나 되죠?

Do you sell program guides?
두 유 쎌 프로그램 가이즈

공연 팸플릿을 팔아요?

일상생활 | 공연장

2. 공연 관람

Where can I see an opera?
웨얼 캐나이 씨이 언 아퍼러

오페라는 어디서 볼 수 있죠?

Which musical is currently showing?
위치 뮤지컬 이즈 커렌틀리 쇼우잉

지금 공연하는 뮤지컬이 뭐죠?

What kind of musicals do you like to see?
왓 카인더브 뮤지컬즈 두 유 라익 투 씨이

어떤 뮤지컬을 보고 싶어?

What's playing at the theater these days?
왓츠 플레잉 앳 더 띠어덜 디즈 데이즈

요즘 극장에서 공연하는 작품이 어떤 거죠?

Which shows are popular here?
위치 쇼우즈 아 팝퓰러 히얼

여기서 가장 유명한 공연이 뭐예요?

Cats is very popular.
캣츠 이즈 베리 팝퓰러

'캣츠'가 진짜 유명하죠.

I have always wanted to see The Nutcracker.
아이 해브 오올웨이즈 원티드 투 씨이 더 넛크렉커

난 '호두까기 인형'이 정말 보고 싶었어요.

Who are the stars?
후 아 더 스탈스

출연진이 누구죠?

What should I wear?
왓 슈다이 웨어

어떤 복장을 해야 하죠?

May I take some pictures inside?
메이 아이 테익 썸 픽철스 인싸이드

안에서 사진 찍어도 될까요?

How would you rate Swan Lake?
하우 우쥬 레잇 스완 레익

'백조의 호수'를 관람한 소감이 어때?

All in all, the opera was quite good!
오올 인 오올, 디 아퍼러 워즈 콰잇 굿

그 오페라는 모두 매우 훌륭했어!

The concert was simply amazing.
더 컨널트 워즈 씸플리 어메이징

그 콘서트 정말 멋졌어.

The show was terrible.
더 쇼우 워즈 테러블

그 공연은 재미없었어요.

Opera can be difficult to understand.
아퍼러 캔 비 디피컬 투 언덜스탠드

오페라는 이해하기가 어려워요.

3_ 영화 볼 때

I have been looking forward to seeing this movie.
아이 해브 비인 루킹 포워드 투 씨잉 디쓰 무비

그 영화가 너무너무 보고 싶었어.

The movie is playing at several theaters.
더 무비 이즈 플레잉 앳 쎄버럴 띠어덜즈

그 영화는 몇몇 극장에서 상영되고 있어요.

Who's starring in that movie?
후즈 스탈링 인 댓 무비

그 영화의 주인공이 누구죠?

Would you mind swapping seats with me?
우쥬 마인 스와핑 씨잇츠 위드 미

저와 자리 좀 바꿔주시겠어요?

Why don't we get some popcorn?
와이 도운(트) 위 겟 썸 팝코온

우리 팝콘 먹을까?

That film told an emotionally moving story.
댓 필름 토울던 이모우셔널리 무빙 스토리

영화가 정말 감동적이었어.

The movie was so boring.
더 무비 워즈 쏘우 보오링

그 영화는 정말 지루했어.

4. 전시회

I like going to art galleries.
아이 라익 고우잉 투 알트 갤러리즈

난 미술관에 가는 거 좋아해요.

What kind of paintings are you interested in?
왓 카인더브 페인팅즈 아 유 인터레스티드 인

어떤 분야의 그림에 관심이 있어요?

Do you appreciate abstract art?
두 유 어프리쉬에잇 앱스트랙 알트

추상화 좋아하니?

No, it's just too hard to understand.
노우, 잇츠 저스트 투우 하알드 투 언덜스탠드

아니, 이해하기 어려워.

Whose work is this?
후즈 월크 이즈 디쓰

이건 누구의 작품이에요?

It's a wonderful piece of art.
잇처 원더풀 피스 어브 알트

정말 훌륭한 작품입니다.

This painting isn't the original, is it?
디쓰 페인딩 이즌(트) 디 어리저늘, 이짓

이 그림 진품인가요?

CHAPTER 27
경기장에서

1_ 경기 관람

What kind of sports do you like?
왓 카인더브 스폴츠 두 유 라익

너는 어떤 운동을 좋아해?

I'm a great fan of soccer.
아임 어 그레잇 팬 어브 사컬

난 축구팬이야.

Are there any sport events here?
아 데얼 에니 스폴트 이벤츠 히얼

여기서 스포츠 경기가 있나요?

Are there any games today?
아 데얼 에니 게임즈 터데이

오늘 시합이 있어요?

Which teams are playing?
윗치 팀즈 아 플레잉

어느 팀의 경기가 열리죠?

What time does the game start?
왓 타임 더즈 더 게임 스탈트

게임은 몇 시에 시작하죠?

It starts at six o'clock.
잇 스탈츠 앳 씩스 어클락

6시에 시작해요.

Who will you root for in this game?
후 윌 유 루트 풔 인 디쓰 게임

넌 어떤 팀 응원할 거야?

They are playing tight defense.
데이 아 플레잉 타잇 디펜스

저 팀은 수비가 정말 좋아.

The game is neck and neck.
더 게임 이즈 넥 캔 넥

막상막하의 게임이야.

Who do you think will win?
후 두 유 띵크 윌 윈

누가 이길 거라고 생각해?

If no one scores, it will go into extra innings.
이프 노우 원 스코얼스, 잇 윌 고우 인투 엑스트러 이닝스

점수가 더 나지 않으면, 연장전에 들어갈 거야.

Time's up! We edged out the other team.
타임즈 업! 위 엣지다웃 디 아덜 팀

경기가 끝났어요! 우리 팀이 간신히 이겼어요.

We made it to the finals.
위 메이딧 투 더 파이널즈

우리가 결승전에 진출했어.

2. 스포츠, 레저

➡ **Can you swim well?**
캐뉴 스윔 웰

넌 수영 잘 하니?

➡ **I've been working on the butterfly stroke.**
아이브 비인 월킹 언 더 버터플라이 스트로우크

요즘에 접영을 연습하는 중이야.

➡ **How much experience have you had skiing?**
하우 머취 익쓰피어리언스 해브 유 해드 스킹

스키 탄 지는 얼마나 됐어?

➡ **I have only skied once before.**
아이 해브 오운리 스키드 원쓰 비포얼

난 예전에 한번밖에 안 타봤어.

➡ **I always go skiing in the winter.**
아이 오올웨이즈 고우 스킹 인 더 윈털

난 겨울마다 스키 타러 가.

➡ **I'd like to rent a pair of skis.**
아이드 라익 투 렌터 페어 어브 스키즈

스키를 빌리고 싶어요.

➡ **Where can I get on a ski lift?**
웨얼 캐나이 겟 언 어 스키 리프트

리프트 타는 곳이 어디지?

How much is the green fee?
하우 머취 이즈 더 그린 피이

골프장 사용료는 얼마입니까?

Do you want to go golfing next weekend?
두 유 원 투 고우 갈핑 넥스트 위캔드

다음 주말에 골프 치러 갈래요?

I like to go golfing, but I don't have the talent.
아이 라익 투 고우 갈핑, 벗 아이 도운(트) 해브 더 탈런드

골프를 좋아하는데 잘 치지 못해요.

Do you feel like shooting a game of pool?
두 유 필 라익 슈우팅 어 게임 어브 푸울

당구 한 게임 칠까?

You have to keep your wrist loose.
유 해브 투 킵 유어 리스트 루스

손목에 힘을 빼야 해.

Are there any places for scuba diving?
아 데얼 에니 플레시즈 퍼 스쿠버 다이빙

스쿠버다이빙 하는 곳이 어디에요?

Have you ever been snorkeling?
해뷰 에벌 비인 스노컬링

너 스노클링 해본 적 있니?

I'll try snow-boarding next winter.
아일 트라이 스노우보딩 넥스트 윈털

난 내년 겨울에 스노보드를 타볼 거야.

3. 헬스클럽에서

You are very muscular.
유 아 베리 머스쿨러

너 상당히 근육질이구나.

You have a built figure.
유 해버 빌트 피규어

체격이 참 좋구나.

I can tell he did a lot of weight training.
아이 캔 텔 히 디더 랏 어브 웨잇 트레이닝

그동안 근력운동 열심히 했나봐.

I work out every day.
아이 웤카웃 에브리 데이

매일 운동해서 그래.

I need to lose some weight.
아이 니드 투 루즈 썸 웨이트

난 살을 좀 빼야겠어.

I'm trying to get in shape.
아임 트레잉 투 게린 셰이프

몸매를 좀 가꾸려고요.

It looks like you really need to get in shape.
잇 룩스 라익 유 리얼리 니드 투 게린 셰이프

넌 몸에 신경 좀 써야 해.

I signed up for the health club.
아이 싸이니드 업 퍼 더 헬쓰 클럽

나 헬스클럽에 다닐 거야.

Remember to stretch before you work out.
리멤버 투 스트레취 비포올 유 월카웃

운동 전에 준비운동 하는 거 잊지 마.

What muscle groups should I be working more?
왓 머슬 그룹스 슈다이 비 워킹 모얼

어떤 근력운동을 더 해야 하지?

How many repetitions should I do with this barbell?
하우 메니 레퍼티션스 슈다이 두 윗 디쓰 바벨

이 역기를 몇 번이나 들어야 해?

Don't over do it!
도운(트) 오우버 두 잇

너무 무리하지 마!

I'm working on my biceps.
아임 워킹 언 마이 바이셉스

나는 팔 운동 중이야.

I'm focusing on building up my pectorals.
아임 포우커씽 언 빌딩 업 마이 펙터럴스

나는 가슴 운동에 집중하고 있어.

Could you tell me where the showers are?
쿠쥬 텔 미 웨어 더 샤우얼즈 아

샤워하는 곳은 어디죠?

일상생활 | 경기장

CHAPTER 28 병원에서

1_ 진료 예약

Is there a hospital near here?
이즈 데어러 하스피틀 니얼 히얼

이 근처에 병원이 있나요?

Could you recommend a good doctor?
쿠쥬 레커멘더 굿 닥털

좋은 의사 좀 소개시켜 주시겠어요?

Could you come to the hospital with me?
쿠쥬 컴 투 더 하스피틀 위드 미

병원에 저와 함께 가주시겠어요?

Take me to the hospital, please.
테이크 미 투 더 하스피틀 플리즈

저를 병원에 데려가 주세요.

I'd like to see a doctor.
아이드 라익 투 씨이 어 닥털

진료를 예약하고 싶어요.

When would he be available?
웬 우드 히 비 어베일러블

언제 진료 받을 수 있나요?

일상생활 / 병원

⇒ **What is the earliest time you have available?**
왓 이즈 디 얼리스트 타임 유 해브 어베이러블

가장 빠르게 진료 받을 수 있는 게 언제죠?

⇒ **Do you have your healthcare card?**
두 유 해뷰어 헬쓰케얼 카알드

의료보험증 가져오셨어요?

⇒ **I'm here to see the doctor.**
아임 히얼 투 씨이 더 닥털

의사선생님께 진찰 받으러 왔어요.

⇒ **Which doctor would you like to see?**
위치 닥털 우쥬 라익 투 씨이

어느 의사선생님께 진찰 받으시겠어요?

⇒ **I'd like to make an appointment to see Dr. Miller.**
아이드 라익 투 메이컨 어포인먼 투 씨이 닥털 밀러

밀러 박사님께 진찰 예약하고 싶어요.

⇒ **I don't have an appointment, but could I see a physician?**
아이 도운(트) 해번 어포인트먼트, 벗 쿠다이 씨이 어 피지션

예약은 안했는데, 의사선생님을 뵐 수 있을까요?

⇒ **Do you have any openings now?**
두 유 해브 에니 오우퍼닝스 나우

혹시 지금 예약이 빈 시간이 있나요?

⇒ **Is there a doctor who speaks Korean?**
이즈 데러러 닥털 후 스픽스 커리언

한국어를 할 수 있는 의사선생님이 계신가요?

2 진찰할 때

The doctor is ready for you now.
더 닥털 이즈 레디 풔 유 나우

지금 의사선생님이 준비되셨어요.

Where does it hurt?
웨얼 더짓 헐트

어디가 아프세요?

What are your symptoms?
왓 아 유어 씸프텀스

어디가 어떻게 안 좋으세요?

Lately I get tired very easily.
레이들리 아이 겟 타이얼드 베리 이절리

최근에 쉽게 피곤해져요.

I can't take this pain any more.
아이 캔(트) 테익 디쓰 페인 에니 모얼

통증을 더는 못 참겠어요.

Does it hurt when I press here?
더짓 헐트 웨나이 프레쓰 히얼

이곳을 누르면 아프세요?

This part hurts when I press it.
디쓰 팔트 헐츠 웨나이 프레쓰 잇

이 근처를 누르면 아파요.

It hurts right here.
잇 헐츠 라잇 히얼

바로 여기가 아파요.

When did the symptoms first manifest?
웬 디드 더 심프텀스 펄스트 매너페스트

증상이 처음 나타난 게 언제죠?

Have you had this for long?
해뷰 해드 디쓰 퍼 로웅

이렇게 아픈 지 오래됐어요?

The pain started last night.
더 페인 스탈티드 라스트 나잇

어젯밤부터 아프기 시작했어요.

Have you been getting enough sleep?
해뷰 비인 게딩 이너프 슬리프

수면은 충분히 취하고 있나요?

Have you ever had surgery?
해브 유 에벌 해드 썰저리

수술한 적 있으세요?

Do you have any allergies?
두 유 해브 에니 앨러지스

알레르기가 있나요?

My blood type is A and I have allergies.
마이 블러드 타입 이즈 에이 앤드 아이 해브 앨러지스

혈액형은 A형이고, 알레르기 체질이에요.

3_ 내과

I ache all over.
아이 에이크 오올 오우벌

몸살이 났어요.

My body aches all over.
마이 바디 에익스 오올 오우벌

몸살로 온몸이 아파요.

My skin is breaking out.
마이 스킨 이즈 브레이킹 아웃

두드러기가 나요.

My stomach is upset.
마이 스터먹 이즈 업넷

배가 아파요.

I have a heaviness in my chest.
아이 해버 헤비니쓰 인 마이 체스트

가슴이 답답해요.

I had a high fever.
아이 해더 하이 피벌

열이 많이 났어요.

I've heartburn and indigestion.
아이브 할트버언 앤 인디제스천

속이 쓰리고 소화가 안 돼요.

I feel like vomiting.
아이 피일 라익 바미팅

토할 것 같아요.

I have diarrhea and I feel dizzy.
아이 해브 다이어리어 앤드 아이 필 디지

설사를 하고 현기증이 있어요.

I seem to be getting food poisoning.
아이 씸 투 비 게팅 푸드 포이즈닝

식중독 같아요.

I have a bit of a cold.
아이 해버 빗 어브 어 코울드

감기 증상이 있어요.

I have a cough and my nose is running.
아이 해버 코프 앤 마이 노우즈 이즈 러닝

기침을 하고 콧물이 나와요.

I fell itchy all over.
아이 필 잇취 오울 오우벌

온몸이 가려워요.

I'm constipated.
아임 칸스티페이티드

변비가 있어요.

I have no appetite.
아이 해브 노우 애피타이트

식욕이 없어요.

일상생활

병원

4_ 외과

My left shoulder is heavy.
마이 레프트 쇼울더 이즈 헤비

왼쪽 어깨가 뻐근해요.

I sprained my ankle.
아이 스프레인드 마이 앵클

발목을 삐었어요.

My back went out.
마이 백 웬타웃

허리를 삐었어요.

I've broken my leg.
아이브 브로큰 마이 레그

다리가 부러졌어요.

I think I broke my arm.
아이 띵크 아이 브로우크 마이 아암

팔이 부러진 것 같아요.

I slipped and fell.
아이 슬립트 앤 펠

미끄러져 넘어졌어요.

I hurt my leg when I fell.
아이 헐트 마이 레그 웬 아이 펠

넘어져서 다리를 다쳤어요.

I hurt myself working out.
아이 헐트 마이쎌프 월킹 아웃

운동하다가 다쳤어요.

I broke my leg skiing.
아이 브로우크 마이 레그 스키잉

스키를 타다가 다리가 부러졌어요.

I got a severe sunburn.
아이 갓 어 시비얼 썬번

햇빛에 심한 화상을 입었어요.

I cut my finger on a knife.
아이 컷 마이 핑걸 언 어 나이프

칼로 손가락을 베었어요.

I stepped on a piece of broken glass.
아이 스텝트 언 어 피스 어브 브로우컨 글래스

깨진 유리조각을 밟았어요.

There is a lot of blood.
데얼 이즈 어 랏 어브 블러드

피가 많이 나네요.

I have to be in a cast for a month.
아이 해브 투 비 이너 캐스트 퍼러 먼쓰

난 한 달간 깁스를 해야 해요.

May I remove this cast from my arm?
메이 아이 리무브 디스 캐스트 프롬 마이 아암

팔의 깁스를 풀어도 될까요?

일상생활 / 병원

5_ 치과, 안과

➡ **My gums are swollen.**
마이 검스 아 스웨울런

잇몸이 부었어요.

➡ **My gums bleed.**
마이 검스 블리드

잇몸에서 피가 나요.

➡ **My tooth hurts.**
마이 투쓰 헐츠

이가 아파요.

➡ **It looks like you have a cavity.**
잇 룩스 라익 유 해버 캐버티

충치가 생긴 것 같아요.

➡ **I need to get a filling.**
아이 니드 투 겟 어 필링

이를 때워야 해요.

➡ **I chipped a tooth.**
아이 칩터 투우쓰

이가 부러졌어요.

➡ **I'm here for a regular cleaning.**
아임 히얼 퍼러 레귤러 클리닝

스케일링 하러 왔어요.

I have sore eyes.
아이 해브 쏘얼 아이즈

눈이 아파요.

I have a lot of gunk in my eyes in the morning.
아이 해버 랏 어브 겅킨 마이 아이즈 인 더 모닝

아침에 눈에서 눈곱이 많이 낍니다.

My vision is blurry these days.
마이 비전 이즈 블러리 디즈 데이즈

요즈음 시야가 흐릿하게 보여요.

I'm seeing double.
아임 씨잉 더블

상이 두 개로 보여요.

My eyes are really itchy.
마이 아이즈 아 리얼리 이취

눈이 매우 간지러워요.

I get a headache when I wear my glasses.
아이 겟 어 헤데익 웨나이 웨얼 마이 글래씨스

안경을 쓰면 머리가 아파요.

After using a computer for a couple of hours my eyes hurt a lot.
애프털 유징 어 컴퓨덜 퍼러 커플 어브 아우워즈 마이 아이즈 헐트 어 랏

두어 시간 컴퓨터를 하면 눈이 너무 아파요.

I need to get my eyes checked.
아이 니드 투 겟 마이 아이즈 첵트

눈 검사를 받아봐야겠어요.

일상생활 / 병원

6. 피부과, 이비인후과

My lips are chapped.
마이 립스 아 챕트

입술이 터요.

My lips are so chapped they are bleeding.
마이 립스 아 쏘우 챕트 데이 아 블리이딩

입술이 하도 터서 피가 나요.

My skin is dry.
마이 스킨 이즈 드라이

피부가 건조해요.

My acne is very severe.
마이 애크니 이즈 베리 씨비얼

여드름이 심각해요.

I have a skin rash caused by cosmetics
아이 해버 스킨 래쉬 커즈드 바이 카즈메틱스

화장품 때문에 피부 발진이 생겼어요.

I found faint freckles on my face.
아이 파운드 페인트 프렉클스 언 마이 페이스

얼굴에 기미가 끼어 있더군요.

I found a strange colored spot on my skin.
아이 파운더 스트레인지 컬러드 스팟 언 마이 스킨

제 피부에 색깔이 이상한 점이 있더군요.

I keep hearing this ringing sound.
아이 키프 히어링 디쓰 링잉 사운드

귀에서 웅웅거리는 소리가 계속 나요.

Water got into my ear.
워러 갓 인투 마이 이얼

귀에 물이 들어갔어요.

My nose is stuffed up.
마이 노우즈 이즈 스터프텁

코가 막혔어요.

My nose bleeds all the time.
마이 노우즈 브리즈 오올 더 타임

계속 코피가 나요.

When I blow my nose blood comes out.
웬 아이 브로우 마이 노우즈 블러드 컴즈 아웃

코를 풀면 피가 나와요.

I've got a lump in my throat.
아이브 갓 어 럼프 인 마이 쓰로우트

목에 뭔가 걸린 것 같아요.

My tonsils are swollen.
마이 탄실즈 아 스워울런

편도선이 부었어요.

I have a lot of phlegm.
아이 해버 랏 어브 플렘

가래가 많이 나와요.

7_ 진단

- **What's causing it, doctor?**
  왓츠 코오징 잇, 닥털

  아픈 이유가 뭐예요, 선생님?

- **Is it serious?**
  이즈 잇 씨어리어쓰

  증상이 심한 건가요?

- **What's wrong with me?**
  왓츠 로옹 위드 미

  얼마나 안 좋은가요?

- **What is the cause of this pain?**
  왓 이즈 더 커저브 디쓰 페인

  이 통증의 원인은 뭔가요?

- **What kind of treatment will I have?**
  왓 카인더브 트리트먼트 윌 아이 해브

  어떤 치료를 받게 되죠?

- **Do I need to have tests?**
  두 아이 니드 투 해브 테스츠

  검사를 받아야 할까요?

- **Is it all right to drink?**
  이즈 잇 오올 라잇 투 드링크

  술을 마셔도 괜찮을까요?

⇒ **Is it all right to exercise?**
이즈 잇 오올 라잇 투 엑썰사이즈

운동을 해도 될까요?

⇒ **Will there be a scar?**
윌 데얼 비 어 스카알

상처가 남을까요?

⇒ **Do I need to take any medicine?**
두 아이 니드 투 테익 에니 메더씬

약을 먹어야 할까요?

⇒ **Do I have to be in the hospital?**
두 아이 해브 투 비 인 더 하스피틀

입원해야 할까요?

⇒ **How long do I need to do rehab?**
하울롱 두 아이 니드 투 두 리해브

얼마동안 재활 치료를 해야 할까요?

⇒ **Do I need surgery?**
두 아이 니드 썰저리

수술을 받아야 하나요?

⇒ **How long will it take me to get better?**
하울롱 윌릿 테익 미 투 겟 베덜

낫는 데 얼마나 걸릴까요?

⇒ **When will I get well?**
웬 윌 아이 겟 웰

언제쯤 나을 수 있어요?

일상생활 | 병원

8. 문병하기

What room is he staying in?
왓 루움 이즈 히 스테잉 인

그가 있는 병실이 어디에요?

What are the visiting hours?
왓 아 더 비지팅 아우얼스

문병 시간이 몇 시죠?

What should I bring the patient?
왓 슈다이 브링 더 페이션트

환자에게 뭘 갖다 주면 될까요?

I'm sorry I couldn't come until now.
아임 쏘리, 아이 쿠든(트) 컴 언틸 나우

미안해요, 이제야 올 수밖에 없었어요.

I'm sorry that you are ill.
아임 쏘리 댓 유 아 일

건강이 좋지 않다니 안됐어.

Take care of your health.
테익 케어러브 유어 헬스

건강 조심하세요.

I hope you feel better soon.
아이 호우프 피일 베덜 쑤운

빨리 좋아지길 바랄게요.

Good to see you're recovering.
굿 투 씨이 유아 리커버링

네가 회복되고 있는 걸 보니 좋아.

The doctor said the surgery went well.
더 닥털 쎄드 더 썰저리 웬트 웰

의사가 수술이 잘 됐다고 하더군요.

How do you feel today?
하우 두 유 피일 터데이

오늘은 좀 어떠니?

Have you taken any medicine?
해뷰 테이컨 에니 메더씬

약은 먹었어요?

Is there anything I can do?
이즈 데얼 에니띵 아이 캔 두

내가 뭐 도와줄 거라도 있니?

How much longer do you need to stay in the hospital?
하우 머취 롱거 두 유 니드 투 스테이 인 더 하스피틀

병원에 얼마나 더 있어야 해요?

Please take good care of yourself.
플리즈 테익 굿 케어러브 유어셀프

부디 몸조리 잘 하세요.

I hope you will regain your health soon.
아이 호우프 유 윌 리게인 유어 헬쓰 쑤운

빨리 건강을 회복하길 바란다.

일상생활 / 병원

CHAPTER 29 약국에서

1. 약을 살 때

I'm looking for a pharmacy.
아임 루킹 퍼러 팔머시

약국을 찾고 있어요.

Do you have any disinfectant?
두 유 해브 에니 디스인펙턴트

소독약 좀 있나요?

Can I have some plaster and bandages?
캐나이 해브 썸 플래스터 앤 밴디지스

반창고와 붕대를 살 수 있어요?

Can I have an aspirin?
캐나이 해번 애스퍼린

아스피린을 주시겠어요?

Do you have anything for a headache?
두 유 해브 에니띵 퍼러 헤데익크

두통약이 있나요?

Do you have anything for a toothache?
두 유 해브 에니띵 퍼러 투쎄익크

이가 아픈데 먹는 약 있어요?

Can I have some painkillers, please?
캐나이 해브 썸 페인킬러스 플리즈

진통제 좀 주시겠어요?

I'd like to have something for a cold.
아이드 라익 투 해브 썸띵 퍼러 코울드

감기약 좀 사고 싶어요.

What is this medicine for?
왓 이즈 디쓰 메더신 퍼

이 약은 무슨 약이죠?

Are you allergic to any medicines?
아 유 얼러직 투 에니 메더신즈

특정 약에 알레르기 있으세요?

Here's my prescription.
히얼즈 마이 프리스크립션

여기 제 처방전이에요.

Fill this prescription, please.
필 디쓰 프리스크립션 플리즈

처방전대로 약을 지어 주세요.

I don't have a prescription.
아이 도운(트) 해브 프리스크립션

처방전이 없는데요.

We can't sell this without a prescription.
위 캔(트) 쎌 디쓰 위다웃 어 프리스크립션

이 약은 처방전 없이 팔 수 없어요.

일상생활 / 약국

2. 복용법 문의

How do I take this medicine?
하우 두 아이 테익 디쓰 메더신

약을 어떻게 복용하죠?

How often should I take this medicine?
하우 오펀 슈다이 테익 디쓰 메더신

이 약을 하루 몇 차례 먹어야 할까요?

How many tablets should I take a day?
하우 메니 테블릿츠 슈다이 테이커 데이

하루에 몇 알씩 먹어야 하죠?

Take one pill three times a day.
테익 원 필 뜨리 타임즈 어 데이

한 번에 한 알씩, 하루 세 번 복용하세요.

Remember to take them before meals.
리멤벌 투 테익 뎀 비포얼 밀스

식전에 복용하는 거 잊지 마세요.

To be taken half an hour after meals.
투 비 테이컨 해프 언 아우얼 애프터 밀스

식후 30분 후에 복용하세요.

Take one pill half an hour after eating.
테익 원 필 해프 언 아우얼 애프터 이딩

식후 30분 후에 한 알 복용하세요.

병원과 약국 관련 단어

병원 hospital 하스피틀
환자 patient 패이션트
맥박 pulse 펄스
체온 temperature 템퍼러춰
응급 치료 first aid 펄스트 에드
식중독 food poisoning 푸드 포이즈닝
찰과상 scratch 스크래치
두통 headache 헤데익
감기 cold 콜드
혈액형 blood type 브러드 타입
약 medicine 메더신
진통제 painkiller 페인킬러
아스피린 aspirin 애스피린
두통약 headache pill 헤데익 필
반창고 adhesive tape 애드히씨브 테이프
진단서 diagnosis 다이어그노시스

의사 doctor 닥터
입원 admission 어드미션
혈압 blood pressure 블러드 프레셔
주사 injection 인젝션
질병 sickness 씨크니스
골절하다 break a bone 브레이커 보운
화상 burn 버언
현기증 dizziness 디지니쓰
소화불량 indigestion 인디제스천
약국 drugstore 드럭스토어
알약 pill 필
해열제 antifebrile 앤티피브러
감기약 cold medicine 콜드 메더신
붕대 bandage 밴디쥐
처방전 prescription 프리스크립션

CHAPTER 30 학교생활

1_ 입학 준비

- **Which college are you going to apply for?**
  위치 칼리지 아 유 고우잉 투 어플라이 풔

  어느 대학에 지원할 예정이에요?

- **Have you decided on your major?**
  해뷰 디사이디던 유어 메이저

  전공은 정했니?

- **I'll be studying English literature.**
  아일 비 스타딩 잉글리쉬 리더러춰

  영문학을 공부할 거야.

- **I'd like to know about the schools in England.**
  아이드 라익 투 노우 어바웃 더 스쿨스 인 잉글런드

  영국에 있는 대학에 대해 알고 싶어요.

- **What are the entrance requirements?**
  왓 아 더 엔트런스 리콰이얼먼츠

  입학 조건은 어떻게 되죠?

- **What's needed for admission?**
  왓츠 니디드 풔 어드미션

  입학에 필요한 것은 뭔가요?

Do you have a manual for foreign students?
두 유 해버 매뉴얼 퍼 포오런 스튜던츠

외국학생을 위한 안내서가 있나요?

We'll send all the information needed to apply.
위일 쎈드 오올 디 인포메이션 니디드 투 어플라이

지원에 필요한 모든 정보를 보내드릴게요.

What do I need to apply?
왓 두 아이 니드 투 어플라이

지원하는 데 뭐가 필요하죠?

When does the semester start?
웬 더즈 더 씨메스털 스탓

학기는 언제 시작해요?

Do you offer any scholarships?
두 유 오퍼 에니 스칼러쉽즈

장학금이 있나요?

That university was my first pick.
댓 유니벌써티 워즈 마이 퍼슷 픽

그 학교가 내 1지망이야.

There are so many documents to prepare.
데얼 아 쏘우 매니 다큐멘츠 투 프리페얼

준비해야 할 서류가 너무 많아.

Could you write me a letter of recommendation?
쿠쥬 롸잇 미 어 레러 어브 레커멘데이션

추천서를 좀 써 주시겠습니까?

일상생활 / 학교생활

2. 합격, 수강신청

You've been accepted.
유브 비인 액셉티트

너 합격했어.

I've received a letter of acceptance.
아이브 리씨브드 어 레러 어브 액셉턴쓰

나 대학에서 합격통지서를 받았어.

I've got the scholarship!
아이브 갓 더 스칼러쉽

내가 장학금을 받게 됐어!

That dorm is only for women.
댓 도엄 이즈 오운리 풔 우먼

그 기숙사는 여학생 전용이야.

How much is room and board for the dorms?
하우 머치 이즈 루움 앤 보드 풔 더 돔즈

한 학기 기숙사 비용이 얼마죠?

Can I stay in the dorm during winter break?
캐나이 스테인 더 도엄 듀어링 윈터 브레익

방학 중에도 기숙사를 이용할 수 있나요?

What courses are you taking this semester?
왓 콜쓰즈 아 유 테이킹 디쓰 씨메스터

너 이번 학기에 어떤 과목들을 들을 거니?

I'm thinking of registering for 6 courses.
아임 띵킹 어브 레쥐스터링 풔 씩쓰 콜시즈

여섯 과목 정도 신청할까 생각 중이야.

How many credits are needed to graduate?
하우 메니 크레디츠 아 니디드 투 그래쥬에잇

졸업하려면 몇 학점 들어야 해요?

We need 145 credits to graduate.
위 니드 원 헌드레드 포티 파이브 크레디츠 투 그래쥬에잇

졸업하려면 145학점을 이수해야 합니다.

How many credits will you be taking?
하우 메니 크레디츠 윌 유 비 테이킹

너 몇 학점 신청할 거야?

The subject is a prerequisite for your major.
더 서브젝트 이저 프리레쿼짓 풔 유어 메이저

그 과목은 전공 필수야.

It's an elective course.
잇츠 언 일렉티브 콜스

그건 선택 과목이야.

Could I switch my courses?
쿠다이 스위취 마이 콜시즈

수강 과목을 변경할 수 있어요?

When is the last day for late registration?
웬 이즈 더 라슷 데이 풔 레잇 레쥐스트레이션

후기 등록은 언제 끝나지?

일상생활 / 학교생활

3_ 수업시간

➡️ **Let me check the attendance.**
렛 미 첵 디 어텐던쓰

출석을 부르겠어요.

➡️ **Please try to be in class on time.**
플리즈 트라이 투 비 인 클래쓰 언 타임

수업 시간에 늦지 않도록 하세요.

➡️ **I'm sorry, sir. I won't let it happen again.**
아임 쏘리 썰, 아이 원(트) 레릿 해픈 어겐

죄송해요. 다시는 늦지 않겠습니다.

➡️ **Why were you absent yesterday?**
와이 워 유 앱썬트 예스터데이

어제는 왜 결석했죠?

➡️ **Where did you leave off last time?**
웨얼 디쥬 리브 어프 라슷 타임

지난 시간에 어디까지 했죠?

➡️ **Who wants to go first?**
후즈 원츠 투 고우 퍼스트

누가 먼저 발표할까?

➡️ **Do you want to answer question 5?**
두 유 원 투 앤썰 퀘스천 파이브

5번 문제 대답해 볼까?

Are you with me so far?
아 유 위드 미 쏘우 파알

여기까지 알겠죠?

Listen up. / Pay attention.
리쓴 업 / 페이 어텐션

잘 들으세요. / 집중하세요.

No talking in class.
노우 토킹 인 클래쓰

교실에서 잡담하지 마라.

I'd like you to write this down.
아이드 라익 유 투 라잇 디쓰 다운

그거 적어놓으세요.

Does anybody have any questions?
더즈 에니바디 해브 에니 퀘스천스

질문이 있나요?

We'll do the rest of this chapter next time.
위일 두 더 라슷 어브 디쓰 챕터 넥슷 타임

나머지는 다음 시간에 합시다.

That's all for today. You can go now.
댓처 오올 풔 터데이. 유 캔 고우 나우

오늘은 여기까지 하죠. 나가도 좋아요.

No classes will be held today.
노우 클래씨즈 윌 비 헬드 터데이

오늘은 수업이 없어요.

4_ 과제물, 시험

What's the topic for this paper?
왓츠 더 타픽 퍼 디쓰 페이펄

무엇에 관한 리포트야?

How long does the paper have to be?
하울롱 더즈 더 페이퍼 해브 투 비

리포트 분량은 어느 정도 돼야 하죠?

It has to be at least 5 pages.
잇 해즈 투 비 앳 리슷 파이브 페이지스

적어도 5장은 써야 해요.

When is the paper due?
웬 이즈 더 페이펄 듀

리포트는 언제까지 내요?

Please hand them in by Wednesday.
플리즈 핸드 뎀 인 바이 웬즈데이

수요일까지 제출해 주세요.

When's the final?
웬즈 더 파이널

기말 고사가 언제야?

What did you do to get ready for the test?
왓 디쥬 두 투 겟 레디 퍼 더 테슷

시험 준비는 어떻게 했어?

Please put away your books.
플리즈 풋 어웨이 유어 북스

책은 집어넣으세요.

No cheating, please.
노우 취딩 플리즈

부정행위는 안 돼요.

Turn in your tests.
턴 인 유어 테스츠

답안지를 제출하세요.

I can't believe how difficult the test was.
아이 캔(트) 빌리브 하우 디피컬 더 테슷 워즈

시험이 어려웠어요.

I needed more time to finish the test.
아이 니디드 모어 타임 투 피니쉬 더 테슷

시험 시간이 너무 부족했어.

I'd like to meet with the teacher, please.
아이드 라익 투 미트 윗 더 티이철 플리즈

선생님과 면담하고 싶습니다.

He's making excellent progress.
히즈 메이킹 엑썰런트 프라그러스

성적이 향상되고 있어요.

He tends to fall behind these days.
히 텐즈 투 폴 비하인 디즈 데이즈

성적이 떨어지고 있어요.

일상생활 / 학교생활

CHAPTER 31 직장생활

1_ 구직

➡ **I'm calling about the position you offered in the newspaper.**
아임 콜링 어바웃 더 포지션 유 어퍼드 인 더 뉴스페이펄

신문 구인광고를 보고 전화 드렸어요.

➡ **Excuse me, do you have any positions available?**
익스큐즈 미, 두 유 해브 에니 포지션스 어베일러블

실례지만, 혹시 사람을 뽑으세요?

➡ **I want to apply for this position.**
아이 원 투 어플라이 퍼 디쓰 포지션

이 자리에 지원하고 싶어요.

➡ **I'd like to submit an application.**
아이드 라익 투 서브밋턴 애플러케이션

지원서를 제출하고 싶어요.

➡ **What are the requirements to apply for the position?**
왓 아 더 리콰이얼먼츠 투 어플라이 퍼 더 포지션

그 자리의 지원 조건은 뭔가요?

➡ **Does the position require experience?**
더즈 더 포지션 리콰이얼 익쓰피어리언스

그 자리에 경력이 필요한가요?

Do I need to send the resume in both English and Korean?
두 아이 니드 투 쎈드 더 리줌 인 보쓰 잉글리쉬 앤 커리언

영문과 한글 이력서를 같이 보냅니까?

Do you accept resumes by e-mail.
두 유 억셉트 리줌스 바이 이메일

이메일로 이력서를 받나요?

What do I need to do to apply?
왓 두 아이 니드 투 두 투 어플라이

지원하려면 필요한 게 뭔가요?

What kind of openings do you have?
왓 카인덥 오프닝스 두 유 해브

어떤 종류의 일자리가 있나요?

Is the position still open?
이즈 더 포지션 스틸 오우펀

그 자리는 아직도 사람을 구해요?

Sorry, they are all filled up.
쏘리, 데이 아 오올 필덥

유감이지만, 모두 마감됐어요.

When will you have interviews?
웬 윌 유 해브 인터뷰스

언제 면접을 볼 건가요?

Whom am I going to meet?
훔 엠 아이 고우잉 투 미잇

누구와 면접을 보게 되나요?

일상생활 | 직장생활

2. 업무일정, 협조

What's on the agenda for today?
왓츠 언 디 어젠더 풔 터데이

오늘 일정이 어떻게 돼요?

Are you ready for today's presentation?
아 유 레디 풔 투데이즈 프레젠테이션

오늘 프레젠테이션 준비는 다 됐어요?

When will we have the next meeting?
웬 윌 위 해브 더 넥슷 미딩

다음 회의는 언제 할까요?

Have you arranged the meeting with HD Company?
해뷰 어레인지드 더 미딩 윗 에이치디 컴퍼니

HD사와 회의 일정은 잡았어요?

When will he go on a business trip to Busan?
웬 윌 히 고우 어너 비즈니스 트립 투 부산

그는 언제 부산 출장을 가나요?

The schedule is very tight.
더 스케줄 이즈 베리 타잇

스케줄이 너무 빠듯해요.

I have a lot of work that I have to finish today.
아이 해버 랏 오브 월크 댓 아이 해브 투 피니쉬 터데이

오늘 끝내야 할 일이 아주 많아요.

- **You have to finish this work by tomorrow morning.**
  유 해브 투 피니쉬 디쓰 웕크 바이 터마로우 모닝

  내일 아침까지 이 일을 끝내야 해요.

- **Do I have to do it all by myself?**
  두 아이 해브 투 두 이롤 바이 마이쎌프

  그 일을 모두 나 혼자 해야 해요?

- **I don't think we can make the deadline.**
  아이 도운(트) 띵크 위 캔 메익 더 데드라인

  마감시간에 맞출 수 없을 것 같아요.

- **Is there something I can do about that?**
  이즈 데얼 썸띵 아이 캔 두 어바웃 댓

  그 건에 대해 내가 할 수 있는 게 있어요?

- **Would you sort out these files?**
  우쥬 쏠타웃 디즈 파일즈

  이 서류철들을 정리해 줄래요?

- **Do you have time to help me do this work?**
  두 유 해브 타임 투 헬프 미 두 디쓰 웕크

  이 일을 도와줄 시간 있어요?

- **It should be done today if we work together.**
  잇 슈드 비 던 터데이 이프 위 웕크 투게덜

  우리가 함께 일하면 오늘 끝낼 수 있을 거예요.

- **I can't leave this job at the moment.**
  아이 캔(트) 리브 디쓰 좝 앳 더 모우먼

  지금은 전혀 짬이 없어요.

3. 업무 처리

➡ **What are you going to do with this situation?**
왓 아 유 고우잉 투 두 윗 디쓰 시츄에이션

이 상황을 어떻게 처리할 거예요?

➡ **Should I remake the document again?**
슈다이 리메익 더 다큐먼트 어겐

서류를 다시 고쳐야 해요?

➡ **What are you making on the PC?**
왓 아 유 메이킹 언 더 피시

PC로 뭘 만들고 있죠?

➡ **I'm making some documents for the presentation.**
아임 메이킹 썸 다큐먼츠 풔 더 프리젠테이션

프레젠테이션 자료를 만들고 있어요.

➡ **I'm in charge of this project.**
아임 인 촤알지 어브 디쓰 프라젝트

내가 이 프로젝트를 담당하고 있어요.

➡ **The project must be challenging to us.**
더 프라젝 머슷 비 챌린징 투 어스

이 프로젝트는 분명 우리가 해볼 만한 일이에요.

➡ **I'll call you when I get back to the office.**
아일 콜 유 웬 아이 겟 백 투 디 오피쓰

회사에 돌아가서 전화 드릴게요.

- **Please fax me the map to your office.**
  플리즈 팩스 미 더 맵 투 유어 오피쓰

  사무실 지도를 팩스로 보내주세요.

- **Maybe we should discuss this matter with our manager first.**
  메이비 위 슈드 디스커쓰 디쓰 메러 윗 아워 매니절 퍼숫

  이 일을 먼저 부장님과 의논해야 할 것 같군요.

- **I'm very sorry to have kept you waiting so long.**
  아임 베리 쏘리 투 해브 켑튜 웨이링 쏘우 로옹

  너무 오래 기다리게 해서 죄송해요.

- **What's happening to the new project?**
  왓츠 해퍼닝 투 더 뉴우 프라젝트

  새로운 프로젝트는 어떻게 진행되고 있어요?

- **We're waiting for the Manager's decision.**
  위아 웨이링 퍼 더 매니절스 디씨젼

  우리는 부장님의 결정을 기다리고 있어요.

- **We must have everything ready for that.**
  위 머숫 해브 에브리띵 레디 퍼 댓

  우리는 그 일에 대해 만반의 준비를 해야 해요.

- **This copy machine doesn't work.**
  디쓰 카피 머쉰 더즌(트) 웕크

  복사기가 고장 났어요.

- **Will you call a serviceman right away?**
  윌 유 코러 썰비스맨 라잇 어웨이

  수리하는 사람 좀 바로 불러줄래요?

일상생활

직장생활

4_ 컴퓨터, 이메일

Do you know much about computers?
두 유 노우 머취 어바웃 컴퓨러즈

컴퓨터에 대해 잘 알아요?

Are you familiar with this software?
아 유 퍼밀리어 윗 디쓰 쏘픗웨얼

이 소프트웨어 쓸 줄 알아요?

Will you show me how to use this software?
윌 유 쇼우 미 하우 투 유즈 디쓰 쏘픗웨얼

이 소프트웨어 사용법을 알려줄래요?

This software has a lot of handy functions.
디쓰 쏘픗웨얼 해저 랏 어브 핸디 펑션즈

이 소프트웨어에는 편리한 기능들이 많아요.

Have you used this database before?
해뷰 유즈드 디쓰 데이러베이스 비포얼

전에 이 데이터베이스 사용해 본 적 있어요?

I forgot how to operate it.
아이 퍼갓 하우 투 아퍼레이트 잇

난 그것의 작동법을 잊었어요.

Do you have a company web-site?
두 유 해버 컴퍼니 웹사잇트

당신 회사의 웹사이트가 있어요?

Please see our homepage for details.
플리즈 씨이 아워 홈페이쥐 풔 디테일즈

자세한 사항은 저희 홈페이지를 참고하세요.

I sent an e-mail to Mr. Johnson.
아이 쎈턴 이메일 투 미스터 존슨

존슨 씨에게 이메일을 보냈어요.

Have you read the mail that I sent this morning?
해뷰 리드 더 메일 댓 아이 쎈트 디쓰 모닝

오늘 아침에 보낸 메일 봤어요?

I collected this information on the Internet.
아이 컬렉티드 디쓰 인풜메이션 언 디 인터넷

인터넷에서 이 정보를 수집했어요.

Why don't you look it up on the Internet?
와이 돈츄 룩 잇 업 언 디 인터넷

인터넷에서 찾아보는 게 어때요?

I'll let you know the details by e-mail.
아일 렛 유 노우 더 디테일즈 바이 이메일

자세한 사항은 이메일로 알려줄게요.

I can't open the file attached to your e-mail.
아이 캔(트) 오우펀 더 파일 어태치트 투 유어 이메일

이메일에 첨부된 파일을 열 수 없어요.

Please send it by text file again.
플리즈 쎈딧 바이 텍슷 파일 어겐

텍스트 파일로 다시 보내주세요.

일상생활

직장생활

5. 업무 회의

Are you ready for the meeting?
아 유 레디 풔 더 미딩

회의 준비는 다 됐어요?

Let's start the meeting.
렛츠 스탓 더 미딩

회의를 시작합시다.

May I please have your attention, everyone?
메이 아이 플리즈 해뷰어 어텐션, 에브리원

여러분, 주목해 주실래요?

Would you look at the chart on page 8?
우쥬 룩 앳 더 차트 언 페이지 에잇

8쪽의 도표를 봐 주시겠어요?

Do you have any good ideas to improve sales?
두 유 해브 에니 굿 아이디어즈 투 임프루브 쎄일즈

판매를 향상시킬 좋은 아이디어 있어요?

This is the latest brochure.
디쓰 이즈 더 레이리슷 브로우슈얼

이것이 최신 홍보책자입니다.

This design looks the most attractive of all.
디쓰 디자인 룩스 더 모슷 어트랙티브 어브 오올

이 디자인이 전체에서 가장 매력적으로 보여요.

The question is how to increase sales.
더 퀘스천 이즈 하우 투 인크리쓰 쎄일즈

문제는 어떻게 매출을 늘릴까 하는 거예요.

Let's decide how much to invest in it.
렛츠 디사이드 하우 머취 투 인베슷 이닛

거기에 얼마나 투자를 할지 결정합시다.

Please don't hesitate to make any suggestions.
플리즈 도운(트) 헤저테잇 투 메익 에니 써그제스천즈

제안이 있으면 언제든지 해주세요.

Do you have any comments on this?
두 유 해브 에니 커멘츠 언 디쓰

이것에 대한 의견이 있으세요?

Is there anyone who disagrees with this plan?
이즈 데얼 에니원 후 디써그리즈 위드 디쓰 플랜

이 계획에 반대하는 사람 있어요?

The plan needs some modifications.
더 플랜 니즈 썸 마더피케이션

그 계획은 부분적인 변경이 필요해요.

We need a drastic change in our strategies.
위 니더 드래스틱 체인지 인 아워 스트래더지즈

우리의 전략에 과감한 변화가 필요해요.

I can't go along with you on that point.
아이 캔(트) 고우 어롱 위드 유 언 댓 포인트

그 점에 대해서 당신 의견에 동의할 수 없어요.

6. 제품 소개, 상담

Have you ever checked our homepage?
해뷰 에버 첵크트 아워 홈페이쥐

우리 홈페이지 확인한 적 있어요?

Please show me the catalog.
플리즈 쇼우 미 더 캐덜로그

카탈로그 좀 보여주세요.

We can send you the catalog first, if you like.
위 캔 쎈드 유 더 캐덜로그 퍼슷, 이퓨 라잌

괜찮다면 먼저 카탈로그를 보내드릴게요.

We can give you more information about the product.
위 캔 기브 유 모얼 인퍼메이션 어바웃 더 프라덕트

그 제품에 대해 좀 더 자세한 정보를 드릴게요.

I want to explain about the main functions.
아이 원 투 익쓰플레인 어바웃 더 메인 펑션즈

주요 기능에 대해 설명할게요.

I'd like to explain the details of the product.
아이드 라익 투 익쓰플레인 더 디테일즈 어브 더 프라덕트

제품의 세부적인 내용에 대해 설명해 드릴게요.

For your office, this is the most reasonable.
풔 유어 오피쓰, 디쓰 이즈 더 모우슷 리저너블

귀사에는 이 제품이 가장 적당하다고 봅니다.

- **This is one of our popular models.**
  디쓰 이즈 원 어브 아워 파퓰러 마덜즈

  이것은 우리 회사의 최고 인기 모델 중 하나예요.

- **This model is more popular among young people.**
  디쓰 마덜 이즈 모얼 파퓰러 어멍 영 피플

  이 모델은 젊은이들 사이에서 훨씬 인기가 좋아요.

- **I'm sure you'll be satisfied with our service.**
  아임 슈어 유일 비 새리스파이드 윗 아워 썰비스

  우리 서비스에 만족할 것으로 확신해요.

- **If there are any questions, please let us know.**
  이프 데얼 아 에니 퀘스천즈, 플리즈 렛 어스 노우

  문의사항이 있으면 알려주세요.

- **What are the benefits of this new product?**
  왓 아 더 베네핏츠 어브 디쓰 뉴우 프로덕트

  신제품의 장점은 무엇인가요?

- **May I ask you what your market share is?**
  메이 아이 애스큐 왓 유어 마켓 쉐어 리즈

  시장점유율은 어느 정도인가요?

- **Price is the most important factor.**
  프라이스 이즈 더 모슷 임폴턴트 팩털

  가격이 가장 중요해요.

- **How long is the warranty?**
  하울롱 이즈 더 워런티

  얼마동안 품질보증이 되나요?

7. 거래, 계약

Would you contact us when you decide?
우쥬 칸택 어스 웬 유 디싸이드

결정하면 연락해 주시겠어요?

We look forward to hearing from you soon.
위 룩 포월드 투 히어링 프럼 유 쑤운

조만간 연락주시길 손꼽아 기다릴게요.

I'm going to give you a reply this week.
아임 고우잉 투 기뷰 어 리플라이 디쓰 위크

이번 주 안으로 답변 드릴게요.

It's hard to reduce the price that low.
잇츠 하아드 투 리듀스 더 프라이스 댓 로우

가격을 그렇게 내리는 것은 곤란해요.

The price depends on quantity.
더 프라이스 디펜즈 언 퀀터티

가격은 수량에 따라 달라져요.

This is the best deal that we can offer.
디쓰 이즈 더 베슷 디일 댓 위 캔 오퍼

이것이 우리가 제시할 수 있는 최선의 조건이에요.

What quantity did you have in mind?
왓 퀀터티 디쥬 해빈 마인드

수량은 얼마나 주문하실 거예요?

How long does this contract remain in effect?
하울롱 더즈 디쓰 컨트랙트 리메인 인 이펙트

이 계약은 언제까지 유효해요?

I'd like to change my order.
아이드 라익 투 체인지 마이 오더

주문을 변경하고 싶어요.

Please put your signature here.
플리즈 풋 유어 씨그너춰 히얼

여기 사인을 부탁드립니다.

We will send you a bill within a week.
위 윌 쎈드 유 어 빌 위쓰인 어 위크

1주일 내에 청구서를 보내드릴게요.

We're very happy to make a contract with you.
위아 베리 해피 투 메이커 컨트랙트 윗 유

당신과 계약이 성사돼서 매우 기뻐요.

We really appreciate that you accepted our offer.
위 리얼리 어프리쉬에잇 댓 유 억셉티드 아워 오퍼

저희를 믿고 맡겨주셔서 감사합니다.

We hope our relationship will develop in the future.
위 호우프 아워 릴레이션쉽 윌 디벨럽 인 더 퓨춰

앞으로 우리 관계가 더 발전하기를 바랍니다.

All the staff here have been so nice to me.
오올 더 스탭 히얼 해브 비인 쏘우 나이쓰 투 미

직원 분들이 아주 잘해주셨어요.

일상생활 | 직장생활

STEP 4

바로바로 스피킹 해외생활 편

upgrade

CHAPTER 32 공항에서

1. 체크인, 탑승문의

- **Is this the check-in counter for the flight to Seoul?**
  이즈 디쓰 더 첵킨 카운털 풔 더 플라잇 투 서울

  여기가 서울행 비행기의 체크인 카운터인가요?

- **May I see your ticket and passport, please.**
  메이 아이 씨이 유어 티킷 앤 패스폴트 플리즈

  비행기 티켓과 여권을 보여주시겠어요?

- **I'd like a window seat, please.**
  아이드 라익커 윈도우 씨잇 플리즈

  창가 쪽 좌석을 주세요.

- **Can I carry this into the cabin?**
  캐나이 캐리 디쓰 인투 더 캐빈

  이걸 기내에 가지고 들어갈 수 있나요?

- **Could you put your baggage on the scale, please?**
  쿠쥬 풋츄어 배기지 언 더 스케일 플리즈

  저울에 짐을 올려 주시겠어요?

- **Your baggage is over-weight.**
  유어 배기지 이즈 오우벌 웨잇

  짐이 중량이 초과됐어요.

How much is the excess baggage charge?
하우 머취 이즈 디 익쎄쓰 배기지 촤알지

초과 수하물비는 얼마죠?

Could you show me Gate 1?
쿠쥬 쇼우 미 게이트 원

1번 게이트를 알려주시겠어요?

When is the boarding time?
웬 이즈 더 보딩 타임

탑승 시간은 언제죠?

Is the plane going to arrive on time?
이즈 더 플레인 고우잉 투 어라이브 언 타임

비행기는 정시에 도착하나요?

How long will it be delayed?
하울롱 윌릿 비 딜레이드

비행기가 얼마나 지연될까요?

Where is the exchange counter?
웨얼 이즈 디 익체인지 카운털

환전소는 어디에 있죠?

Where do I go to catch my connection?
웨얼 두 아이 고우 투 캣취 마이 커넥션

어디서 비행기를 갈아타나요?

Where can I confirm my flight?
웨얼 캐나이 컨펌 마이 플라잇

갈아탈 항공편 확인은 어디에서 하죠?

해외생활

공항

2. 입국심사, 세관신고

May I see your passport?
메이 아이 씨이 유어 패스폴트

여권을 보여주시겠어요?

What's the purpose of your visit?
왓츠 더 펄포우즈 어브 유어 비짓

방문 목적은 무엇인가요?

I'm here to do some sightseeing.
아임 히얼 투 두 썸 싸잇씨잉

관광하러 왔어요.

I'm here to visit my relatives.
아임 히얼 투 비짓 마이 렐러티브스

친척을 방문하러 왔어요.

I'm here on business.
아임 히얼 언 비즈니스

사업차 왔습니다.

Is this your first visit here?
이즈 디쓰 유어 펄스트 비짓 히얼

이곳 방문이 처음이신가요?

How long will you be staying here?
하울롱 윌 유 비 스테잉 히얼

이곳에 얼마나 머물 예정이세요?

What's your final destination?
왓츄어 파이널 데스터네이션

최종 목적지는 어디세요?

Are you traveling alone?
아 유 트레블링 얼로운

혼자 여행하세요?

Where are you staying?
웨얼 아 유 스테잉

어디에서 머무실 건가요?

Do you have a return ticket?
두 유 해브 어 리턴 티킷

돌아가실 비행기표는 있나요?

Do you have anything to declare?
두 유 해브 에니띵 투 디클레얼

신고할 게 있으세요?

I have nothing to declare.
아이 해브 낫띵 투 디클레얼

신고할 게 없어요.

These are my personal belongings.
디즈 아 마이 퍼스널 빌롱잉즈

이건 제 개인적인 용품이에요.

That digital-camera is for my personal use.
댓 디지털캐머러 이즈 풔 마이 퍼스널 유스

그 디지털카메라는 제가 사용하는 거예요.

3. 수하물 찾기

Where is the baggage claim area?
웨얼 이즈 더 배기지 클레임 에어리어

수하물 찾는 곳이 어디죠?

My baggage hasn't arrived.
마이 배기지 해즌(트) 어라이브드

제 짐이 아직 나오지 않았어요.

I found my suitcase broken.
아이 파운드 마이 수트케이스 브로큰

제 여행 가방이 망가져 있어요.

What does your bag look like?
왓 더즈 유어 백 룩 라익

어떤 종류의 가방인가요?

Would you put your suitcase on the scale, please?
우쥬 푸츄어 수트케이스 언 더 스케일 플리즈

가방을 저울 위에 올려놓으시겠습니까?

You will have to pay a duty on this.
유 윌 해브 투 페이 어 듀디 언 디쓰

이것은 세금을 물어야 합니다.

How much is the excess baggage charge?
하우 머취 이즈 디 익세쓰 배기지 촤알지

초과 수하물비는 얼마인가요?

I can't find my baggage.
아이 캔(트) 파인드 마이 배기지

내 짐을 찾을 수 없군요.

I can't find my baggage anywhere.
아이 캔(트) 파인드 마이 배기지 에니웨얼

어디에서도 제 짐을 찾을 수 없어요.

Can I see your claim tag?
캐나이 씨이 유어 클레임 택

수하물표를 보여주시겠어요?

Here is my claim tag.
히어리즈 마이 클레임 택

이게 제 수하물표에요.

Where is the lost and found counter?
웨얼 이즈 더 로스트 앤 파운드 카운털

분실물 신고소는 어디죠?

Will you please help me find them?
윌 유 플리즈 헬프 미 파인드 덤

짐을 찾게 도와줄래요?

Please fill out this form.
플리즈 필 아웃 디쓰 폼

이 양식을 작성해 주세요.

I think your bag is on the next plane.
아이 띵크 유어 백 이즈 언 더 넥스트 플레인

당신의 가방은 다음 비행기로 올 것 같아요.

CHAPTER 33 기내에서

1_ 요청할 때

Excuse me, where is my seat?
익쓰큐즈 미, 웨얼 이즈 마이 씨잇

실례지만, 제 자리가 어딘가요?

Your seat is over there by the aisle.
유어 씨잇 이즈 오우벌 데얼 바이 디 아일

손님 좌석은 저기 통로 쪽이에요.

Would you move seats with me, please?
우쥬 무브 씨잇츠 위드 미 플리즈

자리를 옮겨줄 수 있습니까?

Can I have a pillow and blanket, please?
캐나이 해버 필로우 앤 블랭킷 플리즈

베개와 담요를 주시겠어요?

How do you turn on the reading-light?
하우 두 유 턴 언 더 리딩 라잇

독서등은 어떻게 켤 수 있죠?

Do you have any Korean magazines?
두 유 해브 에니 커리언 매거진스

한국어 잡지가 있어요?

⇒ **How do you adjust the personal video?**
하우 두 유 어드저스트 더 퍼서늘 비디오

개인용 비디오는 어떻게 조절하죠?

⇒ **Could you show me how to use these headphones?**
쿠쥬 쇼우 미 하우 투 유즈 디즈 헤드포운스

이 헤드폰은 어떻게 사용하나요?

⇒ **What country are we flying over right now?**
왓 컨츄리 아 위 플라잉 오우벌 라잇 나우

지금 어느 나라 상공을 날고 있죠?

⇒ **Where is the lavatory?**
웨얼 이즈 더 레버토리

화장실이 어디죠?

⇒ **Do you sell tax-free goods on board?**
두 유 쎌 텍스프리 굳즈 언 보올드

기내에서 면세품을 팔아요?

⇒ **Can I pay in Korean currency?**
캐나이 페이 인 커리언 커런씨

한국 돈으로 지불해도 돼요?

⇒ **Please help me with this form. What should I write here?**
플리즈 헬프 미 윗 디쓰 포옴. 왓 슈다이 롸잇 히얼

신고서 쓰는 걸 도와주세요. 여기에 뭘 써야 하죠?

⇒ **May I have another disembarkation card?**
메이 아이 해브 어나덜 디쓰엠발케이션 카알드

입국카드 한 장 더 주실래요?

해외생활

기내

2_ 기내 식사

I can't eat meat. Fish, please.
아이 캔(트) 이잇 미이트, 피쉬 플리즈

고기는 안 먹어요. 생선 요리로 주세요.

I'll have the beef, please.
아일 해브 더 비이프 플리즈

쇠고기 요리로 주세요.

I'd like something to drink, please.
아이드 라익 썸띵 투 드링크 플리즈

음료수 좀 주세요.

What would you like to drink?
왓 우쥬 라익 투 드링크

음료는 어떤 걸로 하시겠어요?

Can I have another one?
캐나이 해브 어나덜 원

한잔 더 주시겠어요?

I don't feel like eating now.
아이 도운(트) 필 라익 이딩 나우

지금 먹고 싶지 않아요.

I'm not going to eat anything.
아임 낫 고우잉 투 이잇 에니띵

식사는 필요 없어요.

3. 컨디션이 나쁠 때

I feel sick.
아이 필 씩

몸이 불편해요.

May I recline my seat?
메이 아이 리클라인 마이 씨잇

의자를 뒤로 젖혀도 될까요?

Do you have any medicine for a headache?
두 유 해브 에니 메더씬 퍼러 헤데이크

두통약 좀 주시겠어요?

I feel a little sick. Could I have some anti-nausea medicine?
아이 피일 어 리들 씩, 쿠다이 해브 썸 앤티 노지어 메더씬

멀미가 약간 나네요. 멀미약 좀 주실래요?

May I have a glass of cold water, please?
메이 아이 해버 글래스 어브 코울드 워덜 플리즈

차가운 물 한 잔 주실래요?

I feel like throwing up.
아이 피일 라익 뜨로잉 엎

토할 것 같아요.

Where are the airsick bags?
웨어라 디 에얼씩 백스

위생봉투가 어디 있죠?

CHAPTER 34 숙소에서

1_ 호텔 예약

Could you suggest a good place to stay?
쿠쥬 써제스터 굿 플레이스 투 스테이

숙박할 만한 곳을 소개해 주실래요?

Do you have a room? I don't have a reservation.
두 유 해버 루움. 아이 도운(트) 해버 레절베이션

방이 있나요? 예약을 못했어요.

How long are you staying?
하울롱 아 유 스테잉

얼마동안 머무실 거예요?

I'll be staying for one week.
아일 비 스테잉 퍼 원 위이크

일주일 동안 묵을 거예요.

What kind of room would you like?
왓 카인더브 루움 우쥬 라잌

어떤 방으로 드릴까요?

We'd like a room with a nice view.
위드 라이커 루움 위더 나이쓰 뷰

전망 좋은 방이 좋아요.

What's the charge for an ocean view?
왓츠 더 촤알지 퍼런 오우션 뷰

바다가 보이는 방은 얼마인가요?

How much is it per room, per night?
하우 머취 이짓 퍼얼 루움, 퍼 나잇

방 하나에 1박 하면 얼마죠?

Is there anything cheaper?
이즈 데얼 에니띵 치펄

좀 더 싼 방은 없나요?

Will you give me a discount if I stay longer?
윌 유 기브 미 어 디스카운트 이파이 스테이 로옹걸

장기투숙 하면 할인해 주시나요?

May I see the room?
메이 아이 씨이 더 루움

방을 보여주실래요?

This room will do all right.
디쓰 루움 윌 두 오올 라잇

이 방이면 됐네요.

I'd like to switch to another room.
아이드 라익 투 스위치 투 어나덜 루움

다른 방으로 바꾸고 싶어요.

I'm calling to change my reservation.
아임 콜링 투 체인지 마이 레절베이션

예약을 변경하려고 전화했어요.

2_ 체크인

I'd like to check in, please.
아이드 라익 투 첵킨 플리즈

체크인 부탁해요.

I'm supposed to have a reservation.
아임 써포우즈드 투 해브 어 레절베이션

예약했어요.

What name is it under?
왓 네임 이짓 언덜

어느 분 성함으로 예약됐나요?

I have a reservation under the name of Su-jin Lee.
아이 해브 어 레절베이션 언덜 더 네임 어브 수진리

이수진이라는 이름으로 예약했어요.

Would you please fill out this registration form?
우쥬 플리즈 필 아웃 디쓰 레지스트레이션 포옴

여기 숙박카드를 작성해 주시겠어요?

When will you be checking out, sir?
웬 윌 유 비 체킹 아웃, 썰

언제 체크아웃하실 건가요, 손님?

Here is your room key.
히어리즈 유어 루움 키

여기 방 키를 받으세요.

3_ 서비스 요청

해외생활 / 숙소

➡ **If you need anything, please call the front desk.**
이퓨 니드 에니띵, 플리즈 콜 더 프런트 데스크

필요한 게 있으면 프런트데스크로 연락주세요.

➡ **This is room service. How can I help you?**
디쓰 이즈 루움 썰비스. 하우 캐나이 헬프 유

룸서비스입니다. 무엇을 도와드릴까요?

➡ **What hours is room service available?**
왓 아우월스 이즈 루움 썰비스 어베일러블

몇 시까지 룸서비스가 가능하죠?

➡ **Room service, please.**
루움 썰비스 플리즈

룸서비스 부탁해요.

➡ **Bring me some toast and coffee, please.**
브링 미 썸 토우스트 앤 커피 플리즈

토스트와 커피 좀 갖다 주세요.

➡ **I'm still waiting for the breakfast I ordered.**
아임 스틸 웨이딩 퍼 더 브렉퍼스트 아이 오더드

주문한 아침식사가 아직 오지 않아요.

➡ **I need a wake-up call at 6 tomorrow morning.**
아이 니드 어 웨이컵 콜 앳 씩스 터마로우 모닝

내일 아침 6시에 모닝콜 부탁해요.

Could you bring an iron up to my room?
쿠쥬 브링 언 아이언 업 투 마이 루움

다리미를 방으로 가져다주실래요?

Do you provide laundry services?
두 유 프로바이드 론드리 썰비시즈

세탁서비스가 있나요?

I have some laundry I need done.
아이 해브 썸 론드리 아이 니드 던

세탁물을 맡길 게 있어요.

Please make up my room.
플리즈 메이컵 마이 루움

방청소를 해주세요.

I'd like to deposit my valuables.
아이드 라익 투 디파짓 마이 밸루어블즈

귀중품을 보관하고 싶어요.

Are there any messages for me?
아 데얼 에니 메씨지즈 퍼 미

제게 남겨진 메모는 없나요?

Can I make a collect call?
캐나이 메이커 컬렉트 콜

수신자 부담 전화가 가능한가요?

Can I fax here?
캐나이 팩쓰 히얼

팩스를 보낼 수 있어요?

Have any faxes arrived for me?
해브 에니 팩시스 어라이브 풔 미

제 앞으로 팩스 들어온 게 있나요?

I'd like to use the Internet.
아이드 라익 투 유즈 디 인터넷

인터넷을 이용하고 싶어요.

Can I check my e-mail at the hotel?
캐나이 첵 마이 이메일 앳 더 호우텔

저한테 온 이메일을 확인할 수 있을까요?

You can use it at our business center.
유 캔 유즈 잇 앳 아우얼 비즈니스 쎈털

비즈니스센터에서 이용하실 수 있어요.

Please put it on my bill.
플리즈 풋 잇 언 마이 빌

제 숙박료에 포함해주세요.

On which floor is the convention hall?
언 위치 플로어 이즈 더 컨벤션호올

연회장은 몇 층인가요?

Is there a casino in the hotel?
이즈 데어러 커시노우 인 더 호우텔

호텔에 카지노가 있나요?

Show me the restaurant, please.
쇼우 미 더 레스터런트 플리즈

식당으로 안내해 주세요.

해외생활 / 숙소

4. 불편사항 신고

Could you send someone up?
쿠쥬 쎈드 썸원 업

사람 좀 올려 보내 주시겠어요?

The air-conditioner is broken.
디 에얼컨디셔널 이즈 브로우컨

에어컨이 고장 났어요.

This room is too cold.
디쓰 루움 이즈 투우 코울드

방이 너무 춥네요.

I'm having problems with the bathroom.
아임 해빙 프라블럼스 위드 더 배쓰루움

욕실에 문제가 생겼어요.

The bathroom drain is plugged.
더 배쓰루움 드레인 이즈 플러그드

욕실 물이 빠지지 않아요.

The toilet doesn't work.
더 토일릿 더즌(트) 훨크

화장실이 고장 났어요.

The TV is broken.
더 티브이 이즈 브로우컨

텔레비전이 고장 났어요.

- **How do you adjust this air-conditioner?**
  하우 두 유 어드저스트 디쓰 에얼컨디셔널

  이 냉방장치는 어떻게 조절하죠?

- **I don't know how to use this.**
  아이 도운(트) 노우 하우 투 유스 디쓰

  이걸 어떻게 사용하는지 모르겠어요.

- **There's no hot water.**
  데얼즈 노우 핫 워털

  더운 물이 나오지 않아요.

- **We'll send someone right away.**
  위일 센드 썸원 라잇 어웨이

  곧 사람을 보내겠습니다.

- **I'd like to report a theft.**
  아이드 라익 투 리폴터 떼프트

  도난 신고를 하려고 합니다.

- **I locked myself out.**
  아이 락트 마이쎌파웃

  방에 열쇠를 둔 채 문을 닫았어요.

- **Could you open my room for me?**
  쿠쥬 오우펀 마이 루움 풔 미

  방문 좀 열어 주실래요?

- **Could you give me one more room key?**
  쿠쥬 기브 미 원 모얼 루움 키

  방 열쇠를 하나 더 주실 수 있어요?

5_ 체크아웃

I'd like to check out now.
아이드 라익 투 첵카웃 나우

지금 체크아웃 할게요.

Could you have my bill ready for me?
쿠쥬 해브 마이 빌 레디 풔 미

계산서를 준비해 주시겠어요?

What's the total?
왓츠 더 토우덜

숙박비가 모두 얼마인가요?

VISA credit card, please.
비자 크레딧 카알드 플리즈

비자카드로 지불하겠어요.

Is a traveler's check OK?
이저 트래블러스 첵크 오우케이

여행자수표도 되나요?

You've made a mistake on this bill.
유브 메이더 미스테익 언 디쓰 빌

계산서가 잘못된 것 같아요.

What's this charge for?
왓츠 디쓰 촤알지 풔

이 요금은 뭐가 청구된 거죠?

This isn't my room service bill.
디쓰 이즌(트) 마이 루움 썰비스 빌

룸서비스 계산서가 제 것이 아니에요.

Is my baggage coming down?
이즈 마이 배기지 커밍 다운

제 짐은 내려왔나요?

A hotel porter, please.
어 호우텔 포털 플리즈

포터 한 사람 불러주세요.

I left something in the room.
아이 레픗 썸띵 인 더 루움

방에 두고 온 물건이 있어요.

Can I leave my bags at the hotel until later tonight?
캐나이 리브 마이 백스 앳 더 호우텔 언틸 레이덜 터나잇

짐을 오늘 밤까지 맡길 수 있을까요?

I very much enjoyed my stay here.
아이 베리 머취 인죠이드 마이 스테이 히얼

여기서 정말 즐겁게 보냈어요.

I need to check out one day earlier.
아이 니드 투 첵카웃 원 데이 얼리어

하루 일찍 떠나고 싶어요.

I'd like to add another day.
아이드 라익 투 애드 어나덜 데이

하루 더 머물고 싶어요.

해외생활 | 숙소

6_ 유스호스텔 이용

➡ **Is the Youth Hostel open this season?**
이즈 더 유스 하스틀 오우펀 디쓰 시즌

이번 시즌 유스호스텔이 열려 있나요?

➡ **I have a membership card.**
아이 해버 멤벌쉽 카알드

회원증을 갖고 있어요.

➡ **Do you think I can stay tonight?**
두 유 띵크 아이 캔 스테이 터나잇

오늘밤 묵을 수 있어요?

➡ **Do you have two beds tonight?**
두 유 해브 투우 베즈 터나잇

오늘밤 2인용 침대가 있나요?

➡ **Do you have a safety box here?**
두 유 해버 세이프티 박스 히얼

여기에 물품보관함이 있나요?

➡ **Can I cook for myself?**
캐나이 쿡 펄 마이쎌프

취사는 가능한가요?

➡ **Please lend me a pan and burner.**
플리즈 렌드 미 어 팬 앤 버널

냄비와 버너를 빌려 주세요.

Please lend me a bed sheet.
플리즈 렌드 미 어 배드 쉬트

시트를 빌려 주세요.

Is there any duty?
이즈 데얼 에니 듀디

주의할 점은 무엇인가요?

Don't make noises in the rooms.
도운(트) 메익 노이지즈 인 더 루움즈

방에서 너무 떠들지 마세요.

Where can I shower?
웨얼 캐나이 샤우얼

샤워는 어디서 할 수 있죠?

Where do I go to check out?
웨얼 두 아이 고우 투 첵카웃

체크아웃 하려면 어디로 가야 하죠?

Can you keep this baggage for me?
캐뉴 키프 디쓰 배기지 풔 미

이 짐을 보관해 주실래요?

I'd like to pick up my baggage.
아이드 라익 투 피컵 마이 배기지

맡긴 짐을 찾아가겠어요.

I want to stay two more days.
아이 원 투 스테이 투우 모얼 데이즈

이틀 더 묵고 싶은데요.

해외생활 / 숙소

CHAPTER 35 관광하기

1. 여행안내소

➡ **Where is the tourist information office?**
웨얼 이즈 더 투어리스트 인폴메이션 오피쓰

여행 안내소는 어디에 있죠?

➡ **Could I get a tour guidebook?**
쿠다이 겟 어 투어 가이드북

여행 가이드북을 얻을 수 있을까요?

➡ **What are the best sights to see in this town?**
왓 아 더 베스트 싸이츠 투 씨이 인 디쓰 타운

이 도시에서 가장 볼 만한 게 뭐죠?

➡ **Can you recommend some interesting places?**
캐뉴 레커멘드 썸 인터레스팅 플레이시스

구경할 만한 곳을 알려주실래요?

➡ **A sightseeing map, please.**
어 싸잇씽 맵 플리즈

관광 지도를 주세요.

➡ **Will you tell me which tour is popular?**
윌 유 텔 미 위치 투어 이즈 파퓰러

어떤 관광이 인기 있는지 알려주실래요?

What can I see on that tour?
왓 캐나이 씨이 언 댓 투어

거기서 볼거리는 어떤 게 있어요?

Where should we go first?
웨얼 슈드 위 고우 퍼스트

먼저 어디를 가야 할까요?

Don't miss the Statue of Liberty.
도운(트) 미쓰 더 스태츄우 어브 리벌티

자유의 여신상은 꼭 들러보세요.

I'd like to join a night tour.
아이드 라익 투 조인 어 나이트 투어

야간 투어를 하고 싶어요.

Which tour is the most popular?
위치 투어 리즈 더 모우스트 파퓰러

가장 인기 있는 여행이 뭐죠?

Could you tell me about some good day trips I can make?
쿠쥬 텔 미 어바웃 썸 굿 데이 트립스 아이 캔 메익

하루 코스로 갖다올 수 있는 곳을 알려주실래요?

Could I make a tour reservation here?
쿠다이 메이커 투어 레절베이션 히얼

여기서 여행 예약을 할 수 있나요?

Is there a Korean speaking guide?
이즈 데어러 커리언 스피킹 가이드

한국어 하는 가이드가 있나요?

해외생활 | 관광하기

2. 관광지에서

How much is the admission?
하우 머취 이즈 디 어드미션

입장료는 얼마죠?

Do you have a brochure for the Art Museum?
두 유 해브 어 브로우셔 퍼 디 알트 뮤지엄

미술관의 안내책자가 있나요?

Are there any good shows playing tonight?
아 데얼 에니 굿 쇼우즈 플레잉 터나잇

오늘밤 좋은 공연이 있나요?

Can I go dressed like this?
캐나이 고우 드레스트 라익 디쓰

이 복장으로 그곳에 갈 수 있어요?

Where can I get on a sightseeing boat?
웨얼 캐나이 겟 언 어 싸잇씽 보우트

유람선 타는 곳은 어디죠?

Is there a tourist bus?
이즈 데어러 투어리스트 버스

시내 관광버스가 있나요?

Excuse me, where am I on this map?
익스큐즈 미, 웨얼 엠 아이 언 디쓰 맵

실례지만, 이 지도에서 제가 어디쯤에 있는 건가요?

➡️ **Could you recommend a good restaurant in town?**
쿠쥬 레커맨더 굿 레스토란트 인 타운

이 근처에 있는 좋은 식당을 추천해 주실래요?

➡️ **Where's the nearest department store?**
웨얼즈 더 니얼스트 디파트먼트 스토얼

가까운 백화점은 어디죠?

➡️ **Is there any discotheque around here?**
이즈 데얼 에니 디스커텍 어라운드 히얼

이 근처에 디스코텍이 있나요?

➡️ **I have never played in a casino.**
아이 해브 네벌 플레이드 이너 커시노우

난 카지노에 가본 적 없어.

➡️ **Which is a good game for a beginner?**
윗치 이저 굿 게임 퍼러 비기널

초보자에게 좋은 게임이 뭐야?

➡️ **How do you play Black Jack?**
하우 두 유 플레이 블랙잭

블랙잭은 어떻게 하는 거야?

➡️ **Could you call me a taxi?**
쿠쥬 콜 미 어 택씨

택시 좀 불러주실래요?

➡️ **Is there a lavatory near here?**
이즈 데어러 레버토리 니얼 히얼

이 근처에 화장실이 있나요?

해외생활 | 관광하기

3_ 기념사진

Would you take a picture for us?
우쥬 테이커 픽철 풔 어스

사진을 찍어주시겠어요?

Would you mind taking our picture?
우쥬 마인 테이킹 아우얼 픽철

우리들 사진 좀 찍어주시겠습니까?

Please take the picture, and make sure the Eiffel Tower is in the background.
플리즈 테익 더 픽철, 앤드 메이크 슈얼 디 아이펄타우얼 이즈 인 더 백그라운드

에펠탑을 배경으로 사진을 찍어주세요.

I'm ready. Go ahead.
아임 레디, 고우 어헤드

준비됐어요. 찍으세요.

Just push this button.
저스트 푸쉬 디쓰 버튼

이 버튼을 누르시면 돼요.

Wait till people move out of the way.
웨잇 틸 피플 무브 아우더브 더 웨이

사람들이 지나갈 때까지 기다리죠.

May I take pictures here?
메이 아이 테익 픽철스 히얼

여기서 사진 찍어도 될까요?

▸ **Can I get my picture taken with you?**
  캐나이 겟 마이 픽쳘 테이컨 위드 유

  저와 함께 사진 찍어주실래요?

▸ **May I have a photo taken with you?**
  메이 아이 해브 어 포우토우 테이컨 위드 유

  함께 사진 찍으실래요?

▸ **May I take your picture?**
  메이 아이 테이크 유어 픽쳘

  당신 사진을 찍어도 될까요?

▸ **I'll send you the pictures.**
  아일 쎈듀 더 픽철스

  사진을 보내드릴게요.

사진 촬영 관련 표현

인화 print 프린트 **확대** enlarge 인라아쥐
일회용 사진기 disposable camera 디스포우저블 캐머러
사진촬영 금지 no photographs 노우 포토그랩즈
플래시 금지 no flashbulbs 노우 플래시벌브즈
전망대 observation tower 압절베이션 타우얼
수족관 aquariums 어퀘어리엄즈 **사원** temple 템플
박물관 museum 뮤지엄 **동물원** zoo 주우
식물원 botanical garden 버태니컬 가든
고궁 ancient palace 에인션트 팰리스 **광장** square 스퀘어
화랑 art gallery 아트 갤러리 **유람선** excursion ship 익스컬전 쉽

4. 친구 만들기

➡️ **Where are you from?**
웨어라 유 프롬

어디에서 왔어요?

➡️ **I'm from Seoul, Korea. How about you?**
아임 프롬 서울 커리어, 하우 어바웃 유

한국 서울에서 왔어요. 당신은요?

➡️ **I just got here this morning.**
아이 저스트 갓 히얼 디쓰 모닝

저는 오늘아침에 여기 도착했어요.

➡️ **Are you traveling alone?**
아 유 트레벌링 얼로운

혼자 여행하세요?

➡️ **I like to travel alone.**
아이 라익 투 트레벌 얼로운

혼자 여행하는 거 좋아해요.

➡️ **Should I be your guide?**
슈다이 비 유어 가이드

제가 안내해 드릴까요?

➡️ **Hello, do you mind if I join you?**
헬로우, 두 유 마인드 이프 아이 조인 유

안녕하세요, 함께 앉아도 될까요?

- **Will you join us at our table?**
  윌 유 조이너스 앳 아우얼 테이블

  우리 자리에서 함께 드실래요?

- **It was great fun hanging out with you.**
  잇 워즈 그레잇 펀 행잉 아웃 위드 유

  함께 한 시간이 정말 좋았어요.

- **Maybe we could go dancing at the night club.**
  메이비 위 쿠드 고우 댄싱 앳 더 나이트클럽

  우리 나이트 가서 춤춰요.

- **What are friends for?**
  왓 아 프렌즈 퍼

  친구 좋다는 게 뭐겠어요?

- **Let's take a break.**
  렛츠 테이커 브레익

  우리 잠깐 쉬죠.

- **Have a good trip!**
  해브 어 굿 트립

  즐거운 여행되세요!

- **Have a good time!**
  해브 어 굿 타임

  즐거운 시간되세요!

- **Please get in touch with me if you come to Korea.**
  플리즈 겟 인 터취 위드 미 이퓨 컴 투 커리어

  한국에 오시면 연락주세요.

해외생활 | 관광하기

CHAPTER 36 여행 트러블

1_ 분실, 도난

Where should I go to ask about lost things?
웨얼 슈다이 고우 투 애스커바웃 로스트 띵스

분실물은 어디에서 물어보죠?

Where's the lost and found office?
웨얼즈 더 로스트 앤 파운드 오피쓰

분실물센터는 어디에 있어요?

I lost my passport.
아이 로스트 마이 패스폴트

여권을 잃어버렸어요.

I think I got pick-pocketed.
아이 띵크 아이 갓 픽 파키티드

누군가에게 소매치기 당했어요.

I left my baggage in the taxi.
아이 레프트 마이 배기지 인 더 택씨

택시에 짐을 놓고 내렸어요.

Did you see my bag here?
디쥬 씨이 마이 백 히얼

여기서 제 가방 못 보셨어요?

➡️ **My baggage hasn't arrived.**
마이 배기지 해즌(트) 어라이브드

제 짐이 도착하지 않았어요.

➡️ **I lost my credit card. Cancel my card, please.**
아이 로스트 마이 크레딧카알드. 캔슬 마이 카알드 플리즈

신용카드를 잃어버렸어요. 카드를 중지시켜 주세요.

➡️ **I don't know where I lost it.**
아이 도운(트) 노우 웨얼 아이 로스트 잇

어디서 잃어버렸는지 모르겠어요.

➡️ **I'd like to make out a theft report.**
아이드 라익 투 메이카웃 어 쩨프트 리폴트

분실증명서를 만들고 싶어요.

➡️ **Reissue me a ticket, please.**
리이슈 미 어 티킷 플리즈

티켓을 재발행해 주세요.

➡️ **I came to get my passport reissued.**
아이 케임 투 겟 마이 패스폴트 리이슈드

여권을 재발급 받으러 왔어요.

➡️ **Could you reissue it right away?**
쿠쥬 리이슈 잇 라잇 어웨이

곧바로 재발행이 되나요?

➡️ **Would you let me know as soon as possible?**
우쥬 렛 미 노우 애즈 쑤운 애즈 파써블

가능한 한 빨리 알려 주시겠어요?

해외생활

트러블

2. 몸이 아플 때

I have diarrhea.
아이 해브 다이어리어

설사를 해요.

I sprained my left ankle.
아이 스프레인드 마이 레프트 앵컬

왼쪽 발목을 삐었어요.

How do I get to the hospital?
하우 두 아이 겟 투 더 하스피틀

병원에 어떻게 가죠?

Please take me to the hospital.
플리즈 테익 미 투 더 하스피틀

저를 병원으로 좀 데려다 주세요.

Please call a doctor.
플리즈 콜 어 닥털

의사를 불러주세요.

Get me an ambulance.
겟 미 언 앰뷸런스

구급차를 불러주세요.

Is it OK for me to keep traveling?
이짓 오우케이 풔 미 투 키프 트래벌링

여행을 계속해도 될까요?

3. 영어가 잘 안 통할 때

I don't speak English very well.
아이 도운(트) 스픽 잉글리쉬 베리 웰

저는 영어를 잘하지 못해요.

You're speaking too fast for me.
유아 스피킹 투우 패스트 풔 미

당신이 말하시는 게 내겐 너무 빨라요.

I'm sorry, but I couldn't catch that.
아임 쏘리, 벗 아이 쿠든(트) 캐취 댓

죄송하지만, 그 말을 듣지 못했어요.

Please talk to someone who speaks Korean.
플리즈 톡 투 썸원 후 스픽스 커리언

한국어 하는 분과 얘기하고 싶어요.

Does anyone speak Korean?
더즈 에니원 스픽 커리언

한국어 할 수 있는 분이 계세요?

Please contact this phone number.
플리즈 컨텍트 디쓰 포운 넘벌

이 전화번호로 연락해 주세요.

Please call the Korean Embassy.
플리즈 콜 더 커리언 엠버씨

한국대사관에 연락해 주세요.

해외생활

트러블

4. 곤란한 상황에서

Can you give me a hand?
캐뉴 기브 미 어 핸드

저를 도와주시겠어요?

I'm on the wrong bus.
아임 언 더 로옹 버스

버스를 잘못 탔어요.

I have missed the flight to Seoul.
아이 해브 미슷 더 플라잇 투 서울

서울행 비행기를 놓쳤어요.

I'm in a big hurry. Please hurry up!
아임 이너 빅 허뤼, 플리즈 허뤼 업

정말 급해요. 서둘러 주세요!

What should I do?
왓 슈다이 두

제가 어떻게 해야 해요?

When can we know the answer by?
웬 캔 위 노우 디 앤썰 바이

얼마나 있어야 대답을 알 수 있어요?

I had nothing to do with the accident.
아이 해드 낫띵 투 두 위드 디 엑씨던트

저는 이 사고와 관련이 없어요.

I'm still in shock.
아임 스틸 인 쇼우크

아직 충격이 가시질 않았어요.

Please give me a chance.
플리즈 기브 미 어 챈스

제발 한 번만 봐주세요.

I'll be careful from now on.
아일 비 캐어펄 프럼 나우 언

앞으로 조심할게요.

I have no reason to lie.
아이 해브 노우 리즌 투 라이

내가 거짓말할 이유가 없어요.

Could you please lend me some money?
쿠쥬 플리즈 랜드 미 섬 머니

돈을 좀 빌려 주시겠어요?

I want to send a telegram to Seoul.
아이 원 투 쎈더 텔리그램 투 서울

서울로 전보를 치려고 해요.

Please send an urgent cable.
플리즈 쎈던 어전트 케이블

긴급 해외 전보를 부탁해요.

Do you know where the Korean Embassy is?
두 유 노우 웨어 더 커리언 엠버씨 이즈

한국대사관은 어디에 있어요?

해외생활 / 트러블

CHAPTER 37 길 찾기

1_ 길 물어보기

Excuse me, can I ask you for directions?
익쓰큐즈 미, 캐나이 애스큐 퍼 디렉션스

실례지만, 길을 좀 물어봐도 될까요?

I'm lost. Can you help me?
아임 로스트, 캐뉴 헬프 미

길을 잃었는데, 도와주시겠어요?

Please tell me the way to the airport.
플리즈 텔 미 더 웨이 투 디 에얼폴트

공항 가는 길을 가르쳐 주세요.

How far is the airport from here?
하우 파알 이즈 디 에얼폴트 프럼 히얼

공항까지 얼마나 걸리죠?

How can I get to Seoul Station?
하우 캐나이 겟 투 서울 스테이션

서울역에는 어떻게 가면 되죠?

Could you tell me the way to City Hall?
쿠쥬 텔 미 더 웨이 투 씨디 호올

시청 가는 길을 가르쳐 주실래요?

해외생활 / 길찾기

➡ **Is this the right way to the National Museum?**
이즈 디쓰 더 라잇 웨이 투 더 내셔늘 뮤지엄

국립박물관에 가려면 이 길이 맞나요?

➡ **What's the best way to get there?**
왓츠 더 베스트 웨이 투 겟 데얼

거기로 가는 가장 좋은 방법은 뭐죠?

➡ **Can you tell me in more detail?**
캐뉴 텔 미 인 모얼 디테일

좀 더 자세히 안내해 주실래요?

➡ **How long will it take to walk there?**
하울롱 윌릿 테익 투 웍크 데얼

거기까지 걸어서 얼마나 걸릴까요?

➡ **It's not within walking distance.**
잇츠 낫 위딘 웍킹 디스턴쓰

걸어가긴 너무 먼 거리예요.

➡ **Which way can I go? Is there a shortcut?**
위치 웨이 캐나이 고우? 이즈 데어러 숄트컷

어느 길로 가야 하죠? 지름길이 있나요?

➡ **How far is it from here?**
하우 파알 이짓 프럼 히얼

여기서 얼마나 멀죠?

➡ **I'm a stranger here.**
아임 어 스트레인저 히얼

저는 여기가 초행길이에요.

2. 장소, 위치 확인

Which street am I on?
위치 스트릿 엠 아이 언

여기가 어디죠?

Please show me on this map.
플리즈 쇼우 미 언 디쓰 맵

이 지도에서 알려주세요.

Please tell me how to get to the nearest bank.
플리즈 텔 미 하우 투 겟 투 더 니어리스트 뱅크

가장 가까운 은행을 알려주세요.

Are there any landmarks near the bank?
아 데얼 에니 랜드마크스 니얼 더 뱅크

은행 근처에 표시가 될 만한 게 있나요?

Please mark the place on this map.
플리즈 마크 더 플레이스 언 디쓰 맵

이 지도에 표시를 해주세요.

Could you show me the location on the map?
쿠쥬 쇼우 미 더 로우케이션 언 더 맵

지도에서 위치를 알려주시겠어요?

Please tell me the name of this street.
플리즈 텔 미 더 네임 어브 디쓰 스트릿

이 거리의 이름이 뭔지 알려주세요.

What is the best way to get to the museum?
왓 이즈 더 베스트 웨이 투 겟 투 더 뮤지엄

박물관에 가는 가장 좋은 방법이 뭐예요?

Where is the nearest subway station?
웨얼 이즈 더 니어리스트 썹웨이 스테이션

가장 가까운 지하철역은 어디죠?

How can I get to the subway station?
하우 캐나이 겟 투 더 썹웨이 스테이션

지하철역에 어떻게 가나요?

Could you tell me where the nearest taxi stand is?
쿠쥬 텔 미 웨얼 더 니어리스트 택씨 스탠드 이즈

가장 가까운 택시 승차장이 어딘지 알려주실래요?

Excuse me, could you tell me where the rest room is?
익스큐즈 미, 쿠쥬 텔 미 웨얼 더 레스트 루움 이즈

실례지만, 화장실이 어디 있어요?

It's too crowded.
잇츠 투우 크라우디드

너무 혼잡스럽군요.

I'm not familiar with this area.
아임 낫 퍼밀리어 윗 디쓰 에어리어

전 이 지역을 잘 몰라요.

You should probably ask someone else.
유 슈드 프라버블리 애스크 썸원 엘스

다른 사람에게 물어보세요.

해외생활 / 길찾기

3_ 길을 알려줄 때

Where do you want to go?
웨얼 두 유 원 투 고우

어디로 가는 길이세요?

Let me show you the way.
렛 미 쇼우 유 더 웨이

길을 알려 드릴게요.

I will take you there.
아이 윌 테익큐 데얼

제가 안내해 드릴게요.

Let me give you a map.
렛 미 기뷰 어 맵

약도를 그려드릴게요.

Keep going straight.
킵 고우잉 스트레이트

곧장 가세요.

Walk across the road.
웕크 어크로쓰 더 로우드

길을 건너가세요.

It is past the lights.
잇 이즈 패스트 더 라이츠

신호 지나서 있어요.

It's just down the street.
잇츠 저스트 다운 더 스트릿

길을 내려가면 바로 있어요.

It's on the other side of the road.
잇츠 언 디 아덜 싸이더브 더 로우드

길 건너편에 있어요.

You will get there without any problems.
유 윌 겟 데얼 위다웃 에니 프라블럼스

찾기가 아주 쉬운데요.

You need to go down one block.
유 니드 투 고우 다운 원 블럭

한 블록 더 내려가셔야 해요.

You need to go down one block and turn right.
유 니드 투 고우 다운 원 브럭 앤 턴 라이트

한 블록 더 내려가서 오른쪽으로 도세요.

Go down this street and make a left at the first signal.
고우 다운 디쓰 스트릿 앤 메이커 래프트 앳 더 펄스트 씨그널

이 길을 따라 가다가 첫 번째 신호등에서 왼쪽으로 도세요.

If you go this way, you will see a postoffice.
이퓨 고우 디쓰 웨이, 유 윌 씨이 어 포우스트오피스

이 길로 가면 당신이 찾는 우체국이 보일 거예요.

Just follow the guide map over there.
저스트 팔로우 더 가이드 맵 오우벌 데얼

저기 있는 안내표지를 따라가세요.

CHAPTER 38 자동차 이용

1_ 운행, 주차

Are you a good driver?
아 유 어 굿 드라이벌

운전 잘 하니?

Get over in the right lane.
겟 오우벌 인 더 라잇 레인

우측 차선으로 들어가.

We're going the same way. Can I give you a ride?
위아 고우잉 더 쎄임 웨이. 캐나이 기뷰 어 라이드

방향이 같네요. 태워줄까요?

Turn on the air-conditioning, please.
턴 언 디 에얼 컨디셔닝 플리즈

에어컨 좀 켜주세요.

Turn the heater down, please.
턴 더 히터 다운 플리즈

히터를 좀 줄여주세요.

I just started driving. I don't drive well at night.
아이 저스트 스탈티드 드라이빙. 아이 도운(트) 드라이브 웰 앳 나잇

전 초보운전이에요. 밤에는 운전 잘 못해요.

▶ **Did you see any parking spaces?**
디쥬 씨이 에니 팔킹 스페이시스

주차 공간이 있나요?

▶ **Can I park here?**
캐나이 팔크 히얼

여기에 주차해도 될까요?

▶ **Do you have any change for the meter?**
두 유 해브 에니 체인지 풔 더 미덜

주차요금 낼 잔돈 있어요?

▶ **I can't find a parking space.**
아이 캔(트) 파인더 팔킹 스페이스

주차장을 찾을 수가 없군요.

▶ **Will I be able to park near the office?**
윌 아이 비 에이블 투 팔크 니얼 디 오피쓰

사무실 근처에 주차할 수 있나요?

▶ **I'm sorry, you can't park here.**
아임 쏘리, 유 캔(트) 팔크 히얼

죄송하지만, 여기에 주차할 수 없어요.

▶ **There are metered parking spaces downtown.**
데얼 아 미덜드 팔킹 스페이스 다운타운

시내에는 유료 주차장이 있어요.

▶ **How much is it to park here for an hour?**
하우 머취 이짓 투 팔크 히얼 풔 언 아워

시간당 주차요금이 얼마인가요?

해외생활 | 자동차

2. 주유소, 카센터

We're low on gas.
위아 로우 언 개스

기름이 거의 다 됐어요.

I'm looking for a gas station. Is there one nearby?
아임 루킹 퍼러 개스 스테이션. 이즈 데얼 원 니얼바이

주유소를 찾고 있어요. 가까운 곳에 있나요?

Fill it up, please.
필 잇 업 플리즈

가득 채워주세요.

I'm here for the inspection.
아임 히얼 퍼 더 인스펙션

자동차를 점검하러 왔어요.

I need to get new tires, please.
아이 니드 투 겟 뉴 타이얼스 플리즈

새 타이어로 바꿔주세요.

My car has broken down.
마이 카 해즈 브로우컨 다운

내 차가 고장 났어요.

Could you check the engine oil?
쿠쥬 첵 디 엔진 오일

엔진 오일 좀 봐주시겠어요?

3. 교통 위반

Please fasten your seat belt.
플리즈 패슨 유어 씨잇 벨트

안전벨트를 매세요.

Please step out of the car.
플리즈 스텝 아웃 어브 더 카

차에서 내려주세요.

A ticket will be given.
어 티킷 윌 비 기번

딱지를 끊겠습니다.

I thought I was obeying the speed limit.
아이 쏘트 아이 워즈 오우베잉 더 스피드 리밋

저는 속도를 지킨 것 같은데요.

I didn't see the traffic sign.
아이 디든(트) 씨이 더 트래픽 싸인

저는 교통표지판을 보지 못했어요.

Please have a heart.
플리즈 해버 할트

한번만 봐주세요.

Your car is blocking me in.
유어 카 이즈 블라킹 미 인

당신 차가 제 차를 막았어요.

4. 자동차 빌릴 때

Do you have an office at the international airport?
두 유 해번 오피쓰 앳 디 인터네셔늘 에얼폴트

공항에 사무실이 있나요?

I'd like to rent a car, please.
아이드 라익 투 렌터카 플리즈

자동차를 빌리고 싶어요.

How long will you have it for?
하울롱 윌 유 해브 잇 퍼

얼마 동안 사용하실 거예요?

I'd like to keep it for three days.
아이드 라익 투 키프 잇 퍼 뜨리 데이즈

3일 동안 렌트하고 싶은데요.

I'd like an economy model.
아이드 라익 언 이코노미 마들

소형차로 빌려 주세요.

I want a car with an automatic transmission.
아이 원터 카 위던 오터매틱 트랜쓰미션

오토매틱 차를 원해요.

Could you send an estimate?
쿠쥬 쎈드 언 에스터멋

견적서 좀 보내주시겠어요?

Do I have to pay a deposit?
두 아이 해브 투 페이 어 디파짓

보증금을 내야 하나요?

Should I fill it up before returning it?
슈다이 필릿 업 비포얼 리터닝 잇

차를 돌려줄 때 기름을 넣어야 하나요?

Fill the tank when you return the car.
필 더 탱크 웬 유 리턴 더 카

차를 반환할 때 기름을 채워주세요.

Are there any other fees?
아 데얼 에니 어덜 피이스

다른 비용은 없나요?

Where do I return the car?
웨얼 두 아이 뤼턴 더 카

차를 어디에 돌려주나요?

You can drop it off at the airport.
유 캔 드롭 잇 오프 앳 디 에얼폴트

공항에 차를 반납하시면 돼요.

The car's manual is in the glove compartment.
더 카즈 매뉴얼 이즈 인 더 글로브 컴팔트먼트

차 매뉴얼은 조수석 박스에 있어요.

There's a spare tire in the trunk.
데얼즈 어 스페얼 타이어 인 더 트렁크

스페어타이어는 트렁크에 있어요.

해외생활 | 자동차

CHAPTER 39 대중교통

1. 택시

Where are you going?
웨얼 아 유 고우잉

어디로 모실까요?

I'm going to City Hall.
아임 고우잉 투 씨디 호울

시청까지 가요.

Please take me to this address.
플리즈 테익 미 투 디스 어드레쓰

이 주소로 가 주세요.

Can I put my suitcase in the trunk?
캐나이 풋 마이 숫케이스 인 더 트렁

트렁크에 여행 가방을 실을 수 있나요?

Sure. I will open the trunk.
슈얼, 아이 윌 오우펀 더 트렁크

물론입니다. 트렁크를 열게요.

Please stop in front of that office building.
플리즈 스탑 인 프런터브 댓 오피쓰 빌딩

저기 빌딩 앞에 세워주세요.

Could you wait for me here?
쿠쥬 웨잇 풔 미 히얼

여기서 기다려 주시겠어요?

Can you stop over there for a minute?
캐뉴 스탑 오우벌 데얼 풔러 미닛

저 앞에서 잠깐 세워주실래요?

Please slow down.
플리즈 슬로우 다운

천천히 가 주세요.

There is no time to lose. Please speed it up.
데얼 이즈 노우 타임 투 루우즈. 플리즈 스피딧 업

시간이 없는데, 속도를 내주세요.

I think you're taking the long way around.
아이 띵크 유아 테이킹 더 로옹 웨이 어라운드

제 생각에는 좀 돌아가는 것 같은데요.

Here is 20 dollars, keep the extra as tip.
히어리즈 투웬티 달러스, 키프 디 익스트라 애즈 팁

여기 20달러요, 나머지는 팁이에요.

You can keep the change.
유 캔 키프 더 체인지

잔돈은 그냥 가지세요.

The fare is too high for the distance.
더 페얼 이즈 투우 하이 풔 더 디스턴스

요금이 너무 많이 나온 것 같아요.

2. 콜택시 부를 때

How far is it from here to there?
하우 파랄 이짓 프롬 히얼 투 데얼

여기서 거기까지 얼마나 멀어요?

It will take about twenty minutes by taxi.
잇 윌 테이커바웃 투웬티 미닛츠 바이 택씨

택시로 약 20분 걸려요.

Are there any taxis on the street?
아 데얼 에니 택씨즈 언 더 스트릿

거리에 빈 택시가 있나요?

Can you send a taxi here immediately?
캐뉴 쎈더 택씨 히얼 이미디어들리

택시 한 대 바로 보내주실래요?

Where should the taxi pick you up?
웨얼 슈드 더 택씨 픽큐 업

택시를 어디로 보내드릴까요?

I'm going to the airport.
아임 고우잉 투 디 에얼폴트

공항으로 가주세요.

What is the fare?
왓 이즈 더 페얼

요금은 얼마죠?

3. 버스

Is this a bus route?
이즈 디쓰 어 버스 루우트

이곳에 버스가 다녀요?

How often do the buses run?
하우 오우펀 두 더 버시즈 런

버스가 얼마나 자주 다녀요?

Which bus should I take to go to the airport?
위치 버스 슈다이 테익 투 고우 투 디 에얼폴트

공항에 가려면 어떤 버스를 타야 하나요?

Take No. 123.
테익 넘벌 원 투우 뜨리

123번 버스를 타세요.

Where can I catch the 123 bus?
웨얼 캐나이 캐취 더 원 투우 뜨리 버스

123번 버스는 어디서 타죠?

On the other side of the street.
언 디 어덜 사이더브 더 스트릿

길 건너편에서 타세요.

Where can I take a bus?
웨얼 캐나이 테이커 버스

버스 타는 곳이 어디죠?

- **Where is the nearest bus stop?**
  웨얼 이즈 더 니어리스트 버스 스탑

  가장 가까운 버스정류장은 어디죠?

- **Is there a bus to the airport?**
  이즈 데어러 버스 투 디 에열폴트

  공항까지 가는 버스가 있나요?

- **Does this bus go to the airport?**
  더즈 디쓰 버스 고우 투 디 에열폴트

  이 버스가 공항에 가나요?

- **How often does the airport bus come?**
  하우 오우펀 더즈 디 에열폴트 버스 컴

  공항행 버스가 얼마나 자주 있어요?

- **Can I take a bus to City Hall from here?**
  캐나이 테이커 버스 투 씨디 호울 프럼 히얼

  여기서 시청 가는 버스 있어요?

- **When is the next nonstop bus?**
  웬 이즈 더 넥스트 넌스탑 버스

  다음 직행버스는 몇 시에 오죠?

- **Where do I have to change?**
  웨얼 두 아이 해브 투 체인지

  어디서 갈아타야 해요?

- **How many stops does the bus make?**
  하우 메니 스탑스 더즈 더 버스 메이크

  그 버스는 몇 번 정차하나요?

- **What is the bus fare?**
  왓 이즈 더 버스 페얼

  버스 요금은 얼마죠?

- **Which stop should I get off for City Hall?**
  위치 스탑 슈다이 겟 오프 퍼 씨디 호울

  시청에 가려면 어느 정류장에서 내리나요?

- **How many stops is it to Chongno 2-ga?**
  하우 메니 스탑스 이즈 잇 투 종로 2가

  종로 2가까지는 몇 정거장 남았어요?

- **Please tell me where to get off.**
  플리즈 텔 미 웨얼 투 겟 오프

  어디서 내려야 하는지 알려주세요.

- **Could you let me know when we arrive?**
  쿠쥬 렛 미 노우 웬 위 어라이브

  도착하면 저에게 알려주시겠어요?

- **When does the next bus leave for Seoul?**
  웬 더즈 더 넥스트 버스 리브 퍼 서울

  서울로 가는 다음 버스는 언제 있어요?

- **When does the bus stop running in the evening?**
  웬 더즈 더 버스 스탑 러닝 인 디 이브닝

  버스가 저녁 몇 시에 끊겨요?

- **I missed my stop. Can you let me off here?**
  아이 미스트 마이 스탑. 캐뉴 렛 미 오프 히얼

  정류장을 지나쳤어요. 여기서 좀 내려주실래요?

4. 지하철

Is there a subway station around here?
이즈 데어러 썹웨이 스테이션 어라운드 히얼

이 근처에 지하철역이 있나요?

Can I go to the zoological garden by the subway?
캐나이 고우 투 더 조우얼라지컬 가든 바이 더 썹웨이

지하철로 동물원에 갈 수 있어요?

Where do I buy tickets for the subway?
웨얼 두 아이 바이 티킷츠 풔 더 썹웨이

지하철 승차권은 어디서 사죠?

Where's the vending machine?
웨얼즈 더 벤딩 머쉰

자동판매기가 어디 있죠?

How late does the subway run?
하우 레잇 더즈 더 썹웨이 런

지하철이 몇 시까지 운행되죠?

Could I have a subway map, please?
쿠다이 해버 썹웨이 맵 플리즈

지하철 노선도 좀 주시겠어요?

Which line should I take to the museum?
위치 라인 슈다이 테익 투 더 뮤지엄

박물관에 가려면 몇 호선을 타야 하죠?

Take the fourth or the seventh line.
테익 더 폴쓰 오얼 더 쎄븐쓰 라인

4호선이나 7호선 지하철을 타세요.

What's the name of the next station?
왓츠 더 네임 어브 더 넥스트 스테이션

다음 역은 어디에요?

Where do I have to get off for Times Square?
웨얼 두 아이 해브 투 겟 오프 퍼 타임스 스퀘얼

타임 광장은 어디서 내리죠?

Where should I transfer?
웨얼 슈다이 트랜스펄

어디서 지하철을 갈아타야 하나요?

Is this a transfer station?
이즈 디쓰 어 트랜스펄 스테이션

이곳이 갈아타는 곳인가요?

Which exit should I take for City Hall Square?
위치 엑시트 슈라이 테익 퍼 씨디 호울 스퀘얼

시청 광장은 몇 번 출구로 나가야 하죠?

I will get off at the next stop.
아이 윌 겟 오프 앳 더 넥스트 스탑

다음 역에서 내릴게요.

I got on the wrong side of the tracks.
아이 갓 언 더 로옹 사이더브 더 트랙스

지하철을 반대편에서 잘못 탔어요.

해외생활 | 대중교통

5_ 기차표 예매

Can I reserve a ticket over the phone?
캐나이 리절버 어 티킷 오우벌 더 포운

전화로 표를 예약할 수 있나요?

I'd like to reserve a seat for Chicago, please.
아이드 라익 투 리절버 어 씨잇 퍼 시카고우 플리즈

시카고행 기차표를 예매하고 싶어요.

Could I have a first-class ticket for the 9 o'clock train?
쿠다이 해버 펄스트 클래쓰 티킷 퍼 더 나인 어클락 트레인

9시에 출발하는 1등석 승차권으로 주시겠어요?

Are there any faster trains available?
아 데얼 에니 패스털 트레인즈 어베이러블

더 빠른 열차편은 없을까요?

Would you like to buy a ticket?
우쥬 라익 투 바이 어 티킷

승차권을 구입하시겠어요?

A one-way ticket please.
어 원 웨이 티킷 플리즈

편도 승차권을 주세요.

A round-trip ticket, please.
어 라운드 트립 티킷 플리즈

왕복 승차권을 주세요.

6_ 기차

- **Is there a train for Chicago?**
  이즈 데어러 트레인 퍼 시카고우

  시카고행 기차가 있나요?

- **Is this the train to London?**
  이즈 디쓰 더 트레인 투 런던

  이 열차가 런던으로 가나요?

- **That train leaves at 6 o'clock sharp.**
  댓 트레인 리브즈 엣 식쓰 어클락 샾프

  그 열차는 정각 6시에 출발해요.

- **On which platform does the train for London leave?**
  언 위치 플랫폼 더즈 더 트레인 퍼 런던 리이브

  런던행 기차는 몇 번 플랫폼에서 출발하나요?

- **What time is the last train for Seoul?**
  왓 타임 이즈 더 라스트 트레인 퍼 서울

  서울행 막차는 몇 시에 있죠?

- **When is the next train for London?**
  웬 이즈 더 넥스트 트레인 퍼 런던

  런던행 다음 열차는 언제 있어요?

- **Where should I change trains?**
  웨얼 슈다이 체인지 트레인즈

  어디서 기차를 갈아타야 하죠?

해외생활 / 대중교통

How long will the train stop in Munich?
하울롱 윌 더 트레인 스탑 인 뮤우닉

열차가 뮌헨에서 얼마나 오래 정차하죠?

I think that's my seat.
아이 띵크 댓츠 마이 씨잇

여기는 제 자리 같은데요.

Where is the dining car?
웨얼 이즈 더 다이닝 카

식당 칸은 어디죠?

Does this train have a sleeping car?
더즈 디쓰 트레인 해버 슬리핑 카

이 열차에 침대칸이 있어요?

Are there rest rooms in every car?
아 데얼 레스트 루움즈 인 에브리 카

객차마다 화장실이 있어요?

I missed my station.
아이 미스트 마이 스테이션

내려야 할 역을 지나쳤어요.

Can I stop over on the way?
캐나이 스탑 오우벌 언 더 웨이

도중에 내릴 수 있어요?

I missed my train.
아이 미스트 마이 트레인

열차를 놓쳤어요.

거리표시 / 방향

도로 표지 street sign 스트리트 사인
인도 pavement 파브먼트　　　　**보도** sidewalk 사이드워크
교차로 crossing 크로씽
십자로(T자로) crossroads 크로스로드즈
횡단보도 pedestrian crossing 피데스트리언 크로씽
교통신호등 traffic light 트래픽 라이트
가로등 streetlight 스트리트라이트
앞 front 프런트　　**뒤** rear 뤼어　　**옆** side 사이드
반대편, 맞은편 opposite side 아퍼짓 사이드
오른쪽방향 right side 라이트 사이드
왼쪽방향 left side 레프트 사이드
직진 straight ahead 스트레잇 어헤드

교통질서 (traffic order)

일방통행 one way 원 웨이
좌측통행 keep left 킵 래프트
추월금지 no passing 노우 패씽
통행금지 road closed 로우드 크로우즈드
주차금지 no parking 노우 파킹
교통경찰 traffic police 트래픽 폴리스
교통표지 traffic sign 트래픽 사인
교통망 traffic network 트래픽 네트워크
순찰차 patrol car 퍼트로울 카

CHAPTER 40 식당 예약

1_ 예약할 때

I'd like to make a reservation.
아이드 라익 투 메이커 레절베이션

예약하고 싶어요.

Do you take reservations?
두 유 테익 레절베이션스

예약을 받습니까?

Do you have a table to fit seven people?
두 유 해브 어 테이블 투 핏 세븐 피플

7명이 앉을 자리가 있나요?

I'd like to make a reservation for a party of four.
아이드 라익 투 메이커 레절베이션 퍼러 파티 어브 포얼

4명 예약을 하고 싶어요.

I'd like a table for two this evening.
아이드 라익커 테이블 퍼 투우 디쓰 이브닝

오늘저녁 2인석을 예약하고 싶어요.

I'd like to make a reservation for seven tonight.
아이드 라익 투 메이커 레절베이션 퍼 세븐 터나잇

오늘밤 7시에 예약하고 싶어요.

How many people are in your party?
하우 메니 피플 아 인 유어 파티

일행이 몇 분이세요?

We are a party of eight.
위 아러 파티 어브 에잇

우리 일행은 8명이에요.

What name should I put this reservation under?
왓 네임 슈다이 풋 디쓰 레절베이션 언덜

어느 분 이름으로 예약해 드릴까요?

What time will you be arriving?
왓 타임 윌 유 비 어라이빙

언제 도착하실 거예요?

I made a reservation tonight for eight.
아이 메이더 레절베이션 터나잇 풔 에잇

오늘밤 8시에 예약했어요.

We have a reservation for Su-Jin Lee at six.
위 해버 레절베이션 풔 수진리 앳 씩스

6시에 이수진이라는 이름으로 예약했어요.

Please check the list again.
플리즈 첵 더 리스트 어겐

명단을 다시 확인해 주세요.

I'm afraid I have to cancel our reservation.
아임 어프레이드 아이 해브 투 캔슬 아우얼 레절베이션

유감스럽지만 예약을 취소해야 할 것 같아요.

해외생활 / 식당예약

2. 자리 잡을 때

Do I need a reservation?
두 아이 니더 레절베이션

예약해야 하나요?

No reservation is needed.
노우 레절베이션 이즈 니디드

예약하실 필요 없어요.

Could we have a table by the window?
쿠드 위 해버 테이블 바이 더 윈도우

창가 쪽 자리에 앉을 수 있나요?

In the nonsmoking section, near a window.
인 더 난스모우킹 섹션, 니얼 어 윈도우

금연석으로 창가 쪽 가까운 자리로 주세요.

Do you have a bigger table?
두 유 해버 비걸 테이블

더 큰 테이블은 없나요?

Are there any empty tables?
아 데얼 에니 엠티 테이블스

빈자리가 있나요?

I'm afraid you'll have to wait another 30 minutes.
아임 어프레이드 유일 해브 투 웨잇 어나덜 썰디 미닛츠

유감이지만 30분 정도 기다리셔야합니다.

We will wait at the bar.
위 윌 웨잇 앳 더 바알

바에서 기다릴게요.

All seats are currently taken.
오올 씨잇츠 아 커런틀리 테이컨

지금은 자리가 다 찼어요.

May we wait for a table?
메이 위 웨잇 퍼러 테이블

자리가 생길 때까지 기다려도 되나요?

Wait here for a few minutes, please.
웨잇 히얼 퍼러 퓨 미닛츠 플리즈

잠시 여기서 기다려 주세요.

How long do we wait?
하울롱 두 위 웨잇

얼마나 기다려야 하죠?

This is a Korean traditional restaurant.
디쓰 이즈 어 커리언 트래디셔늘 레스터런트

여기는 한국의 전통음식점이죠.

Take off your shoes, please.
테익 어프 유어 슈즈 플리즈

신발을 벗고 들어가세요.

Take a seat, please.
테익 어 씨잇 플리즈

자, 앉으세요.

해외생활 / 식당예약

CHAPTER 41 식당에서

1. 음식 고르기

What is for lunch?
왓 이즈 퍼 런치

점심 메뉴는 뭐가 있죠?

What kind of dish is this?
왓 카인더브 디쉬 이즈 디쓰

이것은 무슨 요리죠?

This restaurant is really good.
디쓰 레스터런트 이즈 리얼리 굿

이 레스토랑이 음식을 잘 해요

Is this restaurant expensive?
이즈 디쓰 레스터런트 익스펜시브

이 레스토랑은 비싼가요?

What does the chef recommend?
왓 더즈 더 쉐프 레커멘드

주방장이 추천하는 요리가 있어요?

What's the regional specialty?
왓츠 더 리저늘 스페셜티

이 지방의 명물 음식이 뭔가요?

➡️ **Are there any specials today?**
아 데얼 에니 스페셜스 터데이

오늘의 특별요리가 있어요?

➡️ **Do you have any famous dishes?**
두 유 해브 에니 패이머스 디쉬스

유명한 요리가 있나요?

➡️ **What is good here?**
왓 이즈 굿 히얼

이 식당은 무엇을 잘하죠?

➡️ **Yes, sir. We are well-known for salmon steak.**
예스 썰, 위 아 웰노운 퍼 새먼 스테익

네, 손님. 우리 식당은 연어 스테이크가 유명해요.

➡️ **What's the fastest meal I can eat?**
왓츠 더 패스티스트 미일 아이 캔 이트

가장 빨리 되는 요리가 뭐죠?

➡️ **Could you recommend some good wines?**
쿠쥬 레커멘드 썸 굿 와인스

좋은 와인을 추천해 주시겠어요?

➡️ **Do you have some local beer?**
두 유 해브 썸 로우컬 비얼

특산 맥주가 있나요?

➡️ **What do you have for dessert?**
왓 두 유 해브 퍼 디절트

디저트는 뭐가 있죠?

해외생활

식당

2. 주문할 때

Can we get a menu?
캔 위 겟 어 메뉴

메뉴 좀 주실래요?

I'd like to order off the menu.
아이드 라익 투 오덜 오프 더 메뉴

메뉴 보고 주문할게요.

What kind of food do you like?
왓 카인더브 푸드 두 유 라이크

뭘 좋아하세요?

I like French food.
아이 라이크 프렌치 푸드

나는 프랑스요리 좋아해요.

How about Japanese food?
하우 어바웃 제퍼니스 푸드

일본요리는 어떠세요?

That's good. Could you order for me?
댓츠 굿. 쿠쥬 오덜 풔 미

좋아요. 저 대신 주문해 주시겠어요?

I'll have the same. / I'll have that.
아일 해브 더 쎄임   아일 해브 댓

같은 걸로 할게요. / 그걸로 할게요.

Excuse me. May I order please?
익스큐즈 미. 메이 아이 오덜 플리즈

여기요, 주문 받으시겠어요?

What do you want to get?
왓 두 유 원 투 겟

뭐 드실 거예요?

I'll have a salmon steak.
아일 해버 새먼 스테익

연어 스테이크 주세요.

Well done, please.
웰 던 플리즈

완전히 익혀주세요.

Medium, please.
미디움 플리즈

중간 정도 익혀주세요.

What would you like to drink?
왓 우쥬 라익 투 드링크

음료는 뭐로 하시겠어요?

Could you bring it as soon as possible?
쿠쥬 브링 잇 애즈 쑤운 애즈 파써블

가능한 한 빨리 해주시겠어요?

May I change my order?
메이 아이 체인지 마이 오덜

주문을 바꿔도 될까요?

해외생활 / 식당

3. 요청할 때

I'll call you when I need you.
아일 콜 유 웬 아이 니드 유

필요한 게 있으면 부를게요.

Could you clear off these dishes?
쿠쥬 클리얼 어프 디즈 디쉬즈

접시 좀 치워주실래요?

Can I get some more napkins, please?
캐나이 겟 썸 모얼 냅킨즈 플리즈

냅킨을 더 갖다 주시겠어요?

Could you pass me the salt?
쿠쥬 패스 미 더 쏠트

소금 좀 건네주실래요?

I'm sorry, I broke a glass.
아임 쏘리, 아이 브로우커 글래스

미안해요, 제가 유리컵을 깼어요.

I dropped my fork.
아이 드랍드 마이 포크

포크가 떨어졌어요.

Can you bring me a clean one?
캐뉴 브링 미 어 클린 원

깨끗한 것으로 가져다주실래요?

Please bring me the menu again.
플리즈 브링 미 더 메뉴 어겐

메뉴를 다시 갖다 주세요.

Would you like anything else?
우쥬 라익 에니띵 엘스

더 필요하신 게 있으세요?

Some more bread, please.
썸 모얼 브레드 플리즈

빵을 좀 더 갖다 주세요.

Can I have a refill?
캐나이 해버 리필

한 잔 더 채워주실래요?

Can I have a refill on the coffee?
캐나이 해버 리필 언 더 커피

커피 한 잔 더 주시겠어요?

This table is still dirty. Can you wipe it down again?
디쓰 테이블 이즈 스틸 더티. 캔 유 와이핏 다운 어겐

테이블이 좀 더러워요. 다시 닦아주실래요?

I don't want any dessert.
아이 도운(트) 원트 에니 디절트

디저트는 필요 없어요.

Do you have a doggy bag?
두 유 해버 더기 백

남은 음식을 싸주시겠어요?

4. 주문이 잘못 됐을 때

Did everyone get what they ordered?
디드 에브리원 겟 왓 데이 오덜드

주문하신 게 모두 나왔나요?

You got us switched around.
유 갓 어스 스위취드 어라운드

우리 것을 뒤바꿔 주셨어요.

My food still hasn't arrived.
마이 푸드 스틸 해즌(트) 어라이브드

주문 음식이 아직 나오지 않았어요.

Excuse me, I ordered my food 30 minutes ago.
익스큐즈 미, 아이 오덜드 마이 푸드 떨티 미닛츠 어고우

여기요, 30분 전에 주문했는데요.

Could you check on our order?
쿠쥬 첵커언 아우얼 오덜

왜 우리 음식이 안 나오죠?

Will it take much longer?
윌릿 테익 머취 롱걸

아직 시간이 많이 걸려요?

I didn't order this.
아이 디든(트) 오덜 디쓰

이것을 주문하지 않았어요.

This isn't what I ordered.
디쓰 이즌(트) 왓 아이 오덜드

이건 제가 주문한 요리가 아닌데요.

Could you get your manager out here?
쿠쥬 게츄어 매니절 아웃 히얼

지배인을 좀 불러주시겠어요?

I'd like to speak to your manager.
아이드 라익 투 스픽 투 유어 매니절

지배인과 얘기하고 싶어요.

There is something in the soup.
데얼 이즈 썸띵 인 더 수우프

수프에 뭔가 들어 있어요.

There's a piece of hair in my food.
데얼즈 어 피이스 어브 헤얼 인 마이 푸드

음식에 머리카락이 들어 있어요.

There is something strange in my food.
데얼 이즈 썸띵 스트래인지 인 마이 푸드

음식에 뭔가 이상한 게 들어 있어요.

This is not cooked completely.
디쓰 이즈 낫 쿡트 컴플리틀리

음식이 덜 익었어요.

Could I have it broiled a little more?
쿠다이 해브 잇 브로일더 리틀 모얼

좀 더 익혀주시겠어요?

5. 식사시간의 대화

What kind of food do you like?
왓 카인더브 푸드 두 유 라익

무슨 음식 좋아해요?

I'm a vegetarian.
아임 어 베저테어리언

난 채식주의야.

I'm not particular about food.
아임 낫 파티큘러 어바웃 푸드

난 음식을 가리지 않아.

What is your favorite Korean food?
왓 이즈 유어 페이버릿 커리언 푸드

제일 좋아하는 한국음식이 뭐죠?

I will make some Korean food for you.
아이 윌 메익 썸 커리언 푸드 퍼 유

널 위해 한국음식을 만들어줄게.

I drink wine with my dinner.
아이 드링크 와인 위드 마이 디널

난 저녁을 먹으면서 와인 한 잔 마셔.

Would you like to taste this?
우쥬 라익 투 테이스트 디쓰

이거 맛 좀 보시겠어요?

Do you cook?
두 유 쿡

요리를 하세요?

Sometimes I do.
썸타임즈 아이 두

가끔씩 요리를 해요.

Thank you for dinner today.
땡큐 퍼 디널 터데이

오늘 아주 잘 먹었어요.

That meal was very delicious.
댓 미일 워즈 베리 딜리셔스

음식이 아주 맛있군요.

This is very good food .
디쓰 이즈 베리 굿 푸드

여기 음식은 아주 맛있어요.

I just can't get enough of this.
아이 저스트 캔(트) 겟 이너프 어브 디쓰

너무 맛있어서 먹는 걸 멈출 수가 없어.

I've never eaten better.
아이브 네벌 이튼 베덜

이렇게 잘 먹었던 적이 없었어요.

I couldn't eat another bite.
아이 쿠든(트) 이트 어나덜 바잇

더는 못 먹겠어요.

6. 계산할 때

Excuse me. Could I get the bill, please?
익쓰큐즈 미, 쿠다이 겟 더 빌 플리즈

여기요, 계산서 좀 주시겠어요?

Let me have the bill, please.
렛 미 해브 더 빌 플리즈

여기 계산해 주세요.

Will that be all for your order?
윌 댓 비 오올 풔 유어 오덜

주문하신 게 이게 다 인가요?

Is the service charge included?
이즈 더 썰비쓰 촤알지 인클루디드

봉사료가 포함되었나요?

Would you like separate checks?
우쥬 라익 쎄퍼레잇 첵스

두 분 따로 계산해 드릴까요?

No, just one check, please.
노우, 저스트 원 첵크 플리즈

아니요, 같이 계산해 주세요.

Can we get separate bills?
캔 위 겟 쎄퍼레잇 빌스

계산서를 따로 주실래요?

I'll take care of the bill. You can get it next time.
아일 테익케어러브 더 빌. 유 캔 겟 잇 넥스트 타임

제가 계산할게요. 다음에 사세요.

How much should we tip?
하우 머취 슈드 위 팁

팁은 얼마나 줘야 하나요?

In America, 15 percent is normal.
인 어메리커, 피프티인 퍼센트 이즈 노멀

보통 미국에서는 15퍼센트 정도 하죠.

What is this charge here?
왓 이즈 디쓰 차알지 히얼

이 요금은 뭐죠?

I think there's a mistake in the bill.
아이 띵크 데열저 미쓰테익 인 더 빌

계산서가 잘못된 것 같아요.

I think the bill is wrong.
아이 띵크 더 빌 이즈 로옹

계산서가 잘못 나왔어요.

I don't remember ordering this.
아이 도운(트) 리멤벌 오더링 디쓰

이건 주문하지 않았어요.

I'm sorry. Let me find out what happened.
아임 쏘리. 렛 미 파인다웃 왓 해펀드

죄송합니다. 제가 확인해 보겠습니다.

해외생활 / 식당

CHAPTER 42 식사 관련 표현

1_ 가정에서

What are we having for dinner tonight?
왓 아 위 해빙 풔 디너 터나잇

우리 오늘 저녁 메뉴가 뭐야?

I'll toss the salad.
아일 토쓰 더 샐러드

내가 샐러드 만들게.

There are leftovers in the refrigerator.
데얼 아 레프트오우벌스 인 더 리프리저레이터

냉장고에 남은 음식이 있어요.

I'm so hungry. When are we going to eat?
아임 쏘우 헝그리. 웬 아 위 고우잉 투 이트

배고파 죽겠어. 우리 밥 언제 먹어?

Dinner will be ready soon.
디너 윌 비 레디 쑤운

저녁 준비 거의 됐어.

The table is set for dinner.
더 테이블 이즈 셋 풔 디너

저녁상 다 차렸어요.

I'd like some more rice, please.
아이드 라익 썸 모얼 라이스 플리즈

밥을 좀 더 주세요.

I'd like some more broth, please.
아이드 라익 썸 모얼 브로쓰 플리즈

국 한 그릇 더 주세요.

The food was fabulous.
더 푸드 워즈 패뷸러스

맛있게 잘 먹었어요.

May I be excused?
메이 아이 비 익스큐즈드

나 먼저 일어나도 되죠?

Let's order Chinese food.
렛츠 오덜 차이니즈 푸드

중국요리 시켜 먹자.

Do you deliver to this area?
두 유 디리벌 투 디쓰 에어리어

여기로 배달되나요?

When will I get my food if I order now?
웬 윌 아이 겟 마이 푸드 이프 아이 오덜 나우

지금 주문하면 언제 배달되죠?

It will take about 15 minutes.
잇 윌 테이커바웃 피프티인 미닛츠

15분 정도 걸려요.

해외생활 / 식사관련

2. 패스트푸드점에서

What kind of combo's do you have?
왓 카인더브 캄보우스 두 유 해브

세트 메뉴는 뭐가 있죠?

I'll have the number 3 combo, please.
아일 해브 더 넘벌 뜨리 캄보우 플리즈

3번 세트 메뉴 주세요.

Can I get a cheeseburger?
캐나이 겟 어 치즈버걸

치즈버거 주시겠어요?

Regular or large?
레귤러 오얼 라쥐

보통 사이즈로 드릴까요, 큰 사이즈로 드릴까요?

What size drink would you like?
왓 사이즈 드링크 우쥬 라익

음료수는 어떤 사이즈로 드릴까요?

One Big Mac and a large Coke, please.
원 빅맥 앤 어 라쥐 코욱 플리즈

빅맥 하나와 콜라 보통으로 주세요.

I'll have corn salad, please.
아일 해브 코온샐러드 플리즈

콘샐러드 주세요.

Can I get a basket of fries?
캐나이 겟 어 배스킷 어브 프라이즈

감자튀김 주실래요?

Anything else?
에니띵 엘스

더 필요한 건 없으세요?

I'd like some extra ketchup, please.
아이드 라익 썸 엑스트러 케첩 플리즈

케첩을 좀 더 주세요.

Will that be all?
윌 댓 비 오올

이제 주문 다 하셨어요?

Will that be for here or to go?
윌 댓 비 풔 히얼 오얼 투 고우

여기서 드시겠어요, 아니면 가져가시겠어요?

I'd like it to go, please.
아이드 라이킷 투 고우 플리즈

포장해 주세요.

Are there free refills for drinks?
아 데얼 프리 리필스 풔 드링크스

음료 리필은 무료인가요?

You fill your drink glasses over there.
유 필 유어 드링크 글래시즈 오우벌 데얼

리필은 저쪽에서 하세요.

3_ 술집에서

How about a drink with me?
하우 어바우터 드링크 위드 미

나랑 술 한 잔 할래요?

Can you buy me a drink?
캐뉴 바이 미 어 드링크

나 술 한 잔 사줄래?

Let's go out and grab a couple of beers.
렛츠 고우 아웃 앤 그래버 커플 어브 비얼스

어디서 맥주나 한 잔 하자.

This is one of my favorite bars.
디쓰 이즈 원 어브 마이 페이버릿 바알스

여긴 내가 가장 좋아하는 술집 중 하나야.

What would you like to drink?
왓 우쥬 라잌 투 드링크

어떤 걸로 마실래요?

What's that you're drinking?
왓츠 댓 유아 드링킹

네가 마시는 게 뭐야?

I'll have a glass of whisky on the rocks.
아일 해버 글래서브 위스키 언 더 락스

얼음 넣은 위스키 한 잔 주세요.

Another bottle of beer, please.
어나덜 버틀 어브 비얼 플리즈

맥주 한 병 더 주세요.

What kind of liquor do you drink?
왓 카인드 어브 리컬 두 유 드링크

주로 어떤 술을 드세요?

We usually drink beer or soju in Korea.
위 유절리 드링크 비얼 오얼 소주 인 커리어

한국에서는 맥주나 소주가 일반적이에요.

Have you tried Korean soju?
해뷰 트라이드 커리언 소주

한국 소주 마셔본 적 있어요?

Cheers!
치얼스

자, 건배해요!

"Gunbae", that's how we say it in Korea.
건배, 댓츠 하우 위 쎄이 잇 인 커리어

"건배!" 한국에서는 이렇게 말해요.

Do you like to drink?
두 유 라익 투 드링크

술 마시는 거 좋아하니?

You bet. I love drinking.
유 벳, 아이 러브 드링킹

맞아. 술 마시는 거 좋아해.

I don't enjoy drinking very much.
아이 도운(트) 인조이 드링킹 베리 머취

술 마시는 걸 그다지 즐기지 않아요.

Are you a heavy drinker?
아 유 어 헤비 드링커

술은 잘하시는 편이세요?

He drinks like a fish.
히 드링크쓰 라이커 피쉬

그는 술고래야.

I can't drink much, but I'm a social drinker.
아이 캔(트) 드링크 머취, 벗 아임 어 쏘우셜 드링커

술은 잘 못하는데 분위기를 좋아해.

Would you like another glass of beer?
우쥬 라익 어나덜 글래스 어브 비얼

맥주 한 잔 더 하시겠어요?

I'm getting drunk.
아임 게딩 드렁크

술이 점점 취하는 것 같군요.

Let's go barhopping!
렛츠 고우 바알호핑

2차 가자!

I think I drank too much.
아이 띵크 아이 드랭크 투우 머취

난 너무 많이 마신 것 같아.

식당(Restaurant)

레스토랑 restaurant 레스터런트
호텔의 식당 dining room 다이닝 룸
뷔페 buffet 부페　　　　　　　　**분식점** snack 스낵
카페테리아(쎌프 간이식당) cafeteria 캐퍼태리어
프랑스 요리점 French restaurant 프렌치 레스터런트
이탈리아 요리점 Italian restaurant 이텔리언 레스터런트
중국 요리점 Chinese restaurant 차이니즈 레스터런트
한국 요리점 Korean restaurant 코리언 레스터런트
인도 요리점 Indian restaurant 인디언 레스터런트
일본 요리점 Japanese restaurant 재패니즈 레스터런트

맛있는 요리법

덜 익히다 rare 레어
적당히 익히다 medium 미디움
잘 익히다 well-done 웰던
날것으로 먹다 eat raw 이트 로
튀기다 fried 프라이드
끓이다 boiled 보일드
데치다 parboil 파보일
석쇠에 굽다 grilled 그릴드
찌다 steamed 스팀드
다지다 hashed 해쉬드
묽은 수프 broth 브러쓰
맑은 스프 consomme 컨써메이
진한 스프 potage 포우타지

CHAPTER 43 쇼핑 장소

1_ 상가, 매장 찾기

Is there a department store near here?
이즈 데어러 디파트먼트 스토어 니얼 히얼

이 근처에 백화점 있어요?

Where is there a souvenir shop?
웨얼 이즈 데어러 수버니어 샵

기념품가게는 어디에 있어요?

Is there a tax-free shop?
이즈 데어러 택스 프리 샵

면세점이 있나요?

Where is the information booth?
웨얼 이즈 디 인폴메이션 부쓰

매장 안내소는 어디인가요?

Which floor is the toy shop?
윗치 플로올 이즈 더 토이샵

장난감 가게는 몇 층에 있어요?

Where can I find home appliances?
웨얼 캐나이 파인드 홈 어플라이언시스

가전제품 매장은 어디에 있어요?

I'm looking for the sporting goods counter.
아임 루킹 퍼 더 스포팅 굳즈 카운털

스포츠용품 파는 매장을 찾고 있어요.

Is there a golf goods shop near here?
이즈 데어러 갈프 굳즈 샵 니얼 히얼

이 근처에 골프용품점 있어요?

Where is the cosmetic counter?
웨얼 이즈 더 카즈메딕 카운털

화장품 코너는 어디에 있어요?

Which floor is the children's department on?
위치 플로어 이즈 더 칠드런즈 디파트먼트 언

아동복 매장은 몇 층에 있어요?

상점(store)

매장 안내소 information booth 인포메이션 부스
백화점 department store 디파트먼트 스토어
면세점 tax-free shop 택스프리 샵
기념품 가게 souvenir shop 수버니어 샵
선물용품 가게 gift shop 기프트 샵
골프용품점 golf goods shop 갈프 굳즈 샵
스포츠용품점 sporting goods shop 스포팅 굳즈 샵
화장품 가게 cosmetic shop 카즈메틱 샵
장난감 가게 toyshop 토이샵
편의점 convenience store 컨비니언스 스토어

2. 영업시간, 세일 문의

What are your business hours?
왓 아 유어 비즈니스 아우얼스

영업시간이 어떻게 되죠?

What time do you open?
왓 타임 두 유 오우펀

몇 시에 문을 열어요?

When are you open till?
웬 아 유 오우펀 티일

몇 시까지 문을 열어요?

We are open all night.
위 아 오우펀 오올 나잇

저희는 24시간 영업해요.

We are open until seven.
위 아 오우펀 언틸 쎄븐

저희는 7시까지 영업해요.

What time do you close?
왓 타임 두 유 클로우스

몇 시에 문을 닫아요?

We are open until ten.
위 아 오우펀 언틸 텐

10시까지 영업해요.

➡️ **Are you having a sale now?**
아 유 해빙 어 쎄일 나우

지금 세일 기간인가요?

➡️ **When is your next sales event then?**
웬 이즈 유어 넥스트 쎄일즈 이벤트 덴

다음 세일은 언제죠?

➡️ **Let's take the elevator.**
렛츠 테익 디 엘러베이덜

엘리베이터를 타요.

상점(store)

영업 중 Open
10시까지 영업함 Open till 10
임시 휴업 Closed temporarily
금일 매진 Sold Out Today
할인품목 Sale item
점포 정리 대매출 Closing down sale
구입한 물건을 이곳에 올려놓으세요. Please place your purchases here

영업종료 Closed
점심시간 Out for Lunch
휴가 중 On Vacation
할인판매 On sale
할인가격 Reduced price

CHAPTER 44 상품 고르기

1_ 상점 안에서

What are you looking for?
왓 아 유 루킹 퍼

무엇을 찾으세요?

I'm looking for a handbag.
아임 루킹 퍼러 핸드백

핸드백을 찾고 있어요.

I'm looking for a gift for my wife.
아임 루킹 퍼러 기프트 퍼 마이 와이프

아내에게 줄 선물을 찾고 있어요.

Do you have the same kind?
두 유 해브 더 쎄임 카인드

이것과 같은 물건이 있나요?

Which is better?
윗치 이즈 베덜

어떤 게 너 좋은 거죠?

Do you have any other models?
두 유 해브 에니 아덜 마들스

다른 모델이 있어요?

Is this your latest model?
이즈 디쓰 유어 레이디스트 마들

이것이 가장 최신 모델인가요?

I'd like to get something for my mother.
아이드 라익 투 겟 썸띵 퍼 마이 마덜

어머니께 드릴 뭔가를 사려고 해요.

I'm looking for something different.
아임 루킹 퍼 썸띵 디퍼런트

무언가 색다른 걸 찾고 있어요.

I wonder which one I should get.
아이 원덜 위치 원 아이 슈드 겟

어떤 것을 사야 할지 모르겠어요.

I don't see anything I want.
아이 도운(트) 씨이 에니띵 아이 원트

마음에 드는 게 없어요.

Which one would you recommend?
위치 원 우쥬 레커멘드

어떤 것을 권하시겠어요?

May I look around the store?
메이 아이 룩 어라운 더 스토얼

가게를 좀 둘러봐도 될까요?

I'm just looking. / I will come back.
아임 저스트 루킹   아이 윌 컴 백

그냥 구경하는 거예요. / 다음에 올게요.

2_ 옷가게에서

What kind of colors do you have?
왓 카인더브 컬러스 두 유 해브

어떤 색상이 있어요?

Do you have this one in a different color?
두 유 해브 디쓰 원 이너 디퍼런트 컬러

같은 디자인으로 다른 색깔 있어요?

We have it in white, black, and brown.
위 해브 잇 인 화잇, 블랙, 앤 브라운

흰색과 검정색, 갈색이 있어요.

Don't you have it in another color?
돈츄 해빗 인 어나덜 컬러

다른 색깔은 없어요?

What material is this?
왓 머티리얼 이즈 디쓰

이 소재는 뭐죠?

Is this washable?
이즈 디쓰 와셔블

물세탁이 가능해요?

Where is the fitting room?
웨얼 이즈 더 피딩 루움

입어보는 곳이 어디죠?

Don't you have any larger sizes?
돈츄 해브 에니 라절 싸이지스

더 큰 사이즈 없어요?

This is too tight. Does it come in a larger size?
디쓰 이즈 투우 타잇, 더짓 컴 이너 라절 싸이즈

너무 꽉 껴요. 한 사이즈 큰 게 있나요?

Do you have this in a smaller size?
두 유 해브 디쓰 이너 스몰러 싸이즈

이거 더 작은 사이즈 있어요?

I don't know what my size is.
아이 도운(트) 노우 왓 마이 싸이지스

제 사이즈를 모르겠어요.

Does this design suit me?
더즈 디쓰 디자인 슈트 미

이 디자인이 나한테 어울려요?

What styles are popular now?
왓 스타일스 아 파퓰러 나우

지금 어떤 모양이 유행해요?

Does this new design suit me?
더즈 디쓰 뉴우 디자인 슈트 미

이 새로운 디자인이 나한테 어울려요?

That looks great on you.
댓 룩스 그레잇 언 유

손님에게 무척 잘 어울리세요.

해외생활 / 상품구입

3. 신발가게에서

➡ **What kind of shoes are you looking for?**
왓 카인더브 슈즈 아 유 루킹 퍼

어떤 신발을 찾으세요?

➡ **May I try them on?**
메이 아이 트라이 뎀 언

이걸 신어 봐도 될까요?

➡ **What's your shoe size?**
왓츠 유어 슈우 싸이즈

사이즈 몇 신으세요?

➡ **How are they on your feet?**
하우 아 데이 언 유어 핏

발에 잘 맞아요?

➡ **My toes are crammed into the front.**
마이 토즈 아 크램드 인투 더 프런트

발가락이 앞에 꽉 끼네요.

➡ **Is there anything higher?**
이즈 데얼 에니띵 하이얼

굽이 더 높은 건 없어요?

➡ **Could I get these shoes repaired?**
쿠다이 겟 디즈 슈즈 리페얼드

이 구두를 수선할 수 있어요?

4_ 보석가게에서

How many carats is this?
하우 메니 캐럿츠 이즈 디쓰

이건 몇 캐럿이죠?

Is this gold plated?
이즈 디쓰 고울드 플레이티드

도금인가요?

Is this genuine pearl or an imitation?
이즈 디쓰 제뉴인 퍼얼 오얼 언 이미테이션

이것은 진짜 진주인가요, 아니면 모조품인가요?

I don't like this style.
아이 도운(트) 라익 디쓰 스타일

이 모양은 마음에 들지 않아요.

Can you show me anything else?
캐뉴 쇼우 미 에니띵 엘쓰

다른 것도 보여주실래요?

Will you clean it?
윌 유 클린 잇

세척해 주실래요?

Is this with a guarantee?
이즈 디쓰 위더 개런티이

보증서가 있어요?

해외생활 | 상품구입

CHAPTER 45 계산하기

1. 가격 흥정

How much is it?
하우 머취 이짓

이것은 얼마입니까?

That's more than I wanted to spend.
댓츠 모얼 댄 아이 원티드 투 스펜드

예상보다 비싸요.

It's too expensive.
잇츠 투우 익스펜씨브

너무 비싸군요.

Can you give me a discount?
캐뉴 기브 미 어 디쓰카운트

좀 깎아주시겠어요?

Can you come down a little on this?
캐뉴 컴 다운 어 리들 언 디쓰

이 물건 좀 깎아주실 수 있어요?

How much are you willing to spend?
하우 머취 아 유 윌링 투 스펜드

얼마면 사시겠어요?

- **Just 15 dollars.**
  저스트 피프틴 달러스

  15달러요.

- **We don't give discounts here.**
  위 도운(트) 기브 디쓰카운츠 히얼

  저희는 할인하지 않아요.

- **I'm sorry, we can't go that low.**
  아임 쏘리, 위 캔(트) 고우 댓 로우

  죄송해요, 그 정도로 깎아드릴 수 없어요.

- **I can't come down any more.**
  아이 캔(트) 컴 다운 에니 모얼

  더 이상 깎아드릴 수 없어요.

- **Let's make a deal here.**
  렛츠 메이커 디일 히얼

  여기서 가격흥정을 끝내죠.

- **Do you have any cheaper models?**
  두 유 해브 에니 취펄 마들즈

  더 싼 모델 있어요?

- **What is your price range?**
  왓 이즈 유어 프라이스 레인지

  생각하는 가격대가 어떻게 됩니까?

- **If I buy in bulk, are they cheaper?**
  이프 아이 바이 인 벌크, 아 데이 취펄

  한꺼번에 많이 사면 값이 좀 싸나요?

2 계산, 포장

How much is it all together?
하우 머취 이짓 오올 투게덜

모두 얼마죠?

Does it include tax?
더즈 잇 인클루드 텍스

세금이 포함되었나요?

Can I use this coupon?
캐나이 유즈 디쓰 쿠우판

이 쿠폰을 사용할 수 있어요?

How would you like to pay for this?
하우 우쥬 라익 투 페이 풔 디쓰

지불은 어떻게 하시겠어요?

I will pay in cash.
아이 윌 페이 인 캐쉬

현금으로 지불할게요.

Do you accept credit cards?
두 유 억셉트 크레딧 카알즈

신용카드도 받나요?

Do you have an installment plan?
두 유 해브 언 인스톨먼트 플랜

할부로 구입할 수 있어요?

Do you accept traveler's checks?
두 유 억셉트 트레벌러스 첵스

여행자수표 받으세요?

You gave me the wrong change.
유 게이브 미 더 로옹 체인지

거스름돈이 안 맞는 것 같아요.

Can I have a receipt?
캐나이 해버 리씨트

영수증 주실래요?

Isn't there a mistake in the bill?
이즌(트) 데어러 미스테익 인 더 빌

계산이 잘못되지 않았나요?

Please give me a paper bag.
플리즈 기브 미 어 페이펄 백

종이 백에 넣어주세요.

Could you wrap each item separately?
쿠쥬 랩 이치 아이텀 쎄퍼러들리

따로따로 포장해 주실래요?

Can you gift-wrap it for me?
캐뉴 기프트래핏 풔 미

선물용으로 포장해 주시겠어요?

Please take off the price tag.
플리즈 테이크 오프 더 프라이스 택

가격표 좀 떼어주세요.

3_ 배달 문의

Do you deliver?
두 유 딜리벌

배달해 주나요?

Is it possible to get a box for this?
이짓 파써블 투 겟 어 박스 풔 디쓰

이거 넣을 상자 좀 얻을 수 있을까요?

Could you deliver by Tuesday?
쿠쥬 딜리벌 바이 튜즈데이

화요일까지 배달해 주실래요?

It would normally take 4 or 5 days.
잇 우드 노멀리 테이크 포 오얼 파이브 데이즈

보통은 4~5일 정도 걸려요.

Do I have to pay extra for delivery?
두 아이 해브 투 페이 엑스트러 풔 딜리버리

별도로 배달비용을 내야 하나요?

Deliver it to my hotel, please.
딜리벌 잇 투 마이 호우텔 플리즈

제 호텔로 배달해 주세요.

Can I have them shipped to Korea?
캐나이 해브 뎀 쉽드 투 커리어

한국으로 부쳐주실 수 있으세요?

4. 환불을 원할 때

▸ **Could I get a refund for this?**
쿠다이 겟 어 리펀드 풔 디쓰

이것을 환불받을 수 있을까요?

▸ **I'd like to get a refund on this, please.**
아이드 라익 투 겟 어 리펀드 언 디쓰 플리즈

이것을 환불받고 싶어요.

▸ **Can I ask what's the problem with it?**
캐나이 애스크 왓츠 더 프라블럼 위드 잇

무슨 문제가 있나요?

▸ **It doesn't work properly.**
잇 더즌(트) 월크 프라펄리

제대로 작동이 안 돼요.

▸ **It doesn't work at all.**
잇 더즌(트) 월크 앳 오올

전혀 작동이 안 돼요.

▸ **I think it is defective.**
아이 띵크 잇 이즈 디펙티브

결함 있는 물건 같아요.

▸ **Our store doesn't give refunds.**
아우얼 스토얼 더즌(트) 기브 리펀즈

저희는 환불해 드리지 않아요.

해외생활 / 계산하기

5_ 물건 교환

Can I exchange it for another one?
캐나이 익스체인짓 퍼 어나덜 원

다른 것으로 바꿀 수 있을까요?

I'd like to exchange this.
아이드 라익 투 익스체인지 디쓰

이것을 교환하고 싶어요.

I'd like to return this.
아이드 라익 투 리턴 디쓰

이것을 반품하고 싶어요.

Can I change the size?
캐나이 체인지 더 사이즈

치수를 바꿔주시겠어요?

I'd like to return this product for a new one.
아이드 라익 투 리턴 디쓰 프라덕트 퍼러 뉴우 원

이 물건을 새 걸로 바꾸고 싶어요.

Can I exchange these trousers for another pair?
캐나이 익스체인지 디즈 트라우저스 퍼 어나덜 페어

이 바지를 다른 걸로 교환할 수 있나요?

When did you buy it?
웬 디쥬 바이 잇

언제 구입하셨어요?

May I ask why you'd like to exchange it?
메이 아이 애스크 와이 유드 라익 투 익스체인짓

왜 교환하시려고 합니까?

This is torn.
디쓰 이즈 톤

이게 찢어졌어요.

The zipper is broken.
더 지펄 이즈 브로큰

지퍼가 고장 났어요.

It's too big for me.
잇츠 투우 빅 퍼 미

저에게 너무 커서 그래요.

This is too small.
디쓰 이즈 투우 스모을

이건 너무 작아요.

There are stains.
데얼 아 스테인즈

얼룩이 묻어 있어요.

Do you have any other models?
두 유 해브 에니 아덜 마들스

다른 모양이 있나요?

Can I see the receipt, please?
캐나이 씨이 더 리씨트 플리즈

영수증 좀 보여 주실래요?

Plus 부록
영어 학습에 꼭 필요한 best 영단어

1. 영어과 교육과정 기본어휘표

영단어는 **영어회화** 학습의 기본!

외국어를 익힐 때 가장 기본이 되는 것은 바로 어휘입니다. 우리가 영어회화 표현을 익히고 생활영어 실력을 향상시키기 위해서는 기본적인 영단어를 알고 있어야 합니다.

이 책에 수록된 어휘들은 영어과 개정교육과정에 실린 기본어휘를 ABC순으로 정리한 것입니다. 영어과 개정교육과정 기본어휘 목록에 제시한 어휘는 모두 2,315개이며, 어휘 앞에 *표 한 어휘는 736개로 초등학교에서 사용하기를 권장하는 어휘입니다.

기본어휘 2,315단어는 실제적으로 영어표현을 구성하는 핵심 단어로, 초보자들의 영어 실력 향상과 의사소통 능력을 키우는 데 많은 도움이 될 것입니다.

point 1 기본어휘 목록에 제시한 2,315단어들을 살펴보고, ABC순으로 모르는 단어를 체크하여 별도로 자신만의 영단어장을 만들면 어휘력 향상에 도움이 된다!

point 2 어휘 앞에 *표 한 어휘는 736개로, 초등학교 영어교육과정에서 사용하기를 권장한 어휘이다. 또한, 불규칙 동사·조동사 변화표에 수록된 어휘의 변화를 익힘으로써 보다 다양한 영어표현을 활용할 수 있다!

A

*a/an	어/언	관 어떤 하나의, 한 개의, …마다
abandon	어밴던	타 버리다, 그만두다, 포기하다
*able	에이블	형 …할 수 있는, 유능한, 능력 있는
*about	어바우트	부 대략, 약 전 …에 관하여
above	어버브	부 형 위에, 위의 전 …의 위에
abroad	어브로-드	부 외국에[으로]
absence	앱슨스	명 부재, 결석, 결근
*absent	앱슨트	형 결석한, …이 없는
absolute	앱설루-트	형 절대적인, 완전한
absorb	업소-브	타 흡수하다, 빨아들이다
abuse	어비유-스	명 남용, 욕설 타 남용하다
academic	애커데믹	형 학원의, 대학의, 학문적인
academy	어캐더미	명 대학, 전문학교, 학원, 학회
accept	액셉트	타 받다, 받아들이다, 응하다
acceptable	액셉터블	형 받아들일[수락할] 수 있는
access	액세스	명 접근, 면회 타 입수하다
accident	액서던트	명 사고, 뜻밖의 사건
accommodate	어카머데이트	타 숙박시키다, 수용하다
accompany	어컴퍼니	타 따라가다, …와 함께 가다
accord	어콜-드	타 조화[일치]시키다 명 일치
account	어카운트	명 계산(서), 설명, 이유
accurate	애큐럿	형 정확[적확]한, 정밀한, 엄밀한
accuse	어큐-즈	타 고소하다, 비난하다
ache	에이크	자 아프다, 쑤시다
achieve	어치-브	타 성취하다, 달성하다

acid	애시드	명 〈화학〉 산(酸), 신 것
acknowledge	애크날리지	타 인정하다, 받았음을 알리다
acquire	어콰이어	타 얻다, 배우다, 익히다
across	어크로-스	부 전 가로질러 형 십자형의
* act	액트	명 행위 자 타 행동하다, 연기하다
active	액티브	형 활동적인, 활동 중인
actual	액추얼	형 현실의, 실제의, 현재의
adapt	어댑트	타 적응시키다, 개조하다, 개작하다
add	애드	타 더하다, 부연하다 자 덧셈하다
* address	어드레스	명 주소, 연설 타 주소를 쓰다
adequate	애디쿼트	형 충분한, 적절한, 적합한
adjust	어저스트	타 조절하다, 맞추다
administrate	애드미너스트레이트	타 관리하다, 다스리다, 투여하다
administrative	애드미너스트레이티브	형 관리의, 경영상의, 행정상의
admire	어드마이어	타 칭찬하다, 감탄하다, 탄복하다
admit	어드밋	타 인정하다, …을 들이다
adopt	어답트	타 채용[채택]하다, 양자[양녀]로 삼다
adult	어덜트	명 성인, 어른
advance	어드밴스	자 타 나아가다, 진보시키다
advantage	어드밴티지	명 유리, 유리한 점, 강점
adventure	어드벤처	명 모험, 모험심
advertise	애드버타이즈	타 광고하다, 선전하다
advice	어드바이스	명 충고, 조언
advise	어드바이즈	타 충고하다, 조언하다, 권하다
affair	어페어	명 사건, 사무
affect	어펙트	타 영향을 미치다, 감동시키다
afford	어포-드	타 여유가 있다
afraid	어프레이드	형 무서워하는, 두려워하는, 걱정하는

400

* after	애프터	튀 뒤에	젠 …의 후[뒤]에
* afternoon	애프터눈-	몡 오후	
afterward(BE afterwards)	애프터워드	튀 그 후, 뒤에, 나중에	
* again	어겐	튀 다시, 한 번 더, 본래대로	
against	어겐스트	젠 …에 반대하여, …을 거슬러	
* age	에이지	몡 나이, 성년, 시대	
agency	에이전시	몡 대리점, 기관	
agent	에이전트	몡 대리인	
aggressive	어그레시브	혱 침략적인, 공세의, 적극적인	
* ago	어고우	튀 …전에, 이전에 혱 …(이)전	
* agree	어그리-	쟈 일치하다, 동의하다, 찬성하다	
agriculture	애그리컬춰	몡 농업, 농사, 농학, 농예	
* ahead	어헤드	튀 앞쪽에, 앞서	
aid	에이드	탸 돕다, 원조하다 몡 도움, 조력	
aim	에임	탸 향하게 하다 쟈 겨누다	
* air	에어	몡 공기, 공중, 하늘, 외관, 모습	
aircraft	에어크랩트	몡 항공기	
* airplane(BE aeroplane)	에어플레인	몡 비행기(= plane)	
* airport	에어포-트	몡 공항, 비행장	
alike	얼라이크	혱 닮은, 같은 튀 똑같이	
alive	얼라이브	혱 살아있는	
* all	올-	혱 전부의 대 전원 튀 완전히	
allow	얼라우	탸 허락하다, 주다	
* almost	올-모우스트	튀 거의, 대부분	
* alone	얼로운	혱 홀로의, 다만 …만 튀 혼자서	
along	얼롱-	젠 …을 따라서 튀 앞으로	
alongside	얼롱사이트	젠 (…에) 옆으로 대고, (…)의 뱃전에	
aloud	얼라우드	튀 소리 내어, 큰 소리로	

already	올-레디	부 이미, 벌써
also	올-소우	부 또한, 역시, 마찬가지로
alter	올-터	자타 바꾸다, 변경하다
alternative	올-터-너티브	형 대신의, (둘 중) 하나를 고르는
although	올-도우	전 비록 …이라도, …이기는 하나
altogether	올-터게더	부 전혀, 완전히, 전부, 합하여
* always	올-웨이즈	부 늘, 언제나
a.m. / A.M.	에이엠	약 오전(의)
amaze	어메이즈	타 놀라게 하다
ambition	앰비션	명 대망, 야심, 포부
among	어멍	전 …의 사이에[서]
amount	어마운트	명 총액, 액수 자 총계가 …에 이르다
amuse	어뮤-즈	타 즐겁게 하다, 재미나게 하다
analysis	어낼러시스	명 분석, 분해
analyze (BE analyse)	애널라이즈	타 분석하다, 분해하다
ancient	에인션트	형 고대의, 고래(古來)의
and	앤드	접 그리고, …을 더한, 그러면
anger	앵거	명 노여움, 화
angle	앵글	명 각, 각도
* angry	앵그리	형 성난, 화가 난
* animal	애너멀	명 동물, 짐승 형 짐승의
anniversary	애너벌-서리	명 기념일, 기념제 형 기념일의
announce	어나운스	타 발표하다, 알리다
annoy	어노이	타 (남을) 성가시게 굴다, 괴롭히다
annual	애뉴얼	형 해마다의, 한해의
* another	어너더	형 대 또 하나(의), 다른 하나(의)
* answer	앤서	타 대답하다, 답장하다 명 대답, 답장
* ant	앤트	명 〈곤충〉 개미

anxiety	앵자이어티	명 걱정, 불안, 걱정[근심]거리, 염원
anxious	앵(크)셔스	형 걱정하는, 근심하는, 열망하는
* any	에니	형 얼마간의, 조금도 대 어느 것이라도
anybody	에니바디	대 누군가, 아무도, 누구든지
anyone	에니원	대 누군가, 아무에게도, 누구든지
* anything	에니싱	대 무엇이고, 아무것도, 무엇이든지
* anyway	에니웨이	부 아무튼, 하여튼
anywhere	에니훼어/에니웨어	부 어딘가에, 어디든지, 아무데도
apart	어파-트	부 떨어져서, 따로
apologize (BE apologise)	어팔러자이즈	자 사과[사죄]하다, 변명하다
apparent	어패런트	형 명백한, 겉모양의
appeal	어필-	자 호소하다, 마음에 들다 명 호소
appear	어피어	자 나타나다, 드러내다
appearance	어피(어)런스	명 나타남, 출현, 외관, 모양
* apple	애플	명 사과
apply	어플라이	타 응용[적용]하다 자 신청하다
appoint	어포인트	타 지정하다, 임명하다, 지명하다
appreciate	어프리-시에이트	타 인정하다, 감상하다, 감사하다
approach	어프로우치	타 자 다가가다, 접근하다
appropriate	어프로우프리엇	형 적당한, 적절한
approve	어프루-브	타 자 찬성[승인]하다, 인정하다
approximate	어프락서멋	형 대략의, 근사한, 가까운
area	에(어)리어	형 면적, 지역
argue	아-규-	자 타 의논하다, 언쟁하다, 주장하다
arise	어라이즈	자 일어나다, 생기다
* arm	암-	명 팔, 상지(上肢), (동물의) 앞다리
army	아-미	명 육군, 군대
* around	어라운드	전 둘레에, …을 돌아서 부 주위에[를]

arrange	어레인지	타 가지런히 하다, 배열하다
arrest	어레스트	타 체포하다 명 체포
*arrive	어라이브	자 도착하다, 이르다, 도달하다
*art	아-트	명 예술, 미술, 기술
article	아-티클	명 물품, 기사, 조항
artificial	아-터피셜	형 인공의, 인조의, 인위적인
*artist	아-티스트	명 예술가, 화가
*as	애즈	접 …처럼, …이므로 부 …와 같이
ashamed	어셰임드	형 부끄러워하는
aside	어사이드	부 곁에, 옆에, 따로
*ask	애스크	타 물어보다, 부르다 자 묻다
asleep	어슬리-프	형 잠든, 정지한 부 잠들어
aspect	애스펙트	명 국면, 외관
assemble	어셈블	타 모으다, 조립하다 자 모이다
assembly	어셈블리	명 집회, 집합, (기계의) 조립
assess	어세스	타 (세금 등을) 사정하다, 평가하다
assist	어시스트	타 거들다, 원조하다, 돕다
assistance	어시스턴스	명 거듦, 원조, 조력
associate	어소우시에이트	자 교제하다 타 연상하다, 연결시키다
assume	어숨-	타 가정하다, 추정하다
astronaut	애스트러나트	명 우주비행사
*at	앳	전 …에서, …의 때에, …을 향하여
atmosphere	앳머스피어	명 대기, 공기, 분위기
attach	어태치	타 붙이다, 달다
attack	어택	명타 공격(하다), 침범(하다), 발병
attempt	어템(프)트	명타 시도(하다), 꾀하다, 계획
attend	어텐드	타 출석하다, 시중들다 자 주의하다
attitude	애티튜-드	명 태도, 사고방식

attract	어트랙트	타 마음을 끌다, 매혹하다
attractive	어트랙티브	형 매력 있는, 매혹적인
audience	오-디언스	명 청중, 관객, 청취자, 시청자
*aunt	앤트	명 아주머니
author	오-서	명 저자, 작가
authority	어소-러티	명 권위, 권력, 권위자, 당국
automatic	오-터매틱	형 자동의, 자동식의
*autumn	오-텀	명 가을
available	어베일러블	형 이용할 수 있는, 입수할 수 있는
avenue	애버뉴-	명 가로수길, 큰 거리
average	애버리지	명 평균, 평균값
avoid	어보이드	타 피하다
awake	어웨이크	동 깨우다, 깨어나다 형 깨어 있는
award	어워-드	명 상 타 수여하다, 주다
aware	어웨어	형 알고 있는, 알아차린
*away	어웨이	부 떨어져, 멀리, 저리로, 사라져
awful	오-플	형 지독한, 굉장한, 무서운
awkward	오-쿼드	형 어색한, 서투른, 당황한

B

*baby	베이비	명 갓난아기
*back	백	부 뒤로 형 뒤쪽의 명 등, 뒤
background	백그라운드	명 배경
backward	백워드	부 뒤쪽으로, 거꾸로 형 뒤쪽으로의
*bad	배드	형 나쁜, 심한, 해로운
*bag	배그	명 가방, 자루
baggage	배기쥐	명 (배나 비행기의 짐) 수하물

bake	베이크	타자 굽다, 구워지다, 몹시 더워지다
balance	밸런스	명 균형, 저울 타 균형을 잡다
* ball	볼	명 공, (구기용) 볼, 구기, 야구
* balloon	벌룬-	명 기구, 풍선
ban	밴	명 금지, 파문
band	밴드	명 띠, 끈, 악단, 밴드
* bank	뱅크	명 은행, 둑, 제방
bar	바-	명 막대기, (막는) 차단 봉, 술집
barber	바-버	명 이발사
barrier	배어리어	명 방벽, 장애, 장벽
base	베이스	명 토대, 기초, (야구) 베이스
* baseball	베이스볼-	명 야구, 야구공
basic	베이식	형 기초의, 기본적인
basis	베이시스	명 기초, 원리, 근거, 기준
* basket	배스킷	명 바구니, 한 바구니(의 분량)
* basketball	배스킷볼-	명 바스켓볼, 농구, 농구공
* bat	뱃	명 (야구) 배트, 박쥐 타 배트로 치다
* bath	배스	명 목욕, 입욕, 욕실
* bathroom	배스룸-	명 욕실, 화장실
battle	배틀	명 전투, 싸움, 투쟁
bay	베이	명 만(灣), 〈건축〉 기둥과 기둥 사이의 한 구획
* be	비-	자 …이다, … 이 되다 조 …하고 있다
* beach	비-치	명 물가, 바닷가, 해변
* bear	베어	명 〈동물〉 곰
beat	비-트	타 치다, 두드리다, 패배시키다, 이기다
* beautiful	뷰-티풀	형 아름다운, 예쁜, 훌륭한
beauty	뷰-티	명 아름다움, 미인
* because	비코-즈	접 왜냐하면 …이므로, …때문에

* become	비컴	자 …이[가] 되다 타 어울리다
* bed	베드	명 침대, 잠자리, 화단
* bedroom	배드룸-	명 침실
* bee	비-	명 꿀벌 (a queen bee 여왕벌)
* beef	비-프	명 쇠고기
* before	비포-	전 이전에 부 앞에 접 …하기 전에
beg	베그	동 구걸하다, 빌다, 청하다, 부탁하다
* begin	비긴	타 시작하다 자 시작되다
behalf	비해프	명 이익, 원조
behave	비헤이브	자 행동하다, 예절바르게 행동하다
behavior (BE behaviour)	비헤이비어	명 행위, 행실
behind	비하인드	부 뒤에 전 …의 뒤에, …보다 늦게
belief	빌리-프	명 신념, 신뢰, 신앙
believe	빌리-브	타 자 믿다, …라고 생각하다
bell	벨	명 벨, 종, 방울
belong	빌롱-	자 속하다, …의 것이다
below	빌로우	부 아래쪽에[으로] 전 …보다 아래에
* belt	벨트	명 벨트, 띠
bend	벤드	자 타 굽다, 구부러지다, 구부리다
beneath	비니-스	전 …의 밑에, …보다 낮은 부 …밑에
benefit	베너핏	명 이익, 은혜
beside	비사이드	전 …의 곁에서, …에 비해서, …와 떨어져서
bet	벳	타 명 내기(하다), (돈 등을) 걸다
* between	비트윈-	전 …사이에[를], …중간에
beyond	비얀드	전 …저쪽에, …이상의 부 저쪽에
* bicycle/bike	바이시클/바이크	명 자전거
bid	비드	동 명령하다, 값을 매기다 명 입찰
* big	비그	형 큰, 훌륭한, 중요한

bill	빌	명 청구서, 계산서, 광고지, 〈미〉 지폐
*bird	버-드	명 새
birth	버-스	명 출생, 태생, 가문
*birthday	버-스데이	명 생일
bit	빗	명 작은 조각, 조금, 약간
bite	바이트	타 물다, 쏘다 자 …에 달려들어 물다
bitter	비터	형 쓴, 쓰라린, 혹독한
*black	블랙	형 검은, 암흑의 명 검정, 검은색
blame	블레임	타 명 책망(하다), 비난(하다)
bless	블레스	타 축복하다
blind	블라인드	형 눈 먼 명 햇볕 가리개, 블라인드
block	블락	명 덩어리, 한 구획 타 막다, 방해하다
blood	블러드	명 피, 혈액
blow	블로우	자 타 불다, 바람에 날리다, 입김을 내뿜다
*blue	블루-	형 푸른, 창백한 명 파랑, 푸른색
*board	보-드	명 판(자), 게시판 타 (기차에) 타다
*boat	보우트	명 보트, 배
*body	바디	명 몸, 육체, 몸통
boil	보일	자 끓(어오르)다 타 끓이다, 삶다
bomb	밤	명 폭탄 타 폭격하다
bond	반드	명 인연, 계약, 접착제
bone	보운	명 뼈
*book	북	명 책, 서적, 장부 타 예약하다
*boots	부츠	명 부츠, 장화
border	보-더	명 가장자리, 경계 타 …에 접하다
bore	보-어	타 (터널을) 뚫다 자 구멍을 내다
*boring	보-링	형 몹시 싫증나는, 따분한
borrow	바로우	타 빌리다

단어	발음	뜻
boss	보-스	명 두목, 상사, 사장
*both	보우스	대 형 양쪽(의), 쌍방(의) 부 둘 다
bother	바더	타 괴롭히다, 귀찮게 하다 자 걱정하다
*bottle	바틀	명 병
bottom	바텀	명 밑(바닥), 기부(基部), 기초
bound	바운드	형 묶인, 의무가 있는 자 튀어오르다
bowl	보울	명 사발, 주발, 원형 경기장
*box	박스	명 상자
*boy	보이	명 소년, 아들, 사환, 보이
brain	브레인	명 뇌, 두뇌, 지력
branch	브랜치	명 가지, 지점, 지부
brand	브랜드	명 상표, 소인
brave	브레이브	형 용감한, 씩씩한
*bread	브레드	명 빵
*break	브레이크	타 깨(뜨리)다, 꺾다 자 깨지다
*breakfast	브렉퍼스트	명 아침밥, 아침식사
breast	브레스트	명 가슴, 유방
breath	브레스	명 숨, 호흡
brick	브릭	명 벽돌
*bridge	브릿쥐	명 다리, 교량
brief	브리-프	형 단시간의, 짧은 명 개요, 요약
briefcase	브리프케이스	명 서류가방
*bright	브라이트	형 밝은, 선명한, 영리한 부 밝게
brilliant	브릴리언트	형 빛나는, 찬란한, 훌륭한, 재기가 뛰어난
*bring	브링	타 가져오다, 데려오다, 초래하다
broad	브로-드	형 넓은, 관대한
broadcast	브로-드캐스트	타 방송하다 명 방송
*brother	브러더	명 형, 동생, 형제

* brown	브라운	명 갈색, 다갈색 형 갈색의
* brush	브러시	타 솔질하다, 닦다 명 솔, 붓, 브러시
budget	버짓	명 예산, 가계, 생활비
* build	빌드	타 세우다, 짓다, 쌓아올리다
bunch	번취	명 송이, (꽃·열쇠 등의) 다발
burden	버-든	명 짐, 부담 타 …에게 짐을 지우다
burn	번-	자 불타다 타 불태우다 명 화상
burst	버-스트	자 파열하다, 터지다 타 터뜨리다
bury	베리	타 파묻다, 매장하다
bush	부쉬	명 관목 숲, 덤불
business	비즈너스	명 사업, 장사, 업무, 직업, 볼일
* busy	비지	형 바쁜, 번화한, 통화중인
* but	벗	접 그러나 전 …을 제외하고 부 단지
* button	버튼	명 단추, 누름 단추 타 단추를 채우다
* buy	바이	타 사다, 구입하다, 얻다, 획득하다
* by	바이	전 …곁에, …을 지나서, …에 의하여
* bye	바이	감 안녕

C

calculate	캘큘레이트	타 계산하다 자 기대하다, 믿다
* calendar	캘린더	명 캘린더, 달력
* call	콜-	타 부르다, 전화하다 자 외치다, 방문하다
calm	캄-	형 잔잔한 명 고요 타 진정시키다
* can	캔	명 깡통, 양철통 조동 할 수 있다
cancel	캔슬	타 취소하다, 중지하다
cancer	캔서	명 암
candidate	캔디데이트	명 후보자, 지원자

* candy	캔디	명 캔디, 사탕과자
* cap	캡	명 모자, 뚜껑
capable	케이퍼블	형 …할 능력이 있는, 유능한
capacity	커패서티	명 수용 능력, 정원, 능력, 재능
capital	캐퍼틀	명 수도, 대문자 형 중요한, 대문자의
captain	캡틴	명 우두머리, 주장, 선장
* car	카-	명 차, 자동차
care	케어	명 걱정, 주의, 배려, 돌봄, 보관
career	커리어	명 직업, 경력, 생애
* careful	케어풀	형 주의 깊은, 신중한
* carrot	캐럿	명 당근
* carry	캐리	타 나르다, 가지고 가다 자 미치다
* case	케이스	명 경우, 사건, 사례, 상자
cash	캐시	명 현금, 돈 타 현금으로 하다
cast	캐스트	타 던지다, 배정하다
castle	캐슬	명 성, 큰 저택
* cat	캣	명 고양이
* catch	캐치	타 붙잡다, 맞게 대다, 걸리다
category	캐터고리	명 범주, 부문
cattle	캐틀	명 가축, 소
cause	코-즈	명 원인, 이유, 까닭
cease	시-스	타 중지하다, 끝내다 자 그만두다
ceiling	실-링	명 천장
celebrate	셀러브레이트	타 자 축하하다, 기리다, 식을 올리다
cell	셀	명 세포, 독방, 전지
center (BE centre)	센터	명 중심, 중심지
century	센처리	명 세기, 백년
ceremony	세러모우니	명 의식, 의례, 예법

certain	서-튼	형 어떤…, 어느 정도의, 확신하는
certificate	서티피킷	명 증명서, 수료[이수] 증명서
chain	체인	명 쇠사슬, 체인, 연쇄, 연속
* chair	체어	명 의자, 긴 의자
* chalk	초-크	명 분필, 초크
challenge	챌린지	명 도전 타 도전[신청]하다
chamber	체임버	명 방, 회의소
chance	챈스	명 기회, 가망, 우연 자 우연히 …하다
* change	체인지	타 바꾸다 자 바뀌다 명 거스름돈
chapter	챕터	명 (책·논문 등의) 장, 중요한 한 구획
character	캐릭터	명 성격, 등장인물, 문자, 부호
characteristic	캐릭터리스틱	형 독특한, 특유한
charge	차-지	타 자 (책임을) 지우다, 청구하다 명 요금
charity	채러티	명 자선, 은혜 베풀기, 자선단체
charm	참-	명 매력, 마력, 주문 타 매혹하다
chase	체이스	타 추격하다, 쫓다 명 추격, 추적
* cheap	치-프	형 값이 싼, 시시한 부 싸게
* check	첵	타 대조[점검]하다 명 대조, 수표, 계산서
* cheek	치-크	명 뺨, 볼
cheer	치어	타 자 …에 갈채하다, 환성을 지르다
chemical	케미컬	형 화학의, 화학적인 명 화학 제품
* chest	체스트	명 가슴, 흉곽, 큰 상자, (공공시설의) 금고
* chicken	치킨	명 닭, 병아리, 닭고기
chief	치-프	형 최고의, 주요한 명 (단체의) 장, 두목
* child	차일드	명 아이, 어린이, 아동, 자식
* chin	친	명 턱 자 턱걸이하다
choice	초이스	명 선택, 고르기, 선택한 것(사람)
* choose	추-즈	타 자 고르다, 선택[선출]하다

* church	처-치	명 교회, 예배
* circle	서-클	명 원, 집단 타 자 주위를 돌다, 선회하다
circumstance	서-컴스탠스	명 사정, 상황, 환경
* city	시티	명 시, 도시, 도회지
civil	시벌	형 시민의, 민간의
claim	클레임	타 주장하다, 요구하다 명 요구, 주장
* class	클래스	명 학급, 수업, 계급, 등급
classic	클래식	형 일류의, 고전의
* classroom	클래스룸-	명 교실
clause	클로-즈	명 〈문법〉 절(節), (조약·법률의) 조항
clay	클레이	명 점토, 찰흙, 흙
* clean	클린-	형 깨끗한 부 깨끗이 타 깨끗이 하다
* clear	클리어	형 맑게 갠 자 (날씨가) 개다
clerk	클러-크	명 사무원, 점원
clever	클레버	형 영리한, 솜씨 있는, 재주 있는
client	클라이언트	명 의뢰인, 고객
climate	클라이멋	명 기후, (특정 기후를 가진) 토지, 지방
climb	클라임	자 타 오르다, 기어오르다, 등반하다
* clock	클락	명 탁상시계, 괘종시계
* close	클로우즈	타 닫다, 끝내다 형 가까운, 빽빽한
cloth	클로스	명 천, 헝겊
* clothes	클로우(드)즈	명 옷, 의복
* cloud	클라우드	명 구름, 구름 모양의 것 자 흐리다
coal	코울	명 석탄
coast	코우스트	명 해안, 연안
coin	코인	명 주화, 동전 타 (화폐를) 주조하다
* cold	코울드	형 추운, 찬, 냉정[담]한 명 감기, 추위
collapse	컬랩스	자 무너지다, 좌절되다, 결열되다

colleague	칼리그	명 동료
collect	컬렉트	타 모으다, 수집하다 자 모이다
college	칼리지	명 대학, 학부
*color/colour	컬러	명 색, 빛깔 타 채색하다 자 물들다
column	칼럼	명 (신문의) 난, 칼럼, 둥근 기둥
combine	컴바인	타 결합시키다, 겸하다
*come	컴	자 오다, (상대방 쪽으로) 가다, 일어나다
comfort	컴퍼트	명 안락, 쾌적함 타 …을 위로하다
comfortable	컴퍼터블	형 쾌적한, 기분 좋은, 편한, 안락한
command	커맨드	타 명령하다, 지휘하다 명 명령, 지휘
comment	카멘트	명 자 논평(하다), 비평(하다), 코멘트
commerce	카머-스	명 상업, 무역
commission	커미션	명 위임, 임무, 위원회, 수수료
commit	커밋	타 범하다, 위임하다, 보내다
committee	커미티	명 위원회, 위원(전체)
common	카먼	형 보통의, 평범함, 공통의, 공유의
communicate	커뮤-너케이트	타 전달하다, 알리다 자 통신[연락]하다
community	커뮤-너티	명 지역사회, 공동체, 단체
*company	컴퍼니	명 회사, 동석, 동행, 동료, 단체
compare	컴페어	타 비교[비유]하다 자 필적[동등]하다
comparison	컴패러슨	명 비교, 대조
compete	컴피-트	자 경쟁하다, 싸우다
competitive	컴페터티브	형 경쟁의, 경쟁적인
complain	컴플레인	자 불평하다, 투덜거리다
complaint	컴플레인트	명 불평, 불만, 푸념
complete	컴플리-트	형 완전한, 전부의 타 완성시키다
complex	캄플렉스	형 복잡한, 복합의 명 복합체, 콤플렉스
complicate	캄플러케이트	타 복잡하게하다, 악화시키다

component	컴포우넌트	형 구성하는, 성분의 명 구성요소, 성분
compose	컴포우즈	타 구성하다, 쓰다, 작곡하다
concentrate	칸선트레이트	타 자 집중하다, 모으다, 전념하다
concept	칸셉트	명 개념, 구상
concern	컨선-	타 관계하다, 걱정하다 명 관심, 걱정
conclude	컨클루-드	타 결론을 내리다, …을 끝내다
conclusion	컨클루-전	명 결론, 결정, 결말, 끝맺음
condition	컨디션	명 상태, 조건 타 상황, 사정
conduct	컨덕트	타 지휘하다, 안내하다 명 행실, 행동
conference	칸퍼런스	명 회담, 협의, 회의
confidence	칸퍼던스	명 신용, 신뢰, 자신, 확신
confident	칸퍼던트	형 확신하는, 자신을 가진
confirm	컨펌	타 굳게하다, 확인하다, 승인하다
conflict	칸플릭트	명 투쟁, 전투, 대립
confuse	컨퓨-즈	타 혼동하다, 당황하게 하다
*congratulate	컨그래츌레이트	타 축하하다, 축사를 하다
congress	캉그러스	명 회의, 대회, 학회, 국회, 의회
connect	커넥트	타 연결시키다, 접속하다 자 연락하다
conscience	칸션스	명 양심
conscious	칸셔스	형 알아차린, 의식한, 제정신의
consent	컨센트	자 동의하다 명 동의
consequence	칸시퀀스	명 결과, 영향(력)
consequent	칸서퀀트	형 결과의, 당연한 명 당연한 결과, 결론
conservative	컨서버티브	형 보수적인, 신중한, 수수한
consider	컨시더	타 자 잘 생각하다, 숙고하다
considerable	컨시더러블	형 꽤 많은, 상당한
consist	컨시스트	자 되어[이루어져] 있다, 양립하다
constant	칸스턴트	형 변치 않는, 일정한, 부단한, 성실한

constitution	칸스터투-션	명 구성, 체질, 체격, 헌법
construct	컨스트럭트	타 조립하다, 건조하다
consume	컨슘-	타 소비하다, 다써버리다
contact	칸택트	명 접촉, 교제, 관계 타 연락을 취하다
contain	컨테인	타 내포하다, …이 들어 있다, 포함하다
contemporary	컨템퍼레리	형 현대의, 동시대의 명 동시대 사람
content	칸텐트	명 내용물, 내용, 목차, 취지, 내용
contest	칸테스트	명 경쟁, 경기, 콘테스트
context	칸텍스트	명 문맥, 전후관계
*continue	컨티뉴-	타 계속하다, 계속 말하다 자 계속되다
continuous	컨티뉴어스	형 연속[계속]적인, 끊임없는
contract	칸트랙트	명 계약, 계약서
contrast	칸트래스트	명 타 대비, 대조(하다)
contribute	컨트리뷰-트	타 자 기부하다, 바치다, 기고하다
control	컨트로울	타 지배[억제]하다 명 관리, 컨트롤
convenience	컨비니언스	명 편의, 편리, 편리한 것
convenient	컨비-니언트	형 편리한, 형편이 좋은
convention	컨벤션	명 집회, 협정, 관습
conversation	칸버세이션	명 회화, 대화
convert	컨버-트	타 변하게 하다, 전환하다, 개종시키다
convince	컨빈스	타 확신시키다
*cook	쿡	타 자 요리하다 명 쿡, 요리사
*cookie	쿠키	명 쿠키
*cool	쿨-	형 시원한, 냉정한, 냉담한 타 차게 하다
cope	코우프	자 대항하다, 잘처리하다, 대처하다
copy	카피	명 자 사본, 복사(하다), 흉내 내다
core	코-어	명 응어리, 핵심, (전선 등의) 심
*corn	콘-	명 옥수수

단어	발음	뜻
* corner	코-너	명 모퉁이, 구석, 끝
corporate	코-퍼러트	형 법인(조직)의, 단체의, 공동의
* correct	커렉트	형 옳은, 정확한 타 정정하다, 고치다
* cost	코-스트	명 비용, 대가, 희생 타 비용이 들다
cottage	코티지	명 시골집, 작은집
cotton	카튼	명 면화, 솜
cough	코-프	명 기침 자 기침하다
council	카운슬	명 회의, 협의회, 지방 의회
* count	카운트	타 세다, 계산하다 명 계산
* country	컨트리	명 지역, 나라, 시골 형 시골[지방]의
countryside	컨트리사이드	명 한 지방, 시골
county	카운티	명 주(州), 군(郡)
couple	커플	명 한 쌍, 한 쌍의 남녀
courage	커-리지	명 용기, 담력
course	코-스	명 진로, 코스, 과정, 과목
court	코-트	명 법원, (테니스 등의) 코트, 궁정
* cousin	커즌	명 사촌, 친척, 일가
* cover	커버	타 덮다, 감추다, 걸치다 명 덮개, 표지
* cow	카우	명 암소
crack	크랙	명 날카로운 소리, 금 자 금가다
crash	크래시	명 와르르, 쿵, 추락 자 산산이 부서지다
crazy	크레이지	형 미친, 열중한, 열광적인
create	크리에이트	타 창조하다, 창작하다
creature	크리-처	명 창조물, 생물, 동물, 녀석
credit	크레딧	명 신용, 신뢰, 명성, 평판
creep	크리-프	자 기다, 살금살금 걷다, 살살기다
crime	크라임	명 죄, 범죄, 죄악
crisis	크라이시스	명 위기, 난국, (병의) 고비

417

criterion	크라이**티**어리언	명 표준, 기준, 특징
critic	크리틱	명 비판하는 사람, 비평가
criticism	크리티시즘	명 비판, 비평, 평론
criticize(BE criticise)	크리터사이즈	타 자 …을 비판하다, 비평하다
crop	크랍	명 농작물, 수확물, 수확
cross	크로-스	타 가로지르다, 십자를 긋다 명 십자가
crowd	크라우드	명 군중, 다수 자 군집하다 타 꽉 들어차다
crown	크라운	명 왕관, 왕위, 왕권
crucial	크루-셜	형 결정적인, 중대한
cruel	크루-얼	형 잔혹한, 무자비한, 비참한
crush	크러쉬	타 눌러 부수다, 궤멸시키다
* cry	크라이	자 울다, 소리치다 명 우는[외치는] 소리
culture	**컬**처	명 문화, 교양, 재배, 양식
cure	큐어	타 치료하다, 고치다 명 치료, 치료법
curious	**큐**(어)리어스	형 호기심이 강한, 기이한, 이상한, 묘한
currency	**커**-런시	명 통화, 유통
current	**커**-런트	형 지금의, 현행의, 통용하는
curve	커-브	명 곡선 자 구부러지다
custom	**커**스텀	명 풍습, 관습, 단골, 관세 형 주문한
customer	**커**스터머	명 고객, 손님, 단골, 거래처
* cut	컷	타 자 베다, 잘라지다 명 베기, 절단
* cute	큐-트	형 귀여운, 영리한, 멋진

D

* dad/daddy	**대**드/**대**디	명 아빠
damage	**대**미지	명 손해, 피해
damp	댐프	형 습기가 있는, 축축한

* dance	댄스	명 댄스, 춤 타 (춤을) 추다
danger	데인저	명 위험(한 상태), 위험한 것(인물)
* dangerous	데인저러스	형 위험한
dare	데어	타 감히 …하다, 용감하게 맞서다
* dark	다-크	형 어두운, 검은, 짙은 명 어둠, 땅거미
data	데이터	명 자료, 데이터
* date	데이트	명 날짜, 데이트 타 날짜를 기입하다
* daughter	도-터	명 딸 형 딸로서의, 딸다운
* day	데이	명 하루, 낮, 시대, 시기
dead	데드	형 죽은, (죽은 듯이) 조용한
deaf	데프	형 귀가 먼, 무관심한
deal	딜-	타 나누어주다 자 다루다, 처리하다
* dear	디어	형 친애하는, 귀여운 부 귀여워하여
death	데스	명 죽음, 사망
debate	디베이트	명 동 토론(하다), 토의(하다), 논쟁
debt	뎃	명 빚, 부채
decade	데케이드	명 10년간
decide	디사이드	타 자 결정하다, 결심하다
decision	디시전	명 결정, 결심
declare	디클레어	타 선언하다, 언명(단언)하다
decline	디클라인	자 거절하다, 기울다, 쇠퇴하다
decrease	디크리-스	자 줄다, 감소하다 타 줄이다, 감소시키다
* deep	디-프	형 깊은, 짙은 부 깊게, 깊이
* deer	디어	명 사슴
defeat	디피-트	타 패배[좌절]시키다 명 패배, 타도
defend	디펜드	타 지키다, 방어하다, 변호하다
defense(BE defence)	디펜스	명 방어, 방위, 변호
define	디파인	타 규정짓다, 한정하다, 정의를 내리다

definite	데퍼닛	형 일정한, 명확한
degree	디그리-	명 정도, (온도·각도 등의) 도
delay	딜레이	타 늦추다, 미루다 자 꾸물거리다
deliberate	딜리버러티	형 신중한, 사려 깊은 타 숙고하다
delicate	델리컷	형 섬세한, 우아한, 고운, 연약한
*delicious	딜리셔스	형 맛있는, 향기로운, 유쾌한
delight	딜라이트	타 기쁘게 하다 명 기쁨, 즐거움
deliver	딜리버	타 배달하다, 인도하다, (연설을) 하다
delivery	딜리버리	명 배달, 인도, 말투
demand	디맨드	명 요구, 수요 타 요구하다
democracy	디마크러시	명 민주주의, 민주국가 형 민주주의의
democratic	데머크레틱	형 민주정체[주의]의, 민주적인
demonstrate	데먼스트레이트	타 증명하다 자 시위운동[데모]을 하다
*dentist	덴티스트	명 치과의사
deny	디나이	타 부정하다, 거절하다
department	디파-트먼트	명 부, 부문, (백화점의) 매장
depend	디펜드	자 …에 좌우되다, 의지하다
dependent	디펜던트	형 의지[의존]하고 있는, …에 좌우되는
depress	디프레스	타 낙담시키다, 우울하게 하다
depth	뎁스	명 깊이, 중심부, 한창 때
derive	디라이브	타 얻다, 이끌어내다 자 유래하다
describe	디스크라이브	타 묘사하다, 말하다, 기술하다, 평하다
desert	데저트	명 사막, 황무지 형 사막의, 불모의
deserve	디저-브	타 할 만하다, 받을 가치가 있다
desire	디자이어	타 바라다, 요구하다
*desk	데스크	명 책상, 사무, (신문의) 편집부
despite	디스파이트	전 …에도 불구하고
destroy	디스트로이	타 파괴하다, 부수다

detail	디테일	명 세부, 세목, 상세, 상술
detect	디텍트	타 발견하다, 간파하다
determine	디터-민	타 자 결심하다, 결정하다
develop	디벨럽	타 발달[발전]시키다 자 발달하다
device	디바이스	명 장치, 고안품, 고안
devote	디보우트	타 바치다, 충당하다
dictionary	딕셔네리	명 사전, 자전, 용어사전
*die	다이	자 죽다, 시들다
diet	다이엇	명 일상음식, 식이요법, 다이어트
difference	디퍼런스	명 다름, 차이, 의견 차이
*different	디퍼런트	형 다른, 여러 가지의
*difficult	디피컬트	형 곤란한, 까다로운
difficulty	디피컬티	명 곤란, 곤경
dig	디그	타 파다, 파내다, 캐다
*dinner	디너	명 정찬, 저녁식사, 만찬회
direct	디렉트	타 지도하다, 명령하다 형 똑바른
dirt	더-트	명 먼지, 쓰레기
*dirty	더-티	형 더러운, 불결한, 비열한
disabled	디세이블	형 불구가된, 무능력해진
disappear	디서피어	자 사라지다, 소멸되다
disappoint	디서포인트	타 실망시키다, 낙담시키다
disaster	디재스터	명 재해, 재난, 대참사
discipline	디서플린	명 규율, 훈육, 훈련, 훈계
discover	디스커버	타 발견하다, …을 알다, 깨닫다
discuss	디스커스	타 의논하다, 토론하다
discussion	디스커션	명 의논, 토의, 토론
disease	디지-즈	명 병, 질병
disgust	디스거스트	명 싫음, 메스꺼움 타 메스꺼워지게 하다

* dish	디시	명	큰 접시, 요리
dismiss	디스미스	타	해산시키다(모임 등을), 해고하다
display	디스플레이	타 표시하다, 나타내다	명 전시
distance	디스턴스	명	거리, 원거리
distinct	디스팅(크)트	형	별개의, 다른, 명확한
distinguish	디스팅귀시	타	구별하다, 식별하다
distribute	디스트리뷰트	타	나누어주다, 분배하다, 분포하다
district	디스트릭트	명	지역, 지방, 지구, 관구
disturb	디스터-브	타 자	방해하다, 어지럽히다, 혼란시키다
divide	디바이드	타 분할하다, 분류하다	자 나누어지다
division	디비전	명	나눔, 분할, 배분
* do	두-	타 하다, 행하다, 주다	자 행(동)하다
* doctor / Dr.	닥터	명	의사, 박사
document	다큐먼트	명	문서, 서류, 기록영화
* dog	도-그	명	개
* doll	달	명	인형
* dolphin	달핀	명	돌고래
domestic	더메스틱	형	가정의, 가사의, 국내의, 국산의
dominate	다머네이트	타	지배하다, 위압하다
* door	도-	명	문, 출입구, 현관, 한 집, 한 채
double	더블	형 두 배의, 2인용의	명 두 배
doubt	다우트	명 의심, 의혹, 의문	타 의심하다
* down	다운	부 아래로, 쓰러져	전 …의 아래쪽으로
draft	드래프트	명	초고, 초안, 설계도
dramatic	드러매틱	형	극의, 연극의, 극적인, 눈부신
* draw	드로-	타 끌다, 꺼내다, 긋다	자 그림을 그리다
drawer	드로-	명	서랍
* dream	드림-	명 꿈, 이상	자 타 꿈꾸다, 공상하다

*dress	드레스	몡 의복, 여성복 자 타 옷을 입(히)다
*drink	드링크	몡 마실 것, 음료 타 자 마시다
*drive	드라이브	타 운전하다 자 몡 드라이브(하다)
*drop	드랍	자 타 떨어지다[뜨리다] 몡 (물) 방울, 낙하
drug	드러그	몡 약, 약품
drum	드럼	몡 북, 드럼
*dry	드라이	혱 마른, 건조한 타 자 말리다, 마르다
*duck	덕	몡 오리
due	듀-	혱 지급 기일이 된, 도착 예정인
dull	덜	혱 무딘, 흐리멍덩한, 지루한
during	듀(어)링	전 …동안(내내), …사이에
dust	더스트	몡 먼지, 티끌
duty	듀-티	몡 의무, 본분, 책임, 직무, 임무

E

*each	이-치	혱 각각의, 각자의 대 각자, 각각
eager	이-거	혱 열심인, 열망하는
*ear	이어	몡 귀, 분간하는 힘
*early	어-리	혱 이른, 초기의, 빠른 부 일찍(이)
earn	언-	타 벌다, 얻다
*earth	어-스	몡 지구, 흙, 지면, 이승, 이 세상
ease	이-즈	몡 안락, 편안함, 용이, 쉬움
*east	이-스트	몡 동쪽, 동양 혱 동쪽의 부 동쪽으로
eastern	이-스턴	혱 동쪽의, 동부의, 동양의
*easy	이-지	혱 쉬운, 안락한 부 쉽게, 마음 편히
eat	이-트	타 먹다, 식사하다
economic	에커나믹	혱 경제의, 경제상의

단어	발음	뜻
economy	이카너미	명 경제, 절약
edge	에지	명 날, 끄트머리, 가장자리
edit	에디트	타 편집하다, 교정하다
educate	에주케이트	타 교육하다, 양성하다, 기르다
effect	이펙트	명 결과, 영향, 효과
effective	이펙티브	형 유효한, 효과적인
efficiency	이피션시	명 능률, 효력
efficient	이피션트	형 유능한, 효과가 있는
effort	에퍼트	명 노력, 수고, 노력의 성과
*egg	에그	명 달걀, 계란, 알
either	이-더	형 어느 하나의 대 어느 한쪽
elect	일렉트	타 선거하다, 뽑다, 택하다
electric	일렉트릭	형 전기의, 전력에 의한
electronic	일렉트로닉	형 전자의
element	엘러먼트	명 요소, 성분
*elephant	엘러펀트	명 코끼리
else	엘스	부 그밖에, 그렇지 않으면
elsewhere	엘스훼어/엘스웨어	부 다른 곳에서(으로)
emerge	이머-지	자 나오다, 나타나다, 벗어나다
emergency	이머-전시	명 비상사태, 위급한 때
emotion	이모우션	명 감정, 감동
emphasis	엠퍼시스	명 강조, 강세
emphasize	엠퍼사이즈	타 강조하다, 역설하다
empire	엠파이어	명 제국, 왕국
employ	임플로이	타 쓰다, 고용하다, …에 종사하다
*empty	엠(프)티	형 빈, 공허한
enable	이네이블	타 힘[능력]을 주다, …할 수 있게 하다
encounter	인카운터	타 만나다, 부닥치다

encourage	인커-리지	타 용기를 돋우다, 격려하다, 권하다
* end	엔드	명 끝, 목적 자 끝나다 타 끝내다
enemy	에너미	명 적, 적군, 적국
energy	에너지	명 정력, 활기, 에너지
engine	엔진	명 발동기, 기계, 엔진, 기관차
engineering	엔지니어링	명 공학
* enjoy	인조이	타 즐기다, 가지다, 향유하다, 누리다
enormous	이노-머스	형 거대한, 막대한
* enough	이너프	형 충분한 명 충분한 양[수] 부 충분히
ensure	인슈어	타 안전하게 하다, 보증하다
enter	엔터	타 자 들어가다, 들다, 입학하다
entertain	엔터테인	타 대접하다, 환대하다, 즐겁게 하다
entire	인타이어	형 전체[전부]의, 완전한
entrance	엔트런스	명 입구, 입학, 입장
envelope	엔벌로우프	명 봉투
environment	인바이(에)런먼트	명 환경, 주위
equal	이-퀄	형 같은, 동등한, 평등한 타 …와 같다
equip	이퀴프	타 갖추다, …에 설비하다
equivalent	이퀴벌런트	형 같은, 동등한 명 동등한 것
* eraser	이레이서	명 지우개
error	에러	명 잘못, 실수, 틀림
escape	이스케이프	자 타 달아나다, 모면하다 명 탈출
especial	이스페셜	형 특별한, 각별한
essay	에세이	명 수필
essential	이센셜	형 근본적인, 필수의, 불가결한
establish	이스태블리시	타 설립하다, 확립하다
estate	이스테이트	명 소유지, 재산
estimate	에스터메이트	타 어림잡다, 견적[산정]하다, 평가하다

even	이-번	부 한층, 더욱 더, …조차 형 평평한
*evening	이-브닝	명 저녁, 해질 녘, 밤
event	이벤트	명 사건, 종목
eventual	이벤추얼	형 결과로 일어나는, 결국의
ever	에버	부 일찍이, 언젠가, 도대체, 언제나, 늘
*every	에브리	형 모든, 온갖, …마다
everybody	에브리바디	대 각자 모두, 누구나, 모두
*everyone	에브리원	대 모든 사람, 누구나
everything	에브리싱	대 모든 것, 무엇이든 다, 만사
everywhere	에브리훼(웨)어	부 어디에나, 도처에, 어디에 …라도
evidence	에버던스	명 증거, 흔적
evident	에버던트	형 명백한
evil	이-벌	형 나쁜, 불길한 명 악, 재해
exact	이그잭트	형 정확한, 정밀한
examine	이그재민	타 시험하다, 검사하다, 진찰하다
*example	이그잼플	명 보기, 모범
*excellent	엑설런트	형 우수한, 뛰어난
except	익셉트	타 제외하다 전 …을 제외하고
excess	익세스	명 초과, 지나침, 부절제
exchange	익스체인지	타 교환하다, 바꾸다, 환전하다
excite	익사이트	타 흥분시키다, 자극하다
*exciting	익사이팅	형 흥분시키는, 조마조마하게 하는
exclude	익스클루-드	타 못 들어오[가]게 하다, 제외하다
*excuse	익스큐-즈	타 용서하다, 변명을 대다 명 변명, 해명
executive	이그제큐티브	명 임원, 관리직 형 관리의, 경영의
exercise	엑서사이즈	명 연습, 운동
exhibit	이그지비트	타 전시[전람]하다, 나타내다 명 전시, 전람
exist	이그지스트	자 존재하다, 생존하다

existence	이그지스턴스	명 존재, 생존
expand	익스팬드	자 퍼지다, 넓어지다 타 펴다, 넓히다
expansion	익스펜션	명 확장, 팽창
expect	익스펙트	타 예상하다, 예기하다, …을 기대하다
expenditure	익스펜디춰	명 지출, 지불, 소비
expense	익스펜스	명 지출, 비용, 경비
*expensive	익스펜시브	형 돈이 드는, 값비싼
experience	익스피(어)리언스	명 경험, 체험 타 …을 경험하다
experiment	익스페러먼트	명 실험, 실험장치
expert	엑스퍼-트	명 숙달자, 전문가 형 숙련된
explain	익스플레인	타 설명하다, 변명하다
explode	익스플로우드	자 폭발하다 타 …을 폭발시키다
explore	익스플로-	타 탐험하다, 답사하다
export	엑스포-트	타 수출하다 명 수출, 수출품
expose	익스포우즈	타 쐬다, 노출시키다, 폭로하다
express	익스프레스	타 표현하다 형 명백한, 급행의
expression	익스프레션	명 표현, 표정
extend	익스텐드	타 뻗다, 연장하다 자 늘어나다, 퍼지다
extension	익스텐션	명 신장, 확장, 구내전화 형 내선의
extensive	익스텐시브	형 넓은, 광대한
extent	익스텐트	명 넓이, 크기, 범위, 정도
external	익스터-늘	형 외부의, 외국의
extra	엑스트러	형 여분의, 특별한 부 여분으로, 특별히
extreme	익스트림-	형 극도의, 극단적인, 과격한, 맨 끝의
eye	아이	명 눈, 시력, 분별력, 안목

F

face	페이스	명 얼굴, 표정 타 …을 향하다
facility	퍼**실**러티	명 설비, 시설, 재주, 재능, 숙련
fact	팩트	명 사실, 현실, 진상
factor	팩터	명 요인, 요소
factory	팩터리	명 공장, 제조소
fail	페일	자 실패하다, 낙제하다, 게을리하다
failure	페일리어	명 실패, 낙제
faint	페인트	형 희미한, 흐릿한 자 실신하다
fair	페어	형 공평한, 상당한 명 박람회
faith	페이스	명 신념, 신앙(심), 신뢰
* fall	폴-	자 떨어지다, 내리다 명 낙하, 추락
false	폴-스	형 잘못된, 거짓의, 인공[인조]의
familiar	퍼**밀**리어	형 잘 알려진, 잘 아는, …와 친한
* family	패멀리	명 가족, 아이들 형 가족[가정]의
* famous	페이머스	형 유명한, 이름 난
* fan	팬	명 부채, 선풍기, 열한 애호가
fancy	팬시	명 공상, 환상, 상상, 좋아함, 기호
* far	파-	부 멀리(에), 훨씬 형 먼, 저쪽의
* farm	팜-	명 농장, 농원, 사육장
* fast	패스트	형 빠른, 민첩한 부 빨리, 단단히
fasten	패슨	타 묶다, 잠그다 자 닫히다
* fat	팻	형 살찐, 비만한 명 지방, 비만
* father	파-더	명 아버지, 창시자, 선조, 신부
fault	폴-트	명 과실, 허물, 결점, 단점
* favo(u)rite	페이버릿	형 마음에 드는, 좋아하는

favor	페이버	명 호의, 행위
fear	피어	명 무서움, 근심 타 자 무서워하다
feather	페더	명 깃털, 깃, 깃털장식
feature	피-처	명 특징, 특색, 얼굴 생김새
federal	페더럴	형 연방의, 연방 정부의
fee	피-	명 요금, 보수, 사례금
*feed	피-드	타 먹을 것을 주다 자 식사를 하다
*feel	필-	타 자 느끼다, 만지다, 감각이 있다
fellow	펠로우	명 친구, 동료, 녀석 형 동아리의
female	피-메일	명 여성, 암컷 형 여성의, 암컷의
fence	펜스	명 울타리, 담 타 울타리를 두르다
festival	페스터벌	명 축제(일)
fever	피-버	명 열, 발열, 열병
*few	퓨-	형 거의 없는 대 소수(의 사람)
field	필-드	명 벌판, 들, 분야, 경기장
*fight	파이트	자 타 싸우다 명 싸움, 투쟁
figure	피겨	명 숫자, 계산, 형태, 모습, 인물상
*fill	필	자 타 가득 차다, 넘치다, 채우다
final	파이늘	명 결승전 형 최종의, 결정적인
finance	파이낸스	명 재정, 재무, 융자
*find	파인드	타 찾아내다, 발견하다, 알다
*fine	파인	형 훌륭한, 더할 나위 없는, 맑은
*finger	핑거	명 손가락
*finish	피니시	타 끝내다, 마무리하다, 완성하다
*fire	파이어	명 불, 화재, 사격 타 쏘다
firm	펌-	형 굳은, 단단한, 고정[안정]된
*fish	피시	명 물고기, 생선 자 낚시질하다
fit	핏	타 자 꼭 맞다, 적합하다 형 적당한

*fix	픽스	타 고치다, 고정시키다, 정하다
*flag	플래그	명 (국가·조직·단체의) 기
flame	플레임	명 불길, 불꽃, 화염
flash	플래시	명 섬광, 번득임 자 번쩍이다 타 비추다
flat	플랫	형 평평한, 납작한
flavor	플레이버	명 맛, 풍미 타 맛을 더하다
flesh	플레시	명 살, 과육, 육체
flight	플라이트	명 날기, 비행, (정기 항공로의) 편
float	플로우트	자 타 뜨다, 떠돌다, 떠다니다
flood	플러드	명 홍수 자 범람하다
*floor	플로-	명 마루, 층
flour	플라우어	명 밀가루
flow	플로우	자 흐르다, 물결처럼 지나가다
*flower	플라우어	명 꽃 자 꽃이 피다, 번창하다
*fly	플라이	자 날다 명 (야구) 플라이
focus	포우커스	명 초점, 중심
fold	포울드	타 접다, 접어 포개다, 끼다
follow	팔로우	타 뒤를 잇다, 따르다, 좇다, 이해하다
fond	판드	형 좋아하는, …이 좋은, 정다운, 다정한
*food	푸-드	명 식품, 먹을 것, 식량
*fool	풀-	명 바보, 어리석은 사람
*foolish	풀-리시	형 어리석은, 미련한, 바보 같은
*foot	풋	명 발, 피트, 밑 부분, (산) 기슭
football	풋볼-	명 풋볼, 축구
*for	포-	전 …을 위하여, …용의 접 왜냐하면
force	포-스	명 힘, 폭력, 군대 타 강요하다
foreign	포-린	형 외국의, 외국산[제]의, 외국풍의
forest	포-리스트	명 숲, 삼림

* forget	퍼겟	타 잊다, 놓아두고 잊다
forgive	퍼기브	타 용서하다
form	폼-	명 모양, 형식 타 형성하다 자 형체를 이루다
formal	포-멀	형 정식의, 형식적인, 딱딱한
former	포-머	형 앞의, 이전의 대 전자
formula	포어뮬러	명 판에 박은말, 상투적인 문구
forth	포어스	부 앞으로, 전방으로, 밖으로
fortunate	포-추넛	형 운이 좋은, 행운의
fortune	포-춘	명 운, 행운, 재산, 부
forward(s)	포-워드/포-워즈	부 앞으로, 전방으로 형 전방의
found	파운드	타 기초를 마련하다, 설립하다
* fox	팍스	명 여우, 교활한 사람
frame	프레임	명 뼈대, 골조, 틀
framework	프레임워-크	명 틀 구조, 뼈대, 골격, 구조, 구성
frank	프랭크	형 솔직한, 숨김없는, 노골적인
* free	프리-	형 자유로운, 무료의, 한가한
freedom	프리-덤	명 자유, 해방
freeze	프리-즈	자 얼다 타 얼게 하다
frequent	프리-퀀트	형 자주 일어나는, 빈번한, 상습적인
* fresh	프레시	형 새로운, 싱싱한, 맑은
* friend	프렌드	명 친구, 자기편, 우리 편
friendship	프렌드십	명 우정, 친교
fright	프라이트	명 공포, 소스라치게 놀람, 경악
frighten	프라이튼	타 놀라게 하다, 두려워하게 하다
* frog	프로-그	명 개구리
* from	프람	전 …에서[부터], …출신의, …원인으로
* front	프런트	명 앞, 정면 형 앞의, 겉의, 정면의
* fruit	프루-트	명 과일, 산물, 성과, 결과

영어	발음	뜻
fry	프라이	타 튀기다, 프라이하다 명 튀김
fuel	퓨-얼	명 연료 타자 연료를 공급하다
* full	풀	형 가득한, 최고의 명 완전, 한창
* fun	펀	명 재미있는 일, 위안
function	펑(크)션	명 기능, 작용, 역할, 직무
fund	펀드	명 자금, 기금
fundamental	펀더멘틀	형 기본[기초]의, 근본적인
* funny	퍼니	형 익살맞은, 우스운, 재미있는
fur	퍼-	명 모피, 모피제품
furnish	퍼-니시	타 공급하다, 제공하다, 비치하다
furniture	퍼-니처	명 가구, 세간
* future	퓨-처	명 미래, 장래 형 미래[장래]의

G

gain	게인	타 얻다, 늘리다 자 늘다 명 이익
gallery	갤러리	명 미술관, 화랑, 맨 위층 관람석
gap	갭	명 갈라진 틈, 격차, 큰 차이
garage	거라-지	명 차고, 수리공장 타 차고에 넣다
* garden	가-든	명 정원, 뜰
gas/gasoline	개스/개설린-	명 가스, 기체, 휘발유
* gate	게이트	명 대문, 출입문, (공항) 탑승구
gather	개더	타 모으다, 따다, 더하다 자 모이다
gay	게이	형 명랑한, 쾌활한, 즐거운, 방탕한
general	제너럴	형 일반의, 대체적인 명 육군 대장
generation	제너레이션	명 세대, 동시대의 사람들, 발생
generous	제너러스	형 관대한, 후한, 풍부한, 비옥한
gentle	젠틀	형 온화한, 상냥한, 가문이 좋은

* gentleman	젠틀먼	명 신사, (경칭) 남자분
* get	겟	타 얻다, 받다 자 이르다, …이 되다
giant	자이언트	명 거인, 큰 사나이 형 거대한
gift	기프트	명 선물, 타고난 재능
* giraffe	저래프	명 〈동물〉 기린
* girl	걸-	명 여자아이, 소녀
* give	기브	타 주다, 치르다, 바치다, 말하다, 열다
* glad	글래드	형 기쁜, 반가운, 기꺼이 …하는
* glass	글래스	명 유리, 컵, 한 컵
globe	글로우브	명 구, 공, 구체(ball), 지구
* gloves	글러브즈	명 장갑, (야구·권투의) 글러브
* glue	글루-	명 접착제, 풀 자 접착하다
* go	고우	자 가다, 나아가다, 작동하다, 진행되다
goal	고울	명 골, 득점, 목적(지), 목표
* goat	고우트	명 염소
god[God]	가드	명 신, 하느님
* gold	고울드	명 금, 금화, 금제품 형 금의
golden	고울든	형 금빛의, 귀중한, (기회) 절호의
* good	구드	형 좋은, 훌륭한, 즐거운, 적절한
goods	구즈	명 물건, 상품, 재산
govern	거번	타 통치하다, 다스리다, 관리하다
grace	그레이스	명 우아, 기품, 점잖음, 세련미, 미덕
grade	그레이드	명 등급, 계급, 학년, 성적
gradual	그래주얼	형 점차의, 점진적인, 완만한
grain	그레인	명 곡물, 낟알
grammar	그래머	명 문법, 문법책, 입문서
grand	그랜드	형 웅대한, 광대한, 호화로운, 굉장한
* grandfather	그랜(드)파-더	명 할아버지, 조부 (약칭 grandpa)

* grandmother	그랜(드)머더	명 할머니, 조모 (약칭 grandma)
grant	그랜트	타 들어주다, 허락하다, 수여하다
* grape	그레이프	명 포도, 포도나무
* grass	그래스	명 풀, 초원, 잔디
grateful	그레이트풀	형 감사하고 있는, 고마워하는
grave	그레이브	형 중대한, 근엄한 명 무덤, 묘비
* gray/grey	그레이	형 회색의, 창백한 명 회색
* great	그레이트	형 위대한, 훌륭한, 큰, 중요한
* green	그린-	형 녹색의, 창백한 명 녹색, 잔디밭
ground	그라운드	명 땅, 운동장 타 근거를 두다
* group	그루-프	명 그룹, 집단 타 모으다
* grow	그로우	자 성장하다, 커지다 타 재배하다
growth	그로우스	명 성장, 발육, 발달
guard	가-드	명 수위, 보초, 경호인 타 보호하다
* guess	게스	타 추측하다, 알아맞히다 명 추측, 추정
guest	게스트	명 손님, 내빈, 숙박인
guide	가이드	타 안내[인도]하다 명 안내자[서]
guilty	길티	형 유죄의, …의 죄를 범한
gun	건	명 대포, 포, (연발) 권총, 총

habit	해빗	명 버릇, 습관, 관습, 기질
* hair	헤어	명 털, 머리카락
* half	해프	명 절반, 2분의 1, 30분 형 절반의
hall	홀-	명 홀, 강당, 회관, 현관
hammer	해머	명 해머, (쇠) 망치
* hand	핸드	명 손, 일손, (시계) 바늘 타 건네주다

handle	핸들	명 손잡이, 핸들 타 …에 손을 대다
* handsome	핸섬	형 잘 생긴, 핸섬한
hang	행	타 자 걸(리)다, 매달(리)다
happen	해편	자 일어나다, 생기다, 마침 …하다
* happy	해피	형 행복한, 행운의, 기쁜
harbo(u)r	하-버	명 항구
* hard	하-드	형 굳은, 어려운 부 열심히, 몹시
hardly	하-들리	부 거의 …않다[아니다]
harm	함-	명 해, 손해 타 해치다, 상처입히다
* hat	햇	명 모자
* hate	헤이트	명 타 미움, 미워하다, 증오(하다)
* have	해브	타 가지고 있다 조 막 …한 참이다
* he	히-	대 그는[가], 그 사람은[이]
* head	헤드	명 머리, 우두머리, 선두, 두뇌
* health	헬스	명 건강, 건강상태, 보건, 위생
healthy	헬시	형 건강한, 건강에 좋은
* hear	히어	타 자 듣다, …이 들리다
* heart	하-트	명 심장, 마음, 중심(부), 하트
heat	히-트	명 열, 더위, 열기 타 가열하다
heaven	헤번	명 하늘, 천국, 신
* heavy	헤비	형 무거운, 대량의, 격렬한
height	하이트	명 높이, 고지, 절정, 한창인 때
hell	헬	명 지옥, 아수라장, 대혼란
* hello/hey	헐로우/헤이	감 안녕하세요, 여보세요
* help	헬프	타 자 돕다, 거들다 명 도움, 원조
hen	헨	명 암탉
hence	헨스	부 그러므로, 따라서, 지금부터, 향후
* here	히어	부 여기에, 여기서, 자

hesitate	헤저테이트	자 주저하다, 망설이다
* hi	하이	감 야아, 안녕
* hide	하이드	타 감추다, 숨기다 자 숨다
* high	하이	형 높은, 높이가 …인 부 높이
highlight	하이라이트	명 가장 중요한 부분[장면], 인기물
highly	하일리	부 높이, 대단히, (평가가) 높게
* hill	힐	명 언덕, 낮은 산, 고개
hire	하이어	명 타 고용(하다), 사용료, 임대(하다)
history	히스터리	명 역사, 경력
* hit	힛	타 자 때리다, 치다 명 타격, 명중
* hobby	하비	명 취미
* hold	호울드	타 들다, 유지하다, 수용하다
hole	호울	명 구멍, 구덩이
* holiday	할러데이	명 휴일, 휴가
hollow	할로우	형 속이 빈, 우묵한
holy	호울리	형 신성한, 신앙심이 두터운
* home	호움	명 집, 가정, 고향 형 가정의
* homework	호움워-크	명 숙제, 예습, 가정학습, 부업
* honest	아니스트	형 정직한, 성실한
honor/ honour	아너	명 명예, 경의, 우등
hook	훅	명 갈고리, 걸쇠 타 갈고리로 걸다
* hope	호우프	타 자 바라다, 희망하다 명 희망
horizon	허라이즌	명 수평선, 지평선
horror	호-러	명 공포, 전율, 질색, 혐오
* horse	호-스	명 말, (성장한) 수말
* hospital	하스피틀	명 병원
host	호우스트	명 주인, 호스트
* hot	핫	형 더운, 뜨거운, 매운

*hour	아우어	명 시간, 시각
*house	하우스	명 집, 의원, 의사당
household	하우스호울드	명 가족, 가정, 가구 형 가족의
*how	하우	부 어떻게, 얼마만큼, 어떤 상태로
however	하우에버	부 아무리 …하더라도 접 그렇지만
huge	휴-지	형 거대한, 막대한
human	휴-먼	형 인간의, 인간다운
*hungry	헝그리	형 배고픈, 굶주린
hunt	헌트	자 사냥하다, 수렵하다
*hurry	허-리	자 서두르다 타 서두르게 하다
*hurt	허-트	타 상처 내다 자 아프다 명 상처
*husband	허즈번드	명 남편

I

*I	아이	대 나는, 내가 명 자아, 나
ice	아이스	명 얼음, 빙판 타 얼리다
*idea	아이디-어	명 생각, 의견, 견해, 예상, 짐작
ideal	아이디-얼	형 이상의, 이상적인 명 이상
identify	아이덴터파이	타 확인하다, 분별하다, 동일시하다
identity	아이덴터티	명 동일한 사람, 신원, 개성, 동일성
*if	이프	접 만약 …이면[하면], 비록 …일지라도
ignore	이그노-	타 무시하다, 묵살하다
*ill	일	형 병든, 나쁜 부 나쁘게
illustrate	일러스트레이트	자 설명하다, 예증하다, 삽화를 넣다
image	이미지	명 상, 형태, 모습, 영상, 인상
imagine	이매진	타 상상하다, 짐작하다, 생각하다
immediate	이미-디엇	형 즉각의, 직접의, 당면한

impact	임팩트	명 충돌, 격돌, 충격, 영향(력)
import	임포-트	타 수입하다 명 수입
importance	임포-튼스	명 중요성, 중대성
important	임포-턴트	형 중요한, 의의 있는, 유력한
impose	임포우즈	타 자 (의무·세금을) 지우다, 부과하다
impossible	임파서블	형 불가능한, 믿기 어려운
impression	임프레션	명 인상, 감명, (막연한) 느낌
improve	임프루-브	타 개량[개선]하다, 이용하다
*in	인	전 …안에, …쪽에 부 안에[으로]
incident	인서던트	명 사건, 일어난 일, 우발적 사건
include	인클루-드	타 포함하다, 넣다, 계산하다
income	인컴	명 수입, 소득
increase	인크리-스	자 늘(리)다, 증가하다 명 증가
incredible	인크레더블	형 놀라운, 훌륭한, 대단한
indeed	인디-드	부 실로, 참으로, 정말, 과연
independence	인디펜던스	명 독립, 자립
independent	인디펜던트	형 독립한, 독립심이 강한, 독자적인
index	인덱스	명 색인, 지시하는 것 타 색인을 달다
indicate	인디케이트	타 가리키다, 지적하다, 표시하다
individual	인디비주얼	형 개개[각각]의, 개인의 명 개인
industry	인더스트리	명 공업, 산업, 근면
inevitable	이네비터블	형 피할 수 없는, 부득이한, 필연적인
influence	인플루-언스	타 영향을 끼치다 명 영향, 세력
inform	인폼-	타 …에게 알리다[고하다]
informal	인포-멀	형 비공식의, 격식 없는, 스스럼없는
initial	이니셜	명 머리글자 형 처음의, 최초의
injure	인저	타 상처를 입히다, (감정을) 해치다
injury	인저리	명 부상, 상처, 손해

inner	이너	형 안의, 내부의, 내면적인
input	인푸트	명 투입(량), 정보, 데이터, 입력
inquiry	인콰이어리	명 연구, 탐구, 조사, 취조, 심리
insect	인섹트	명 곤충
*inside	인사이드	명 안쪽, 내부 형 내부의
insist	인시스트	자 강요하다, 우기다
instance	인스턴스	명 실례, 사례, 예증
instant	인스턴트	명 순간, 즉시 형 즉시의, 긴급한
instead	인스테드	부 그 대신에
institute	인스티튜-트	명 회, 학회, 협회, 연구소
institution	인스티튜-션	명 학회, 공공시설, 제도, 관례
instruct	인스트럭트	타 가르치다, 교육하다, 지시하다
instrument	인스트러먼트	명 기구, 도구, 기계, 악기
insult	인설트	타 모욕하다, 창피를 주다
insurance	인슈(어)런스	명 보험, 보험금
intelligence	인텔러전스	명 지능, 이해력, 정보, 정보기관
intend	인텐드	타 의도하다, …할 작정이다, 의미하다
interest	인터리스트	명 관심, 흥미 타 흥미를 일으키게 하다
*interesting	인터리스팅	형 재미있는, 흥미 있는
interior	인티(어)리어	형 내부[안쪽]의, 실내의 명 내부, 안쪽
internal	인터-늘	형 내부의, 체내의, 국내의, 내면적인
international	인터내셔날	형 국제적인, 국가 간의
interpret	인터-프릿	타 자 해석하다, 통역하다
interrupt	인터럽트	타 가로막다, 방해하다
interval	인터벌	명 간격, 거리
interview	인터뷰-	명 회견, 면담, 면접 타 회견하다
*into	인투	전 안[속]으로, …으로[에], …상태로
introduce	인트러듀-스	타 소개하다, 들여오다, 도입하다

invent	인벤트	타 발명하다, 고안하다
invest	인베스트	자 타 투자하다, 운용하다, 쓰다
investigate	인베스터게이트	타 조사하다, 연구하다
* invite	인바이트	타 초청하다, 초대하다
involve	인발브	타 말려들게 하다, 포함하다
iron	아이언	명 철, 다리미 타 다림질하다
island	아일런드	명 섬 형 섬의
issue	이슈-	명 발행, 출판물, 문제(점)
* it	잇	대 그것은(이), 그것을
item	아이텀	명 항목, 조항, 품목

J

jewel	쥬-얼	명 장신구, 보석, 소중한 사람[물건]
* job	자브	명 일, 직업
* join	조인	타 자 결합하다, 참가하다, 합쳐지다
joint	조인트	명 관절, 마디 형 합동의, 공동의
joke	조우크	명 농담, 장난 자 농담하다, 놀리다
journal	저-늘	명 신문, 잡지, 일지, 일기
journey	저-니	명 여행, 여정, 행정
joy	조이	명 기쁨, 환희
judge	저지	명 재판관, 판사, 심판 타 재판하다
* jump	점프	자 뛰다, 뛰어오르다 명 도약
junior	주-니어	명 손아랫사람, 연소자 형 손아래의
* just	저스(트)	부 바로, 틀림없이, 오직 형 올바른
justice	저스티스	명 정의, 공정, 정당(성)

K

keen	키-인	형 날카로운, 격렬한, 예민한, 열심인
*keep	키-프	타 보유하다, 지키다, 두다 자 계속하다
*key	키-	명 열쇠, 실마리, (음악의) 키, 조
*kick	킥	타 차다, 걷어차다 명 차기, 킥
*kid	키드	명 아이, 새끼 염소 자 놀리다
kill	킬	타 죽이다, 죽다, 헛되이 보내다
*kind	카인드	형 친절한, 상냥한, 인정 있는
*king	킹	명 왕, 국왕, …의 왕
kingdom	킹덤	명 왕국
kiss	키스	명 키스, 입맞춤 타 자 키스하다
*kitchen	키친	명 부엌
*knee	니-	명 무릎
*knife	나이프	명 나이프, 칼, 창칼
*knock	낙	타 자 두드리다, 부딪치다
knot	낫	명 매듭, 매는 끈 동 매다
*know	노우	타 알다, 잘 아는 사이다, 구별하다
knowledge	날리지	명 지식, 아는 바, 학식, 이해, 알려진 것

L

labor/ labour	레이버	명 노동자, 노동 자 일하다, 노력하다
laboratory	래버러토-리	명 실험실, 연습실, 연구실(약 lab)
lack	랙	명 부족, 결핍 타 자 없다, 부족하다
*lady	레이디	명 부인, 숙녀, 여러분, 여류…
*lake	레이크	명 호수, 연못

* lamb	램	명	어린 양, 유순한 사람
lamp	램프	명	등불, 램프
* land	랜드	명 육지, 나라 자 상륙하다	
language	랭귀지	명	언어, 국어, 어법
* large	라-지	형	큰, 넓은, (수·양이) 많은
* last	래스트	형 최후의 부 최후로 명 결말	
* late	레이트	형 늦은, 지각한, 최근의 부 뒤늦게	
* laugh	래프	자 웃다 명 웃음, 웃음소리	
law	로-	명	법률, 법칙, 규칙
lay	레이	타	눕히다, 설비하다, (알을) 낳다
lazy	레이지	형	게으른, 나태한, 게으름뱅이의
lead	리-드	타 자 인도하다, 지휘하다 명 선도	
leadership	리-더십	명	지도력, 통솔력
* leaf	리-프	명	잎, 나뭇잎
lean	린-	자	기대다, 의지하다
* learn	런-	타 자 배우다, 익히다, 알다, 듣다	
leather	레더	명	가죽, 가죽제품
leave	리-브	타 자 떠나다, 출발하다, 그만두다	
lecture	렉처	명 강의, 강연, 훈계 자 타 강의[강연]하다	
* left	레프트	형 왼쪽의 부 왼쪽에 명 왼쪽	
* leg	레그	명	다리, (책상 등의) 다리
legal	리-걸	형	법률의, 법정의, 합법적인
legislation	레지슬레이션	명	법률제정, 입법행위, 법률, 법령
lend	렌드	타	빌려주다, 빌리다, 제공하다
length	렝(크)스	명	길이, 세로
* lesson	레슨	명	학과, 수업, (교과서의) 과, 교훈
* let	렛	타	시키다, 가게[오게]하다, 세놓다
* letter	레터	명	편지, 문자, 글자, 문학, 학문

level	레벨	명 수준, 수평, 높이 형 평평한
liberal	리버럴	형 후한, 관대한, 많은, 자유주의의
liberty	리버티	명 자유, 해방, 석방
*library	라이브레리	명 도서관[실], 장서, 서재
license	라이슨스	명 면허, 인가, 면허[허가]증
lid	리드	명 뚜껑, 눈꺼풀
lie	라이	자 눕다, 드러눕다 명 거짓말, 속임
*life	라이프	명 생명, 일생, 인생, 생활
lift	리프트	타 (들어) 올리다 명 들어올리기
*light	라이트	명 빛, 불빛 형 밝은, 가벼운, 적은
*like	라이크	타 좋아하다 자 마음에 들다
likely	라이클리	형 있음직한, …할 것 같은 부 아마
limit	리밋	명 한계, 범위 타 한정[제한]하다
*line	라인	명 선, 줄, 행, 끈 타 선을 긋다
link	링크	명 고리, 연결 자 잇다, 연결하다
*lion	라이언	명 사자
*lip	립	명 입술
liquid	리퀴드	명 액체 형 액체의, 투명한
list	리스트	명 목록, 일람표, 명부, 가격표
*listen	리슨	자 귀를 기울이다, 듣다
literature	리터러처	명 문학, 문예
*little	리틀	형 작은[적은], 어린 부 조금, 거의
*live	리브/라이브	자 살다, 생활하다 형 생방송의
*livingroom	리빙룸-	명 거실
load	로우드	명 짐 타 짐을 싣다
loan	로운	명 대출, 대여, 대출금, 융자
local	로우컬	형 공간의, 지방의, 근거리의
locate	로우케이트	타 두다(사무실 등을), 위치하다

lock	락	명 자물쇠 타 잠그다 자 잠기다
logic	라직	명 논리학, 논리, 논법, 조리, 이치
*long	롱-	형 긴, 오래 걸리는 부 오랫동안
*look	룩	자 보다, 응시하다 명 눈짓, 표정
loose	루-스	형 매지 않은, 풀린, 헐거운
lord	로어드	명 지배자, 주인, 중요 인물, 군주
*lose	루-즈	타 잃다, 늦다, 지다
loss	로-스	명 잃어버림, 상실, 분실, 손해
lot	랏	명 많음, 매우, 제비, 운명
*loud	라우드	형 소리가 큰, 큰 목소리의, 시끄러운
*love	러브	명 사랑, 연애, 연인 타 사랑하다
*low	로우	형 낮은, (값) 싼 부 낮게, 값싸게
luck	럭	명 운, 행운
*lucky	러키	형 행운의, 운 좋은, 재수 좋은
lump	럼프	명 덩어리, 집합체, 모임
*lunch	런치	명 점심, 가벼운 식사, 도시락
lung	렁	명 폐, 허파

M

machine	머신-	명 기계, 기계장치
mad	매드	형 미친, 실성한, 열광적인, 무모한, 성난
magazine	매거진-	명 잡지, (군사) 탄약고
*mail	메일	명 우편, 우편물 타 우송하다
main	메인	형 주요한, 주된
maintain	메인테인	타 유지하다, 부양하다, 주장하다
maintenance	메인터넌스	명 유지, 보전, 부양
major	메이저	형 큰 쪽의, 주요한

* make	메이크	타 만들다, …이 되다 명 제작, 모형
male	메일	명 남성, 수컷
* man	맨	명 사람, 인간, 남자
manage	매니지	타 자 관리[경영]하다, 담당하다
manner	매너	명 방법, 태도, 예의, 예절, 풍습
manufacture	매뉴**팩**처	타 제조[제작·생산]하다 명 제조, 제품
* many	메니	형 많은, 다수의 대 많은 것[사람]
* map	맵	명 지도, 지도식의 도표, 도해
march	마-치	명 행진, 행군, 행진곡 자 행진하다
mark	마-크	명 표, 기호, 점수 타 표를 붙이다
* market	마-킷	명 시장, 거래처
marriage	매리지	명 결혼, 결혼식
marry	매리	타 자 결혼하다, 결혼시키다
mass	매스	명 덩어리, 모임, 집단, 다수, 대량
massive	매시브	형 크고 무거운, 큰 덩어리의, 육중한, 큼직한
master	매스터	명 주인, 대가, 선생 타 지배[숙달]하다
match	매치	명 1.성냥 2.시합, 경쟁상대
material	머티(어)리얼	명 원료, 재료 형 물질의, 물질적인
* mathematics	매서**매**틱스	명 수학, 계산(약자 math)
* matter	매터	명 일, 사항, 사정 자 중요하다
maximum	맥서멈	형 최대의, 최고의 명 최대, 최대량
* May	메이	명 5월
* maybe	메이비	부 아마, 어쩌면
mayor	메이어	명 시장, 지방자치단체의 장
meal	밀-	명 식사, 식사시간
* mean	민-	타 의미하다, …할 작정이다 형 비열한
meanwhile	민-화일/민-와일	부 그동안에, 한편으로는
measure	메저	명 측정, 치수 타 자 재다, 측정하다

* meat	미-트	명	고기, 육류
medical	메디컬	형	의학의, 의술[의료]의
medicine	메더신	명	약, 내복약
medium	미-디엄	명 매개물, 매체, 중간 형 중간의	
* meet	미-트	타 자	만나다, 교차하다, 회합하다
melt	멜트	자 타	녹(이)다, 누그러지다
member	멤버	명	(단체의)일원, 회원, 사원
membership	멤버쉽	명	회원[사원·의원]임, (총) 회원수
memory	메머리	명	기억, 회상, 추억
mental	멘틀	형	마음의, 정신의, 지능의
mention	멘션	타 말하다, 언급하다 명 언급, 진술	
mercy	머-시	명	자비, 연민, 인정, 행운
mere	미어	형	단순한, …에 불과한
message	메시지	명	전갈, 전언, 통신(문)
metal	메틀	명 금속 타 금속을 입히다	
method	메서드	명	방법, 방식, 순서
* middle	미들	형 한가운데의, 중간의 명 중앙	
mild	마일드	형	온순한, 점잖은, 온화한
military	밀러테리	형	군대의, 군사[군용]의
* milk	밀크	명	우유
mind	마인드	명 마음, 기억 타 자 주의하다	
minimum	미너멈	명 최소(한), 최소량[액] 형 최소의	
minister	미니스터	명	성직자, 목사, 장관
minor	마이너	형	보다 작은[적은], 중요치 않은
* minus	마이너스	형 마이너스의, …을 뺀 명 부족	
* minute	미닛	명	분(시간의), 잠깐, 잠시
* mirror	미러	명	거울, 반사경
* Miss	미스	명	양, 미혼여성, 아가씨

mistake	미스테이크	타 틀리다, 오해하다 명 잘못, 틀림	
mix	믹스	타 자 섞(이)다, 혼합하다	
moderate	마더럿	형 알맞은, 적당한, 온건한	
modern	마던	형 근대의, 현대의	
modest	마디스트	형 겸손한, 알맞은, 온당한	
* mom/mommy	맘/마미	명 엄마	
moment	모우먼트	명 순간, 찰나, 기회	
* money	머니	명 돈, 금전, 통화, 화폐	
* monkey	멍키	명 원숭이	
* month	먼스	명 달, 월	
mood	무-드	명 기분, 분위기	
* moon	문-	명 달(천체)	
moral	모-럴	명 도덕, 교훈, 품행 형 도덕(상)의	
moreover	모-로우버	부 게다가, 더우이, 또한	
* morning	모-닝	명 아침, 오전	
* mother	머더	명 어머니	
motion	모우션	명 운동, 동작, 동의	
motorbike	모터바이크	명 모터바이크, 모터 달린 자전거	
* mountain	마운턴	명 산, 산맥	
* mouse	마우스	명 생쥐	
* mouth	마우스	명 입	
* move	무-브	자 움직이다, 이사하다 타 감동시키다	
* movie	무-비	명 영화, 영화관	
* Mr.	미스터	명 씨[님], …선생[귀하] (mister의 약어)	
* Mrs.	미시즈	명 부인, …여사 (mistress의 약어)	
* Ms.	미즈	명 미즈…, …씨	
* much	머치	형 많은 대 다량 부 매우, 훨씬	
mud	머드	명 진흙, 진창	

multiply	멀터플라이	타 증가시키다, 곱하다, 늘리다
murder	머-더	명 살인, 살인사건 타 살해하다
muscle	머슬	명 근육, 근력, 완력
* museum	뮤-지-엄	명 박물관
* music	뮤-직	명 음악
* musician	뮤지션	명 음악가, 작곡가, 연주가
must	머스트	조 …해야 한다, 반드시 …일 것이다
mystery	미스터리	명 신비, 불가사의

N

nail	네일	명 손톱, 발톱, 못
* name	네임	명 이름, 명칭 타 이름을 붙이다
narrow	내로우	형 (폭이) 좁은, (범위 등) 한정된
nation	네이션	명 국민, 국가
native	네이티브	형 자국의, 고향의 명 토착민, 원주민
nature	네이처	명 자연, 천성, 성질
navy	네이비	명 해군
* near	니어	부 가까이, 밀접하게 형 가까운
nearby	니어바이	형 가까운 부 가까이로, 가까이에
nearly	니어리	부 거의, 하마터면
neat	니-트	형 산뜻한, 정돈된, 솜씨좋은
necessary	네서세리	형 필요한, 없어서는 안 되는
necessity	니세서티	명 필요, 필요한 것, 필수품, 필연
* neck	넥	명 목, 옷깃
* need	니-드	명 필요, 소용 타 …을 필요로 하다
needle	니-들	명 바늘 타 바늘로 꿰매다
negative	네거티브	형 부정의, 소극적인 명 〈사진〉 음화

neglect	니글렉트	타 게을리하다, 무시하다 명 태만
negotiate	니고우쉬에이트	타 협상[교섭]하다, 협정하다
neighbor	네이버	명 이웃 사람, 이웃 나라
neither	니-더	부 …도 아니고 …도 아니다
nephew	네퓨-	명 조카, 생질
nest	네스트	명 둥지, 보금자리
net	넷	명 그물, 네트
*never	네버	부 결코 …하지 않다, 일찍이 …한 적 없다
nevertheless	네버덜레스	부 그럼에도 불구하고, 그렇지만
*new	뉴-	형 새로운, 신형의
newspaper	뉴-즈페이퍼	명 신문, 신문지
*next	넥스트	형 다음의, 오는… 부 다음에
*nice	나이스	형 좋은, 친절한
niece	니-스	명 조카딸
*night	나이트	명 밤, 야간
*no/nope	노우/노우프	부 아니오, 조금도 …않다
nobody	노우버디	대 아무도 …않다 명 보잘것없는 사람
*noise	노이즈	명 소음, (불쾌한) 소리, 잡음
none	넌	대 아무도 …않다, 조금도 …않다
noon	눈-	명 정오, 한낮
nor	노-	접 …도 …도 않다, …도 또한 …않다
normal	노-멀	형 표준의, 정상의
*north	노-스	명 북(쪽), 북부 형 북쪽의
northern	노-던	형 북쪽의, 북부의
*nose	노우즈	명 코
*not	낫	부 아니다, 반드시 …은 아니다
note	노우트	명 메모, 각서 타 적어두다, 주의하다
*nothing	너싱	대 아무것도 …없다 명 하찮은 것

notice	노우티스	명 통지, 주의, 예고	타 주의하다
notion	노우션	명 관념, 생각, 개념, 의향, 의지	
novel	나벌	명 (장편) 소설	
* now	나우	부 지금, 방금 명 지금, 현재	
nuclear	뉴-클리어	형 핵[원자력]의 명 핵무기	
* number	넘버	명 수, 숫자, 번호	
numerous	뉴-머러스	형 다수의, 수많은, 셀 수 없이 많은	
* nurse	너-스	명 유모, 보모, 간호사 타 간호하다	
nut	넛	명 나무열매, (호두·밤 등) 견과

obey	오우베이	타 복종하다, …의 말에 따르다
object	아브직트	명 물건, 대상, 목적 자타 반대하다
objective	어브젝티브	명 목표, 목적 형 목적의, 객관적인
observe	어브저-브	타 관찰하다, 알다, 준수하다
obtain	어브테인	타 획득하다, 손에 넣다
obvious	아브비어스	형 명백한, 명확한
occasion	어케이전	명 경우(특정한), 때, 기회
occur	어커-	자 일어나다, 생기다, 머리에 떠오르다
ocean	오우션	명 대양, 해양
* o'clock	어클락	부 시, …시의 위치
odd	아드	형 기수(홀수)의, 이상한, 기묘한
* of	아브	전 …의, …에 대하여, …가운데의
* off	오-프	전 부 떨어져, 떠나서 형 쉬는, 끊긴
offend	어펜드	타 성나게 하다 자 죄를 범하다
offer	오-퍼	타 제공[제출]하다, 제안하다
* office	오-피스	명 사무소, 회사, 관공서

단어	발음	뜻
official	어피셜	형 공식의, 공무상의 명 공무원, 관리
* often	오-펀	부 자주, 종종, 흔히
oil	오일	명 기름, 석유, 유화 그림물감, 유화
* okay/OK	오우케이	형 좋은, 괜찮은 부 틀림없이, 좋아
* old	오울드	형 늙은, …살의, 연상의, 낡은
* on	안/온	부 위에, 앞쪽으로 전 …의 위에
* once	원스	부 한 번, 이전에, 일찍이, 한때
* only	오운리	형 단 하나의, 유일한 부 오직, 겨우
onto	안투	전 …위로, …위에
* open	오우펀	형 열린, 공개된 타 열다, 공개하다
operate	아퍼레이트	자 작동하다, 수술하다 타 운전하다
opinion	어피니언	명 의견, 견해, 생각, 평가, 여론
opportunity	아퍼튜-너티	명 기회, 호기
oppose	어포우즈	타 반대하다, 대항하다
opposite	아퍼짓	형 반대편[맞은편]의, 정반대의
option	옵션	명 선택, 선택권
* or	오-	접 또는, 그렇지 않으면, 다시 말하면
order	오-더	명 타 명령(하다), 주문(하다)
ordinary	오-디네리	형 보통의, 평범한
organ	오-건	명 오르간, 기관, 조직
organize	오-거나이즈	타 조직하다, 편성하다, 결성하다
origin	오-러진	명 기원, 발단, 유래, 태생
* other	어더	형 다른, 그 밖의, 다른 하나의
otherwise	어더와이즈	부 다른 방법으로, 그렇지 않으면
ought	오-트	조 해야만 하다, …하는 편이 좋다
* out	아웃	부 밖에, 밖으로, 나타나, 없어져
outcome	아웃컴	명 결과, 성과
outline	아웃트라인	명 윤곽, 외형, 개요, 대강

output	아웃풋	명 생산고
* outside	아웃사이드	명 바깥쪽, 외부 형 외부의
outstanding	아웃스탠딩	형 눈에 띄는, 미결제의
* over	오우버	부 위쪽에, 끝나서 전 …의 위에
overall	오우버롤	형 전부의, 총체적인
overcome	오우버컴	타 이기다, 극복하다, 압도하다
owe	오우	타 빚지고 있다, …의 은혜를 입고 있다
own	오운	형 자기 자신의, 고유한

P

pace	페이스	명 걸음걸이, 보폭, 보조, 속도
pack	팩	명 꾸러미, 팩 타 자 꾸리다
package	패키지	명 꾸러미, 소포, 짐, 일괄 형 포괄적인
* page	페이지	명 페이지, 면, 쪽 (약어 p.)
pain	페인	명 아픔, 고통, 괴로움, 노력, 수고
* paint	페인트	명 페인트, 그림물감 타 자 그리다
* pair	페어	명 한 쌍, 한 벌, 부부, 연인, 2인조
palace	팰러스	명 궁전, 왕궁, 대저택
pale	페일	형 창백한, 핼쑥한, (색이) 엷은
panel	패늘	명 토론자단, 강사단, 해답자단, 패널
* pants	팬츠	명 바지, 슬랙스, (남자용) 팬츠
* paper	페이퍼	명 종이, 신문, 연구논문, 학술논문
paragraph	페러그래프	명 절, 단락
parallel	페럴레이	형 평행의, 나란한, 서로 같은
pardon	파-든	타 용서하다 명 용서
* parent	페(어)런트	명 어버이, 양친, 부모님
* park	파-크	명 공원, 운동장, 주차장

단어	발음	뜻
parliament	팔-러먼트	명 의회, 국회의사당
part	파-트	명 부분, 일부, (책의) 부 타 나누다
particular	퍼티큘러	형 특정의, 개개의, 각별한, 까다로운
partner	파-트너	명 동료, 상대
* pass	패스	동 지나가다, 합격하다 명 통행, 패스
passage	패시지	명 복도, 통로, (문장의) 일절, 한 대목
passenger	패선저	명 승객, 여객
* past	패스트	형 지나간, 과거의 전 지나서
paste	페이스트	명 풀, 반죽
path	패스	명 길, 작은 길
patient	페이션트	형 인내심이 강한, 참을성 있는
pattern	패턴	명 무늬, 도안, 형, 모범
pause	포-즈	명 휴지, 중지 자 중단하다
* pay	페이	동 지불하다 명 지불, 급료
peace	피-스	명 평화, 평온, 태평, 치안, 질서
* peach	피-치	명 복숭아, 복숭아나무
* pear	페어	명 배, 배나무
* pencil	펜슬	명 연필
* people	피플	명 사람들, 국민, 민족
* pepper	페퍼	명 후추
per	퍼	전 …마다, …당 부 각각
perfect	퍼-픽트	형 결점 없는, 완전한, 더할 나위없는
perform	퍼폼-	타 자 이행하다, 맡아하다, 연기하다
performance	퍼포-먼스	명 실행, 이행, 성과, 연주, 상연
perhaps	퍼햅스	부 아마, 어쩌면
period	피(어)리어드	명 기간, 시대, (수업) 시간, 마침표
permanent	퍼-머넌트	형 영구적인, 영속적인, 불변의
permission	퍼미션	명 허가, 허락, 승낙

permit	퍼밋	타 자 허락[허가]하다, 여지가 있다
* person	퍼-슨	명 사람(개인), 인간, 인칭
perspective	퍼스펙티브	명 원근법, 투시 화법, 전망, 견해
persuade	퍼스웨이드	타 설득하다, 설득하여 …시키다
* pet	펫	명 애완동물 형 마음에 드는
phase	페이즈	명 (변화하는 것의) 상(相), 면, 단계
philosophy	필라서피	명 철학
* photograph/photo	포우터그래프	명 사진 타 자 사진을 찍다
physical	피지컬	형 신체의, 육체의, 물리학의
* pick	픽	타 자 따다, 뜯다, 쪼다, 골라잡다
* picnic	피크닉	명 피크닉, 소풍 자 소풍가다
* picture	픽처	명 그림, 사진, 영화, 영상, 화상
* piece	피-스	명 조각, 하나, 부분, (예술) 작품
* pig	피그	명 돼지
pile	파일	명 쌓아올린 더미, 다수, 대량
pilot	파일럿	명 수로 안내인, 조종사, 파일럿
pinch	핀치	타 자 꼬집다, 집다, 죄다 명 꼬집기
* pink	핑크	명 분홍색, 핑크색, 패랭이꽃
pitch	피치	명 던지기, 투구 타 자 던지다
pity	피티	명 불쌍히 여김, 동정
* place	플레이스	명 장소, 지역, 자리, 입장, 지위
plain	플레인	형 분명한, 명백한 명 평지, 평원
* plan	플랜	명 계획, 설계도, 도면 타 계획하다
* plant	플랜트	명 식물, 농작물, 공장 타 심다
* plate	플레이트	명 접시, 요리한 접시, 판금, 금속판
* play	플레이	자 타 놀다, 경기를 하다, 연주하다
* please	플리-즈	타 기쁘게 하다 부 부디, 제발
pleasure	플레저	명 기쁨, 즐거움, 만족

plenty	플렌티	명 많음, 풍부, 충분
* plus	플러스	전 …을 더하여 형 더하기의
p.m./P.M.	피-엠	부 형 오후(의)
* pocket	파킷	명 호주머니 형 포켓용의, 소형의
poem	포우임	명 시(詩), 운문
* point	포인트	명 끝, 점, 점수 자 타 가리키다
poison	포이즌	명 독, 독약 형 독이 있는, 해로운
* police	펄리-스	명 경찰
policy	팔러시	명 정책, 방침, 방책, 수단
polish	팔리시	타 닦다, 윤을 내다 자 닦이다
* polite	펄라이트	형 공손한, 예의 바른
political	펄리티컬	형 정치(상)의, 정치적인
politics	팔러틱스	명 정치, 정치학
pollution	펄루-션	명 오염, 공해
* poor	푸어	형 가난한, 서투른, 불쌍한, 하찮은
popular	파퓰러	형 인기 있는, 유행의, 대중적인
population	파퓰레이션	명 인구, 주민
port	포-트	명 항구, 항구마을
position	퍼지션	명 위치, 지위, 태도, 자세, 근무처
positive	파저티브	형 명확한, 궁극적인, 적극적인
possess	퍼제스	타 소유하다, 가지고 있다, 사로잡히다
possible	파서블	형 가능한, 있음직한
* post	포우스트	명 우편(물), 우체국, 우체통
pot	팟	명 항아리, 단지, (깊은) 냄비
* potato	퍼테이토우	명 감자
potential	퍼텐셜	형 가능한, 잠재하는
pour	포-	타 따르다, 쏟다 자 넘쳐흐르다
poverty	파버티	명 빈곤, 가난, 빈약

powder	**파**우더	명 가루, 분말
power	**파**워	명 힘, 능력, 권력
powerful	**파**워풀	형 강한, 강력한
practical	프**랙**티컬	형 실제의, 현실적인, 실용적인
* practice	프**랙**티스	명 연습, 실행, 습관 타 실행하다
praise	프**레**이즈	타 명 칭찬(하다), 찬미[찬양](하다)
pray	프**레**이	자 빌다, 기원하다, 기도하다
precise	프리**사**이스	형 정확한, 명확한, 꼼꼼한
predict	프리**딕**트	타 예언[예보]하다
prefer	프리**퍼**-	타 (오히려) …을 좋아하다, …을 택하다
premise	프**레**미스	명 〈논리〉 전제, 토지, 구내, 점포(내)
prepare	프리**페**어	타 자 준비하다, 채비하다
presence	프**레**즌스	명 존재, 현존, 참석, 면전
* present	프**레**즌트	형 출석한, 현재의 명 현재, 지금
* president	프**레**지던트	명 대통령, 사장, 총장
press	프**레**스	타 (내리) 누르다, 밀다 명 누름, 신문
pressure	프**레**셔	명 압력, 기압, 억압, (정신적) 압박
pretend	프리**텐**드	타 자 가장하다, …인 체하다
* pretty	프**리**티	형 예쁜, 귀여운 부 꽤, 상당히
prevent	프리**벤**트	타 막다, 방해하다
previous	프**리**-비어스	형 앞의, 이전의, 사전의
price	프**라**이스	명 가격, 물가, 대가, 희생
pride	프**라**이드	명 긍지, 만족(감), 자존심, 자랑
priest	프**리**-스트	명 성직자, (카톨릭) 사제
primary	프**라**이메리	형 첫째의, 초기의, 주요한
prime	프**라**임	형 최초의, 가장 중요한 명 전성기
* prince	프**린**스	명 왕자, 황태자
* princess	프**린**서스	명 공주, 왕녀

principal	프린서펄	형 주된, 주요한 명 교장, 지배자
principle	프린서플	명 원리, 원칙, 주의, 신조
print	프린트	명 인쇄(물) 타 인쇄[출판]하다
prior	프라이어	형 이전의, 앞의
priority	프라이오-러티	명 (시간·순서적으로) 앞[먼저]임
prison	프리즌	명 교도소, 감옥
private	프라이벗	형 사립의, 사유의, 사적인, 비밀의
prize	프라이즈	명 상, 포상, 상품
probable	프라버블	형 있음직한, 예상되는, 거의 확실한
* problem	프라블럼	명 문제, 의문
procedure	프러씨절	명 순서, 절차
proceed	프러시-드	자 나아가다, 계속하다, 진행하다
process	프라세스	명 과정, 진행, 경과, 공정
produce	프러듀-스	타 생산[제작]하다 명 생산물, 제품
product	프라덕트	명 산출물, 생산품, 소산, 결과, 성과
profession	프러페션	명 직업, 전문직
professor	프러페서	명 교수(대학)
profit	프라핏	명 이익, 수익, 득
progress	프라그러스	명 전진, 진행, 진보 자 전진하다
project	프라젝트	명 계획, 기획
promise	프라미스	명 약속, 기대 타 자 약속하다
promote	프러모우트	타 증진[촉진]하다, 승진[진급]시키다
pronounce	프러나운스	타 자 발음[음독]하다, 선언하다
proof	프루-프	명 증명, 증거
proper	프라퍼	형 적당한, 적절한, 예의바른, 고유의
property	프라퍼티	명 재산, 소유물, 성질, 특성
proportion	프러포-션	명 비율, 비, 크기, 균형, 부분
propose	프러포우즈	타 자 제안하다, 작정하다, 신청하다

prospect	프라스펙트	명 전망, 가망, 가능성
protect	프러텍트	타 보호하다, 수호하다, 막다
proud	프라우드	형 거만한, 잘난 체하는, 자랑할 만한
prove	프루-브	타 증명[입증]하다 자 …임을 알다
provide	프러바이드	타 자 공급하다, 준비[대비]하다
provision	프러비전	명 조항, 준비, 식량
public	퍼블릭	형 공공의, 공중의 명 공중, 대중
publish	퍼블리시	타 발표[공표]하다, 출판하다
* pull	풀	타 자 끌다, 끌어당기다
punish	퍼니시	타 벌하다, 응징하다
pupil	퓨-펄	명 학생(초등)
* puppy	퍼피	명 강아지
purchase	퍼-처스	타 사다, 구입하다, 획득하다
pure	퓨어	형 순수한, 순결한, 맑은, 깨끗한
purpose	퍼-퍼스	명 목적, 목표, 의도
pursue	퍼수-	타 쫓다, 추구하다, 종사하다
* push	푸시	타 자 밀(고 나아가)다 명 밀기
* put	풋	타 자 놓다, 두다, 만들다, 움직이다

Q

quality	콸러티	명 질, 품질, 특성, 특질
quantity	콴터티	명 양, 분량, 수량, 다량, 다수
quarter	쿼-터	명 4분의1, 15분 타 4(등)분하다
* queen	퀸-	명 여왕, 왕비
* question	퀘스천	명 문제, 질문, 물음
* quick	퀵	형 빠른, 잽싼 부 빨리, 급히
* quiet	콰이엇	형 조용한, 평온한

quite	콰이트	퇴 아주, 완전히, 전적으로, 극히
quote	쿼트	타 자 인용하다, 예로 들다

R

* rabbit	래빗	명 집토끼, 겁쟁이 자 토끼사냥하다
race	레이스	명 경주, 경쟁 타 자 경주하다
rail	레일	명 (철도의) 레일, 철도, 가로대
* rain	레인	명 비, 강우 자 비가 오다
* rainbow	레인보우	명 무지개, 가지각색
raincoat	레인코우트	명 비옷
raise	레이즈	타 올리다, 기르다, 세우다, 모으다
range	레인지	명 줄, 열, 연속, 산맥, 범위, 넓이
rank	랭크	명 열, 행렬, 계급, 지위
rapid	래피드	형 빠른, 신속한, 재빠른
rare	레어	형 드문, 진기한, 설익은
rate	레이트	명 비율, 율, 요금, 속도, 등급
rather	래더	부 오히려, 어느 쪽인가 하면, 얼마간
ratio	레이쇼우	명 〈수학〉 비(比), 비율
raw	로-	형 생[날]것의, 가공하지 않은
reach	리-치	타 도착[도달]하다, 닿다
react	리액트	자 반발하다, 반항하다
* read	리-드	타 자 읽다, 소리내어 읽다, 독서하다
* ready	레디	형 준비가 된, 기꺼이 …하는
real	리-얼	형 현실의, 실제의, 진짜의
realistic	리-얼리스틱	형 현실주의의, 현실적인
realize	리-얼라이즈	타 실현하다, 실감하다, 깨닫다
* really	리-얼리	부 참으로, 정말로, 실제로, 설마

reason	리-즌	명 이유, 이성, 도리, 이치
reasonable	리-저너블	형 분별 있는, 온당한, 적당한
recall	리콜-	타 생각해내다, 소환하다 명 회상
* receive	리시-브	타 받다, 수령하다, 맞이하다
recent	리-슨트	형 근래의, 최근의
recognize	레커그나이즈	타 알아보다, 인정하다
recommend	레커멘드	타 추천[천거]하다, 권하다
record	레커드	명 기록, 이력, 레코드
recover	리커버	타 되찾다, 회복하다
* red	레드	형 빨간, 적색의 명 빨강, 적색
reduce	리듀-스	타 줄이다, 축소하다, 바꾸다
refer	리퍼-	자 언급하다, 참조하다
reference	레퍼런스	명 참고, 참조, 언급
reflect	리플렉트	타 자 반사하다, 비추다, 반영하다
reform	리폼-	타 명 개정(하다), 개혁(하다)
refuse	리퓨-즈	타 자 거절[거부]하다, 사퇴하다
regard	리가-드	타 간주하다, 주목하다 명 주의
regime	러지-임	명 제도, 정체, 체제
region	리-전	명 지방, 지역, 지대, 영역
regret	리그렛	명 유감, 후회, 애도 타 후회하다
regular	레귤러	형 규칙적인, 정례의, 정규의
regulation	레귤레이션	명 규칙, 규정, 법규
reject	리젝트	타 거절하다, 버리다
relate	릴레이트	타 관계[관련]시키다, 이야기하다
relationship	릴레이션십	명 관련, 관계, 친척 관계
relative	렐러티브	명 친척, 인척 형 비교상의
* relax	릴랙스	타 늦추다, 편하게 하다
release	릴리-스	명 타 석방(하다), 풀어놓다

relevant	렐러번트	형 관련 있는, 적절한, 상응하는
relief	릴리-프	명 경감, 안심, 위안, 구조
relieve	릴리-브	타 완화하다, 누그러뜨리다, 구제하다
religion	릴리전	명 종교, 종파, 신앙(생활)
religious	릴리저스	형 종교(상)의, 신앙심이 깊은
rely	릴라이	자 의지하다, 신뢰하다
remain	리메인	자 남다, 머무르다, …한 그대로다
remark	리마-크	타 자 주의[주목]하다, 말하다
remarkable	리마-커블	형 주목할 만한, 두드러진
*remember	리멤버	타 자 생각해내다, 상기하다
remind	리마인드	타 생각나게 하다, 일깨우다
remove	리무-브	타 옮기다, 벗다 자 이동하다
rent	렌트	명 집세, 임대료 타 임대하다
repair	리페어	타 수리[수선]하다 명 수리(작업)
*repeat	리피-트	타 자 되풀이[반복]하다 명 반복
replace	리플레이스	타 제자리에 놓다, …을 대신하다
reply	리플라이	동 명 대답(하다), 회답(하다)
report	리포-트	동 보고[보도]하다 명 보고(서)
represent	레프리젠트	타 나타내다, 표현하다, 대표하다
representative	레프리젠터티브	명 대표자, 대리인 형 대표하는
republic	리퍼블릭	명 공화국
reputation	레퓨테이션	명 평판, 명성
request	리퀘스트	동 명 바라다, 요구(하다), 부탁(하다)
require	리콰이어	타 요구하다, 필요로 하다
rescue	레스큐-	명 동 구조(하다), 구출(하다)
research	리서-치	명 연구, 조사
reserve	리저-브	타 저축하다, 예약하다
resident	레저던트	명 거주자

resist	리지스트	타 저항[반항]하다, 참다, 억누르다
resistance	리지스턴스	명 저항, 반항, 레지스탕스
resolve	리잘브	타 결심하다, 결의하다, 해결하다
resource	리-소-스	명 자원, 물자
respect	리스펙트	명 통 존중(하다), 존경(하다)
respond	리스판드	자 응답[대답]하다, 반응하다
response	리스판스	명 응답, 반응
responsible	리스판서블	형 책임이 있는, 신뢰할 수 있는
* rest	레스트	명 통 휴식(하다), 쉬다, 안정
* restaurant	레스터런트	명 레스토랑, 요리점, 음식점
restore	리스토-	타 되돌려주다, 부활시키다, 회복시키다
restrict	리스트릭트	타 제한하다, 한정하다
* restroom	레스트룸-	명 (호텔·극장의) 화장실, 세면실
result	리절트	명 결과, 성과 자 결과로서 생기다
retain	리테인	타 지니다, 보유하다, 유지하다
retire	리타이어	자 은퇴하다, 퇴직하다
return	리턴-	자 되돌아가다 타 돌려주다
reveal	리빌-	타 드러내다, 누설하다, 나타내다
revenue	레버뉴-	명 세입, 수익
reverse	리버-스	명 반대, 뒤 타 반대로 하다
review	리뷰-	타 복습하다, 비평하다 명 비평
revolution	레벌루-션	명 혁명, 혁명적인 사건
reward	리워-드	명 보수, 보상금, 사례금
* rice	라이스	명 쌀, (쌀로 지은) 밥
* rich	리치	형 부자의, 부유한, 풍부한, 값진
rid	리드	타 없애다, 제거하다, 자유롭게 하다
* ride	라이드	통 타다, 타고가다 명 탐, 태움
* right	라이트	형 옳은, 오른쪽의 부 오른쪽에

*ring	링	동 울리다 명 울림, 반지, 링
rise	라이즈	자 오르다, 일어나다, 증가하다
risk	리스크	명 위험, 모험
rival	라이벌	명 경쟁자, 적수
*river	리버	명 강, 하천
*road	로우드	명 도로, 길
*rock	락	명 바위, 암석
role	로울	명 역(배우의), 역할
roll	로울	타 굴리다 명 두루마리, 명부
*roof	루-프	명 지붕, (건물) 옥상
*room	룸-	명 방, 공간, 장소, 자리
root	루-트	명 뿌리, 근원, 근본
rope	로우프	명 새끼, 밧줄, 끈, 로프
rough	러프	형 거칠거칠한, 난폭한, 거친
*round	라운드	형 둥근, 도는 명 원, 회전
route	루-트	명 도로, 길, (일정한) 경로, 노선
row	로우	명 열, 줄, 횡렬
royal	로이얼	형 왕(여왕)의, 왕실의
rub	러브	타 문지르다, 비비다, 닦다
rubber	러버	명 고무, 고무지우개
rude	루-드	형 버릇없는, 무례한, 거친
ruin	루-인	명 폐허, 피해, 파멸
rule	룰-	명 규칙, 규정, 지배, 습관
*ruler	룰-러	명 통치자
*run	런	동 뛰다, 달리다 명 달리기, 경주
rural	루(어)럴	형 시골의, 전원의
rush	러시	동 돌진하다, 달려들다 명 돌진, 쇄도

S

단어	발음	뜻
sacred	세이크리드	형 신성한, 성스러운
sacrifice	새크러파이스	명 희생, 희생물 타 희생하다
*sad	새드	형 슬픈, 슬프게 하는, 지독한
safe	세이프	형 안전한, 세이프의 명 금고
safety	세이프티	명 안전, 무사
sail	세일	명 돛, 돛단배 자 항해하다
sake	세이크	명 목적, 이익
salary	샐러리	명 급료, 봉급
sale	세일	명 판매, 매상(고), 특매, 염가판매
*salt	솔-트	명 소금 형 소금기가 있는, 짠
*same	세임	형 같은, 동일한 대 동일한 것
sample	샘플	명 견본, 샘플
sand	샌드	명 모래, 모래밭
satisfy	새티스파이	타 만족시키다, 충족시키다
save	세이브	타 구하다, 모으다, 저축[절약]하다
*say	세이	타 자 말하다, 진술하다, 쓰여 있다
scale	스케일	명 눈금, 척도, 규모, (지도의) 축적
scene	신-	명 장면, 현장, 무대, 경치, 풍경
schedule	스케줄-	명 예정, 계획, 일정, 시간표
scheme	스킴-	명 계획, 안 동 계획하다, 모의하다
*school	스쿨-	명 학교, 수업, (대학의) 학부
*science	사이언스	명 과학, 자연과학, 이과
scientific	사이언티픽	형 과학적인, 과학의
*scientist	사이언티스트	명 과학자
*scissors	시저즈	명 가위

scold	스코울드	타 꾸짖다, 잔소리하다
scope	스코우프	명 범위, 영역
score	스코-	명 점수, 득점, 성적 타 득점하다
screen	스크린-	명 칸막이, 스크린, (영화의) 영사막
screw	스크루-	명 나사, 볼트
*sea	시-	명 바다, …해
search	서-치	동 찾다, 수색하다 명 수색, 조사
seaside	시-사이드	명 해안, 해변
*season	시-즌	명 계절, 시기, 시즌
*seat	시-트	명 자리, 좌석
secret	시-크릿	명 비밀 형 비밀의, 숨기는
secretary	세크러테리	명 비서, 서기
section	섹션	명 구분, 구획, (책의) 절
sector	섹터	명 부채꼴, 부문
secure	시큐어	형 안전한, 튼튼한 타 안전하게 하다
*see	시-	타 자 보(이)다, 구경하다, 알다
seed	시-드	명 씨, 종자, 원인, 근원
seek	시-크	타 찾다, 구하다
seem	심-	자 …처럼 보이다, …인 것 같다
select	설렉트	타 선택하다, 고르다
self	셀프	명 자기, 자신
*sell	셀	타 팔다, 장사하다 자 팔리다
*send	센드	타 자 보내다, 파견하다
senior	시-니어	형 손위의, 연상의 명 연장자
sense	센스	명 감각, 의미, 분별, 판단력, 상식
sensitive	센서티브	형 민감한
sentence	센턴스	명 문장, (형사상의) 선고, 판결
separate	세퍼레이트	타 자 분리하다, 가르다, 떼어놓다

sequence	시-퀀스	명 연달아 일어남, 연속, 결과
series	시(어)리-즈	명 일련, 연속, 시리즈, 연속물
serious	시(어)리어스	형 진지한, 진정한, 중대한
serve	서-브	타 자 섬기다, 시중을 들다, 차려내다
service	서-비스	명 봉사, 도움, 서비스, 접대
session	세션	명 개회중임, 회의, 회기
set	셋	타 두다, 만들다 명 한 세트[벌]
settle	세틀	동 놓다, 자리잡게 하다, 진정시키다
several	세버럴	형 대 몇몇(의), 몇 개(의), 각각의
severe	시비어	형 엄한, 엄격한, 호된, 심한
sex	섹스	명 성, 성별, 섹스
shade	셰이드	명 그늘, 그늘진 곳, 차양
shadow	섀도우	명 그림자
shake	셰이크	타 (뒤) 흔들다 자 흔들리다
shall	섈	조 …할까요, …하면 좋을까요
shallow	섈로우	형 얕은
shame	셰임	명 부끄러움, 수치심
shape	셰이프	명 모양, 모습, 형상
share	셰어	명 몫, 할당, 분담 타 분배하다
sharp	샤-프	형 날카로운, 가파른 부 정각에
* she	시-	대 그녀는(가)
* sheep	시-프	명 양, 면양, 양가죽
sheet	시-트	명 시트, 커버, 홑 이블, …장(매)
shelf	셀프	명 선반
shell	셀	명 조가비, 껍질, 등딱지
shelter	셀터	명 피난처, 대피소 타 보호하다
shift	시프트	타 바꾸다, 옮기다 명 변화, 교대
shine	샤인	자 타 빛나다, 번쩍이다 명 빛, 광택

* ship	십	명 배, 선박 타 수송하다	
shock	샥	명 충격, 타격, 쇼크 타 충격을 주다	
* shoes	슈-즈	명 신, 구두	
shoot	슈-트	동 쏘다, 발사하다, 차다 명 사격	
* shop	샵	명 가게, 상점 자 물건을 사다	
shore	쇼-	명 바닷가, 해안, 해변	
* short	쇼-트	형 짧은, 작은, 부족한 명 간결	
* shoulder	쇼울더	명 어깨	
shout	샤우트	동 외치다, 고함치다 명 외침	
* show	쇼우	동 보이다, 전시하다 명 전람회	
shower	샤우어	명 소나기, 샤워	
shut	셧	타 다물다, 감다, 덮다, 접다	
* sick	식	형 병난, 병에 걸린, 메스꺼운	
* side	사이드	명 측면, 가장자리 형 곁의	
sight	사이트	명 시력, 시야, 광경, 명소, 명승지	
sign	사인	명 기호, 신호, 간판 타 서명하다	
signal	시그널	명 신호(기) 타 신호를 보내다	
significance	시그니피컨스	명 의의, 의미, 중요성	
significant	시그니피컨트	형 의미 있는, 뜻 깊은, 중요한	
silence	사일런스	명 침묵, 고요함, 정적, 무소식	
silent	사일런트	형 침묵하는, 말 없는, 잠잠한	
silk	실크	명 비단, 명주실, 비단옷	
silver	실버	명 은, 은제품 형 은으로 만든	
similar	시멀러	형 유사한, 비슷한, 닮은	
simple	심플	형 간단한, 단순한, 간결한, 순진한	
since	신스	전 부 …한 이래, …한 때부터 내내	
sincere	신시어	형 성실한, 진실한, 거짓 없는	
* sing	싱	자 노래하다, (새가) 지저귀다	

영어	한글 발음	뜻
single	싱글	명 형 단 하나[1인용]의, 독신(의)
sink	싱크	자 타 가라앉(히)다, 침몰시키다
sir	서-	명 님(호칭), 씨, 귀하, 선생, 각하
* sister	시스터	명 자매, 여자 형제
* sit	싯	자 앉다, 앉아 있다
site	사이트	명 위치, 장소, 용지, 부지
situation	시추에이션	명 상태, 위치, 장소, 입장, 정세
* size	사이즈	명 크기, 치수, 사이즈
skill	스킬	명 숙련, 기술, 기능
skin	스킨	명 피부, 살결, 가죽, 피혁, 껍질
* skirt	스커-트	명 스커트, 치마, 교외, 변두리
* sky	스카이	명 하늘, 창공 타 높이 날리다
slave	슬레이브	명 노예 형 노예(제)의
* sleep	슬리-프	명 잠자다, 잠, 수면
slide	슬라이드	자 미끄러지다 명 미끄럼틀
slight	슬라이트	형 약간의, 사소한, 가벼운
slip	슬립	자 미끄러지다 명 과실, 슬립
slope	슬로우프	명 경사면, 비탈
* slow	슬로우	형 느린, 더딘 부 늦게, 더디게
* small	스몰-	형 작은, 적은, 얼마 안 되는
* smell	스멜	타 자 냄새 맡다[나다] 명 냄새
smile	스마일	자 미소 짓다, 생글거리다 명 미소
smoke	스모우크	명 연기 통 연기를 내다, 담배피우다
smooth	스무-드	형 매끄러운, 평탄한, 잔잔한
* snake	스네이크	명 뱀
* snow	스노우	명 눈 자 눈이 내리다
* so	소우	부 그와 같이, 그대로, 매우, 그렇게
soap	소우프	명 비누 타 …에 비누칠하다

* soccer	사커	명	축구, 사커
social	소우셜	형	사회적인, 사교적인
society	서사이어티	명	사회, 사교(계), 협회, 클럽
* socks	삭스	명	양말
* soft	소-프트	형	부드러운, 폭신한, 온화한
soil	소일	명	흙, 토양
soldier	소울저	명	군인, 병사(육군)
solid	살리드	형	고체의, 단단한, 견고한
solve	살브	타	풀다, 해답하다, 해결하다
* some	섬	형	얼마간의, 어떤 　부 약
somebody	섬바디	대	누군가, 어떤 사람
somehow	섬하우	부	어떻게 해서든지, 여하튼
someone	섬원	대	누군가, 어떤 사람
* something	섬싱	대	무엇인가, 어떤 것
* sometimes	섬타임즈	부	때때로, 이따금
somewhat	섬홧/섬왓	부	얼마간, 어느 정도, 약간
somewhere	섬훼어/섬웨어	부	어딘가에(서), 어디론가, 대략
* son	선	명	아들
* soon	순-	부	이윽고, 곧, 빨리, 급히
sore	소-	형	아픈, 욱신욱신 쑤시는, 슬픈
* sorry	사리	형	유감스러운, 가엾은, 미안한
sort	소-트	명	종류, 성질
soul	소울	명	영혼, 넋, 정신, 마음
* sound	사운드	명	소리, 음 　자 소리가 나다
sour	사우어	형	시큼한, 신
source	소-스	명	원천, 근원, 출처
* south	사우스	명	남쪽, 남부 지방
southern	서던	형	남쪽의, 남방의

space	스페이스	명 공간, 우주, 장소, 간격
spade	스페이드	명 가래, 삽, 한 삽의 분량
* speak	스피-크	자 타 이야기하다, 말하다, 연설하다
special	스페셜	형 특별한, 특수한, 전공의, 특정한
specific	스피시픽	형 명확한, 구체적인, 특정한
* speech	스피-치	명 연설, 말
speed	스피-드	명 속력, 속도 동 서두르다, 질주하다
spell	스펠	타 철자하다, …의 철자를 쓰다
* spend	스펜드	타 쓰다, 소비하다, (시간을) 보내다
* spider	스파이더	명 거미
spirit	스피릿	명 정신, 용기, 영혼, 생기, 기분
spite	스파이트	명 악의, 심술
split	스플릿	타 자 쪼개다, 찢다, 분열시키다
spoil	스포일	타 망쳐놓다, 해치다, 버릇없게 기르다
* spoon	스푼-	명 숟가락, 스푼
sport	스포-트	명 스포츠, 운동 경기
spot	스팟	명 반점, 장소, 지점
spread	스프레드	타 자 펴다, 바르다, 퍼뜨리다
* spring	스프링	명 봄, 샘, 용수철 자 튀다
* square	스퀘어	명 정사각형, 광장 형 정사각형의
stable	스테이블	명 마구간, 외양간
staff	스태프	명 직원, 부원, 스태프(전체)
stage	스테이지	명 무대, 연극, 단계, 시기
stain	스테인	명 얼룩, 때 타 더럽히다
* stair	스테어	명 계단, 층계, 한 단, 단계
stamp	스탬프	명 우표, 도장 타 우표를 붙이다
* stand	스탠드	동 일어서다, 세우다 명 노점
standard	스탠더드	명 표준, 기준, 수준, 규격

* star	스타-	명 별, 인기배우, 스타
* start	스타-트	동 출발[시작]하다 명 개시, 출발
state	스테이트	명 국가, 상태
* station	스테이션	명 정거장, 역, (관청의) 서, 국
status	스테이터스	명 지위, 신분
* stay	스테이	자 머무르다, 체류하다 명 체류
steady	스테디	형 고정된, 확고한, 안정된, 착실한
steam	스팀-	명 증기, 수증기
steel	스틸-	명 강철, 스틸
steep	스티-프	형 가파른, 험한
stem	스템	명 (풀·초목의)줄기, 대
step	스텝	명 걸음(걸이), 발소리 자 걷다
stick	스틱	명 막대기, 나무토막, 지팡이
stiff	스티프	형 뻣뻣한, 딱딱한, 어색한
still	스틸	부 아직도, 더욱, 더 한층, 그럼에도
stock	스탁	명 재고(품), 저장, 줄기, 그루터기
* stomach	스터먹	명 위, 복부, 배
* stone	스토운	명 돌, 석재
* stop	스탑-	동 멈추다 명 정지, 정류장
* store	스토-	명 가게, 상점 타 비축[저장]하다
storm	스톰-	명 폭풍우
* story	스토-리	명 이야기, 소설
stove	스토우브	명 난로, 스토브
straight	스트레이트	형 곧은, 일직선의 부 똑바로
strange	스트레인지	형 이상한, 기묘한, 낯선, 생소한
strategy	스트레터지	명 전략, 전술
* strawberry	스트로-베리	명 딸기
stream	스트림-	명 시내, 개울, 흐름

* street	스트리-트	명 거리, 가로, …가
strength	스트렝(크)스	명 힘, 체력
stress	스트레스	명 압박, 긴장, 스트레스
stretch	스트레치	동 뻗(치)다, 늘이다 명 뻗음
strict	스트릭트	형 엄격한, 엄한
strike	스트라이크	동 치다, 부딪치다 명 타격
string	스트링	명 줄, 끈, (악기의) 현
strip	스트립	타 벗기다, 없애다 자 옷을 벗다
* strong	스트롱-	형 강한, 힘센
structure	스트럭처	명 구조, 건축물
struggle	스트러글	자 발버둥 치다, 분투하다
* student	스튜-든트	명 학생
* study	스터디	동 공부[연구]하다 명 공부, 연구
stuff	스터프	명 재료, 자료, 물건 타 채우다
stupid	스튜-피드	형 어리석은, 바보 같은, 하찮은
style	스타일	명 양식, 형, 문체, 유행
subject	서브직트	명 학과, 과목, 주제, 제목
submit	서브미트	동 복종[종속]시키다, 제출[제시]하다
subsequent	서브시퀀트	형 다음의, 그 후의, 버금가는
substance	서브스턴스	명 물질, 물체, 내용, 실질
* subway	서브웨이	명 지하도, 지하철
succeed	석시-드	자 타 성공하다, 계속되다, 뒤를 잇다
success	석세스	명 성공, 성공한 사람, 대성공
successful	석세스풀	형 성공한
such	서치	형 그러한, 그런, 이러한, 그렇게
sudden	서든	형 돌연한, 불시의, 별안간의
suffer	서퍼	타 경험하다, 견디다 자 괴로워하다
sufficient	서피션트	형 충분한, 족한

* sugar	**슈**거	명 설탕	
suggest	서(그)**제**스트	타 암시하다, 제안하다	
suit	**수**-트	명 한 벌(옷), 슈트 타 어울리다	
sum	**섬**	명 합계, 금액	
summary	**서**머리	명 요약, 개요	
* summer	**서**머	명 여름	
* sun	**선**	명 해, 태양, 햇빛, 양지	
supper	**서**퍼	명 저녁식사	
supply	서플**라**이	타 공급[배달]하다 명 공급(품)	
support	서**포**-트	타 지탱하다, 부양하다 명 후원	
suppose	서**포**우즈	타 추측하다, 가정하다	
* sure	**슈**어	형 틀림없는, 확신하는 부 확실히	
surface	**서**-퍼스	명 표면, 외면, 외관	
* surprise	서프**라**이즈	타 놀라게 하다 명 놀람, 경악	
surprising	서프**라**이징	형 놀라운, 의외의, 불시의	
surround	서**라**운드	타 에워싸다, 둘러싸다, 포위하다	
survey	서**베**이	타 바라보다, 조사하다, 측량하다	
survive	서**바**이브	자 타 오래 살다, 살아남다	
suspect	서스**펙**트	타 의심하다, …은 아닐까 생각하다	
suspend	서스**펜**드	타 일시 정지하다, 연기하다, 매달다	
swallow	스**왈**로우	타 들이켜다, 삼키다	
swear	스**웨**어	자 타 맹세하다, 선서하다, 서약하다	
sweep	스**위**-프	타 쓸다, 청소하다	
* sweet	스**위**-트	형 단, 감미로운 명 단것, 사탕	
* swim	스**윔**	자 헤엄치다, 수영하다 명 수영	
swing	스**윙**	자 흔들리다, 매달리다 명 흔들림	
switch	스**위**치	명 스위치 타 켜다, 끄다	
symbol	**심**벌	명 상징, 심벌, 기호	

sympathy	심퍼시	명 동정
system	시스텀	명 체계, 계통, 시스템

T

* table	테이블	명 테이블, 식탁, 표, 일람표
tail	테일	명 꼬리, 끝, 뒷면
* take	테이크	타 쥐다, 잡다, 얻다, 받다
* talk	토-크	명 동 이야기(하다), 말하다
* tall	톨-	형 키가 큰, 높은, 높이[키]가 …인
tap	탭	타 가볍게 두드리다, 두드려서 만들다
target	타-깃	명 과녁, 표적, 목표, 대상
task	태스크	명 일, 과제, 임무
taste	테이스트	명 맛, 미각 타 맛보다
tax	택스	명 세금, 세 타 세금을 부과하다
* tea	티-	명 차, 홍차
* teach	티-치	타 가르치다 자 교사를 하다
tear	티어/테어	명 눈물 타 찢다, 째다
tease	티-즈	타 괴롭히다
technical	테크니컬	형 기술의, 공업의, 전문의, 전문적인
technique	테크니-크	명 기법, 수법, 기교, 테크닉, 기술
technology	테크날러지	명 과학 기술
* telephone / phone	텔러포운	명 전화(기) 타 전화를 걸다
* tell	텔	타 자 말하다, 이야기하다, 누설하나
temperature	템퍼러처	명 온도, 기온, 체온
temple	템플	명 신전, 사원, 절, 성당, 교회당
temporary	템퍼레리	형 일시적인, 임시의
tend	텐드	자 하는 경향이 있다, …으로 향하다

tendency	텐던시	명 경향, 풍조, 버릇, 성향
tension	텐션	명 긴장, 긴장상태
tent	텐트	명 천막, 텐트
term	텀-	명 말, 어(語), 용어, 기간, 학기
terrible	테러블	형 심한, 무서운, 아주 나쁜, 지독한
* test	테스트	명 타 시험(하다), 테스트(하다)
text	텍스트	명 본문, 원문, 원전, (컴퓨터) 문서
* textbook	텍스(트)북	명 교과서, 교본
* than	댄	접 …보다(도), …밖에는, …이외에는
* thank	쌩크	타 감사하다, 사례하다 명 감사
* that	댓	대 저것, 그것 형 저, 그
* the	디	관 그, 이, 저, …라는 것
* theater	시-어터	명 극장, 강당, 영화관, 무대
theme	심-	명 주제, 제목, 테마, 작문
* then	덴	부 그때에, 그 다음에, 그렇다면
theory	시-어리	명 이론, 학설
* there	데어	부 그곳에, 거기에, 저기 봐, …이 있다
therefore	데어포-	부 그러므로, 그런 까닭에, 따라서
* they	데이	대 그[그녀]들은, 그것들은
thick	식	형 두꺼운, 굵은 부 두껍게, 짙게
thief	시-프	명 도둑, 좀도둑
* thin	신	형 얇은, 야윈, 엷은, 묽은
thing	싱	명 물건, 사물, 일, 상황, 사정
* think	싱크	타 자 생각하다, 숙고하다, 예상하다
* thirsty	서-스티	형 목마른, 갈망하는, 간절히 바라는
* this	디스	대 이것, 지금, 이번
thorough	서-로우	형 철저한, 완벽한, 완전한
though	도우	접 비록 …일지라도, …이지만

thread	스레드	명	실, 바느질 실
threat	스렛	명	위협, 협박, 우려, 징조
threaten	스레튼	타	위협하다, 협박하다
throat	스로우트	명	목구멍, (기물의) 목, 좁은 통로
through	스루-	전	통하여, 동안 내내 부 통과하여
throughout	스루-아웃	부	도처에, 처음부터 끝까지
* throw	스로우	타	(내) 던지다 명 던지기, 투구
thumb	섬	명	엄지손가락
thunder	선더	명	우레, 천둥 자 천둥치다
thus	더스	부	이렇게, 그러므로
* ticket	티킷	명	표, 승차권, 입장권
tidy	타이디	형	말쑥한, 단정한, 말끔히 정돈된
* tie	타이	동	매다, 속박하다 명 넥타이
* tiger	타이거	명	호랑이
tight	타이트	형	단단한, 갑갑한, 꼭 끼는
till	틸	접 전	…까지(줄곧), …까지(…않다)
* time	타임	명	시각, 시간, 때, 시대
tin	틴	명	주석, 양철
tiny	타이니	형	조그마한, 아주 작은
* tired	타이어드	형	피로한, 지친, 물린, 싫증난
title	타이틀	명	표제, 제목, 직함, (경기의) 선수권
* to	투-	전	…로, …에게, …까지, …하기
* today	투데이	명	오늘(날), 현재 부 현대에는
* toe	토우	명	발가락, 발끝
* together	투게더	부	함께, 같이, 동시에, 일제히
* toilet	토일럿	명	화장실, 세면실, 변소
* tomorrow	투마로우	명	내일, 미래, 장래
tongue	텅	명	혀, 국어, 말

*tonight	투나이트	몡 오늘밤 뷔 오늘밤(은)
*too	투-	뷔 (…도) 또한, 게다가, 너무(나)
tool	툴-	몡 도구, 공구, 연장
*tooth	투-스	몡 이(빨)
*top	탑	몡 정상, 꼭대기 휑 최고[첫째]의
topic	타픽	몡 화제, 논제, 토픽
total	토우틀	휑 전체의, 완전한 몡 합계, 총액
*touch	터치	타 대다, 접촉하다 몡 접촉
tough	터프	휑 곤란한, 어려운, 강한, 질긴
tour	투어	몡 여행[관광], 견학 퉁 여행하다
toward(s)	트워-드(즈)	젠 …쪽으로, …에 대하여, …가까이
*towel	타월	몡 수건, 타월
tower	타워	몡 탑, 타워
*town	타운	몡 도시, 읍, 도시의 중심부, 시민
*toy	토이	몡 장난감
track	트랙	몡 지나간 자취, (철도) 선로, 트랙
trade	트레이드	몡 무역, 장사 자 장사[매매]하다
tradition	트러디션	몡 전통, 관습, 관례, 전설
*traffic	트래픽	몡 교통, 왕래, 교통량
*train	트레인	몡 열차, 기차 퉁 훈련하다
transfer	트랜스퍼-	퉁 옮기다, 갈아타다 몡 이전
transportation	트랜스퍼테이션	몡 수송, 운송, 수송기관
*travel	트래벌	몡 여행 자 여행하다, 가다
treat	트리-트	타 취급하다, 다루다, 치료하다
*tree	트리-	몡 나무, 수목
trend	트렌드	몡 경향, 동향, 유행
*triangle	트라이앵글	몡 삼각형, 〈악기〉 트라이앵글
trick	트릭	몡 책략, 재주, 비결, 장난

*trip	트립	명 (짧은) 여행
trouble	트러블	명 걱정, 고민 타 걱정시키다
*true	트루-	형 정말의, 진실한, 충실한
trust	트러스트	명 신뢰, 신용, 신임 타 신뢰하다
truth	트루-스	명 진실, 진리, 증명된 사실
*try	트라이	동 명 노력(하다), 시도(하다)
tube	튜-브	명 관, 통, 브라운관, 〈런던〉 지하철
tune	튠-	명 곡조, 곡, 가락 타 조율하다
*turn	턴-	동 돌리다, 돌다, 향하다 명 회전
twice	트와이스	부 두 번, 2회, 두 배(로)
twist	트위스트	동 비틀다, 꼬다, 감다 명 뒤틀림
type	타이프	명 형, 전형, 활자 동 타자기로 치다
typical	티피컬	형 전형적인, 대표적인, 특유의

U

*ugly	어글리	형 추한, 보기 싫은, 못생긴
ultimate	얼터밋	형 최후의, 근본적인, 가장 먼
*umbrella	엄브렐러	명 우산, 양산 형 포괄적인
*uncle	엉클	명 아저씨
*under	언더	전 부 아래[밑]에, …미만으로
*understand	언더스탠드	타 자 이해하다, 알다, 정통하다
uniform	유-니폼-	명 제복, 유니폼
union	유-니언	명 결합, 연합, 협회, 연맹
unique	유-니-크	형 유일(무이)한, 독특한, 진기한
unit	유-닛	명 단일체, 구성단위, 〈물리〉 단위
unite	유-나이트	타 자 결합하다, 단결하다, 결혼하다
universe	유-너버-스	명 우주, 전 세계, 전 인류

university	유-너버-서티	명	대학(교), 종합대학교
unless	언레스	접	만약 …하지 않으면, …이 아니면
* until	언틸	전 …까지 접	…때까지
* up	업	부	위로, 위에, 기상하여, 완전히
upon	어판	전	위에
upper	어퍼	형	위쪽의, 상부의, 상류의
upset	업셋	타	뒤집어엎다, 망쳐버리다, 어지럽히다
urban	어-번	형	도시의, 도시에 사는, 도회적인
urge	어-지	타	재촉하다, 촉구하다
urgent	어-전트	형	긴급한, 절박한
* use	유-즈	타 쓰다, 사용하다 명	사용(법)
useful	유-스풀	형	쓸모 있는, 유용한
usual	유-주얼	형	보통[일상]의, 평소의

V

* vacation	베이케이션	명	휴가, 휴일, 방학
valid	밸리드	형	타당한, 유효한
valley	밸리	명	골짜기, 계곡
valuable	밸류어블	형 귀중한, 고가의 명	귀중품
value	밸류-	명 가치, 가격, 평가 타	평가하다
variety	버라이어티	명	변화, 다양(성), 종류
various	베(어)리어스	형	가지각색의, 여러 가지의
vary	베(어)리	자 변하다, 다르다 타	바꾸다
vast	베스트	형	광대(거대)한, 막대한
* vegetable	베지터블	명	야채, 푸성귀
vehicle	비-히클/비-이클	명	운반기구, 탈것, 매개물, 전달수단
version	버-전	명	번역(서), 판

* very	베리	부 매우, 대단히, 몹시, 충분히
via	바이어	전 …을 경유하여, …을 거쳐
victim	빅팀	명 희생자, 피해자
victory	빅터리	명 승리, 전승, 정복
view	뷰-	명 전망, 광경, 시야, 경치, 견해
village	빌리지	명 마을, 촌락, 마을 사람
violence	바이얼런스	명 격렬함, 맹렬함, 폭력, 난폭
violent	바이얼런트	형 격렬한, 맹렬한, 난폭한
virtual	버-추얼	형 사실상의, 가상의
virtue	버-추-	명 미덕, 장점, (약의) 효능
vision	비전	명 시력, 시각, 상상력, 환상, 환영
* visit	비짓	동 방문하다, 구경가다 명 방문, 문병
visual	비주얼	형 시각의[에 의한] 명 시각 정보
* voice	보이스	명 목소리, 음성
volume	발륨	명 책, 서적, 음향, 볼륨, 대량, 부피
voluntary	발런테리	형 자발적인, 자진하여 하는
vote	보우트	명 투표, 투표권 동 투표하다

W

wage	웨이지	명 임금, 급료
waist	웨이스트	명 허리, 허리둘레, (옷의) 허리통
* wait	웨이트	동 기다리다, 시중들다 명 기다림
* wake	웨이크	자 타 (잠이) 깨다, 눈을 뜨다
* walk	워-크	동 걷다, 산책하다 명 산책, 걷기
* wall	월-	명 벽, 담, 성벽, (사회적) 장애
wander	완더	자 타 돌아다니다, 방랑하다, 길을 잃다
* want	완트	타 원하다, 필요로 하다 명 필요

war	워-	명 전쟁, 싸움, 투쟁 자 전쟁하다
*warm	웜-	형 따뜻한, 더운 자 따뜻해지다
warn	원-	타 경고하다, 주의하다
*wash	와시	동 씻다, 세탁하다 명 빨래, 세탁물
*washroom	워시루-움	명 세면실, 화장실
waste	웨이스트	동 낭비[허비]하다 명 낭비, 쓰레기
*watch	와치	동 지켜보다, 망보다 명 경계, 손목시계
*water	워-터	명 물, 음료수 타 물을 뿌리다
*watermelon	워-터멜런	명 수박
wave	웨이브	명 파도, 물결 자 물결치다
*way	웨이	명 길, 도로, 코스, 거리, 방향
*we	위-	대 우리는, 사람은, 우리들은
*weak	위-크	형 약한, 연약한, 무력한, 열등한
wealth	웰스	명 부, 재산, 풍부, 부유, 부자
weapon	웨펀	명 무기, 공격수단 타 무장하다
*wear	웨어	동 입고[신고] 있다 명 착용
*weather	웨더	명 일기, 날씨, 기후
wedding	웨딩	명 결혼식, 혼례 형 결혼의
*week	위-크	명 주, 일주일, 주간
weekend	위-크엔드	명 주말
weep	위-프	자 눈물을 흘리다, 울다
weigh	웨이	타 자 무게를 달다, 심사숙고하다
*weight	웨이트	명 무게, 중량, 체중
*welcome	웰컴	명 타 환영(하다) 형 환영받는
welfare	웰페어	명 복지, 복리
*well	웰	부 잘, 훌륭하게 형 건강한
*west	웨스트	명 서, 서쪽 형 서쪽의
western	웨스턴	형 서쪽의, 서양의, 서유럽의

* wet	웨트	형 젖은, 비 내리는 동 적(시)다
* what	홧/왓	대 형 무엇, 어떤, 무슨, 얼마나
whatever	화테버/와테버	대 (…하는) 것일은 무엇이든지
wheel	휠-/윌-	명 바퀴, 수레바퀴, 핸들, 선회
* when	휀/웬	대 언제 부 …할 때 접 …할 때에
whenever	훼네버/웨네버	접 …할 때는 언제나, …할 때마다
* where	훼어/웨어	부 어디에, 어디로, …하는 대 어디
whereas	훼어레즈	접 …에 반하여, 그런데
whether	훼더/웨더	접 …인지 어떤지, …이든지 아니든지
* which	휘치/위치	대 어느 쪽, 그리고 그것은 형 어느
while	화일/와일	접 …하는 동안, 한편 명 동안
whisper	휘스퍼/위스퍼	동 속삭이다, 귀엣말하다 명 속삭임
whistle	휘슬/위슬	명 휘파람, 기적, 경적, 호루라기
* white	화이트/와이트	형 흰, 창백한, 백인의 명 백색, 흰옷
* who	후-	대 누구, 누가, 어느 사람, 누구를
whole	호울	형 전체의, 모든 명 전체, 전부
* why	화이/와이	부 왜, 어째서 감 아니, 저런
* wide	와이드	형 폭이 넓은, 크게 열린 부 널리
widespread	와이드스프레드	형 널리 보급된, 넓게 펼쳐진
* wife	와이프	명 아내, 부인, 처
wild	와일드	형 야생의, 황폐한, 거친, 난폭한
* will	월	조 …할[일] 것이다, …할 작정이다
willing	윌링	형 기꺼이 …하는, 자발적인
* win	원	타 자 이기다, 승리하다, 획득하다
* wind	윈드	명 (강한) 바람, 숨, 호흡
* window	윈도우	명 창(문), 창유리, 창구
wine	와인	명 포도주, 와인
wing	윙	명 (새·곤충·비행기 등의) 날개

* winter	윈터	명 겨울 자 타 겨울을 보내다
wire	와이어	명 철사, 전선, 전보
wise	와이즈	형 현명한, 분별 있는
* wish	위시	타 바라다, 빌다 명 소원, 바람
* with	위드	전 …와 함께, …에 대하여
within	위딘	전 (장소·시간 등) …이내에[의]
without	위다웃	전 …없이, …이 없다면, …하지 않고
witness	위트너스	명 목격자, 증인 타 목격하다
* wolf	울프	명 늑대, 이리
* woman	우먼	명 여성, 여자, 부인
wonder	원더	명 경이, 놀라움 동 놀라다
* wonderful	원더풀	형 훌륭한, 굉장한, 놀랄만한, 이상한
* wood	우드	명 목재, 장작, 숲, 수풀
wooden	우든	형 나무의, 나무로 만든[된]
wool	울	명 양털, 털실, 모직물
* word	워-드	명 말, 낱말, 단어, 약속
* work	워-크	동 일하다, 근무하다 명 일, 작업
* world	월-드	명 세계, 세상, 세상 사람들
* worry	워-리	동 걱정하다, 괴롭히다 명 걱정
worship	워-십	명 예배, 숭배 타 숭배(존경)하다
worth	워-스	명 가치, 진가 형 …의 가치가 있는
wound	운-드	타 상처 입히다, 해치다 명 부상
wrap	랩	타 싸다, 감싸다, 포장하다
wrist	리스트	명 손목, 손재주
* write	라이트	타 자 글씨를 쓰다, 저술하다
* wrong	롱-	형 나쁜, 틀린, 고장난 부 나쁘게

XYZ

yard	야-드	명 안마당, 뜰, (학교의) 구내
* year	이어	명 연, 해, 연령, 나이, 학년
* yellow	옐로우	명 노랑, 황색 형 노란, 황색의
* yes/yeah,yep.yup	예스	부 네, 그렇습니다 명 찬성, 승낙
* yesterday	예스터데이	명 어제 부 어제(는)
yet	옛	부 아직 …않다, 아직(도), 이미
yield	일-드	동 산출하다, 양보하다 명 산출
* you	유-	대 당신(들)은, 사람은 누구나
* young	영	형 젊은, 연소한, 어린
youth	유-스	명 젊음, 청년, 젊은이
* zebra	지-브러	명 〈동물〉 얼룩말
* zoo	주-	명 동물원

Plus 부록

영어 학습에 꼭 필요한 best 영단어

2. 불규칙 동사 · 조동사 변화표

불규칙 동사 · 조동사 변화표

현재	과거	과거분사
am 이다	was	been
are 이다	were	been
awake 깨우다, 깨닫다	awoke / awaked	awoke / awaked
bear 낳다	bore	born / borne
beat 치다, 때리다	beat	beaten / beat
become …가 되다	became	become
begin 시작하다	began	begun
bend 구부리다	bent	bent
bet 내기하다, (돈 등을) 걸다	bet	bet
bite 물다, 깨물다	bit	bitten
blow (바람이) 불다	blew	blown
break 깨뜨리다	broke	broken
bring 가져오다	brought	brought
broadcast 방영하다	broadcast	broadcast
build 세우다	built	built
burn 불태우다, 불타다	burned / burnt	burned / burnt
burst 폭발하다, 파열하다	burst	burst

현 재	과 거	과거분사
buy 사다	bought	bought
can …할 수 있다	could	—
catch 잡다	caught	caught
choose 선택하다, 고르다	chose	chosen
come 오다	came	come
cost (비용이) 들다	cost	cost
creep (바닥에 붙어) 기다	crept	crept
cut 자르다	cut	cut
deal 분배하다, 취급하다	dealt	dealt
dig 파다	dug	dug
do 하다	did	done
draw 끌다	drew	drawn
dream 꿈꾸다	dreamt / dreamed	dreamt / dreamed
drink 마시다	drank	drunk
drive 운전하다, 몰다	drove	driven
eat 먹다	ate	eaten
fall 떨어지다	fell	fallen
feed 먹을 것을 주다	fed	fed
feel 느끼다	felt	felt
fight 싸우다	fought	fought

현 재	과 거	과거분사
find 찾다, 발견하다	found	found
flee 도망치다	fled	fled
fly 날다	flew	flown
forbid 금지하다	forbade	forbidden
forget 잊다	forgot	forgotten / forgot
forgive 용서하다	forgave	forgiven
freeze 얼다	froze	frozen
get 얻다, …시키다	got	gotten / got
give 주다	gave	given
go 가다	went	gone
grow 자라다, 성장하다	grew	grown
hang 걸다, 매달다	hung	hung
has/have 가지고 있다	had	had
hear 듣다	heard	heard
hide 숨기다, 감추다	hid	hidden / hid
hit 때리다, 부딪히다	hit	hit
hold 손에 들다	held	held
hurt 다치게 하다	hurt	hurt
is 이다	was	been
keep 유지하다, 지키다	kept	kept

현 재	과 거	과거분사
kneel 무릎을 꿇다	knelt	knelt
knit 짜다, 뜨다	knitted / knit	knitted / knit
know 알다	knew	known
lay …을 눕히다, 놓다	laid	laid
lead 이끌다	led	led
learn 배우다	learned / learnt	learned / learnt
leave 떠나다	left	left
lend 빌려주다	lent	lent
let …하게 해주다, 시키다	let	let
lie 눕다, 놓여있다	lay	lain
lie 거짓말하다	lied	lied
light 점화하다, 비추다	lit / lighted	lit / lighted
lose 잃어버리다	lost	lost
make 만들다	made	made
may …해도 좋다	might	—
mean 의미하다, …할 예정이다	meant	meant
meet 만나다	met	met
mistake 틀리다	mistook	mistaken
must …해야 한다	must	—
pass 지나가다	passed	passed / past

현 재	과 거	과거분사
pay 지불하다	paid	paid
put …에 놓다	put	put
read 읽다	read	read
ride 타다	rode	ridden
ring (종을) 울리다	rang	rung
rise 일어서다, 출세하다	rose	risen
run 달리다	ran	run
say 말하다	said	said
see 보다	saw	seen
seek (이익, 명예 등을) 찾다	sought	sought
sell 팔다	sold	sold
send 보내다	sent	sent
set 설치하다, 놓다	set	set
sew 바느질하다, 꿰매다	sewed	sewed / sewn
shake 흔들다	shook	shaken
shall …일 것이다	should	—
shine 빛나다	shone	shone
shine 구두를 닦다	shined	shined
shoot 쏘다	shot	shot
show 보여주다	showed	shown / showed

현 재	과 거	과거분사
shrink 오그라들다	shrank	shrunk
shut 닫다	shut	shut
sing 노래하다	sang / sung	sung
sink 가라앉다	sank / sunk	sunk / sunken
sit 앉다	sat	sat
sleep 자다	slept	slept
slide 미끄러지다	slid	slid
smell (냄새) 맡다	smelt / smelled	smelt / smelled
speak 말하다, 연설하다	spoke	spoken
spell 철자하다	spelt / spelled	spelt / spelled
spend 소비하다, 쓰다	spent	spent
spit (침) 뱉다	spat	spat
split 쪼개다, 분할하다	split	split
spread 펴다, 벌리다	spread	spread
spring 뛰다, 도약하다	sprang / sprung	sprung
stand 일어서다	stood	stood
steal 훔치다	stole	stolen
stick 찌르다, 붙이다	stuck	stuck
sting 쏘다, 찌르다	stung	stung
stink 악취	stank	stunk

현 재	과 거	과거분사
strike 치다	struck	struck / stricken
swear 맹세하다, 악담하다	swore	sworn
sweep 쓸다	swept	swept
swim 수영하다	swam	swum
swing 흔들리다	swung	swung
take 손에 쥐다, 받다	took	taken
teach 가르치다	taught	taught
tear 찢다	tore	torn
tell 말하다	told	told
think 생각하다	thought	thought
throw 던지다	threw	thrown
understand 이해하다	understood	understood
wake 깨다, 눈을 뜨다	waked / woke	waked / woken
wear 입다	wore	worn
weep 울다, 한탄하다	wept	wept
will …일 것이다	would	—
win 이기다	won	won
wind 감다	wound	wound
write 쓰다	wrote	written

마음이 크는 명언 한마디

우리는 모두 경험에 의해 배운다.
We all learn by experience.

하려면 올바르게 하고 아니면 말아라.
Do it properly or not at all.

예술은 길고 인생은 짧다.
Art is long, and life is short.

벌들은 겨울을 위해 꿀을 모은다.
Bees store up honey for the winter.

시작이 반이다.
Well begun is half done.

일찍 일어나는 새가 벌레를 잡는다.
The early bird catches the worm.

친구와 포도주는 오래된 것이 좋다.
Old friends and old wine are best.

어려울 때의 친구가 참된 친구다.
Friends in need are friends indeed.

너무 늦는 것보다는 너무 이른 편이 낫다.
It's better to be too early than too late.

시작이 좋으면, 끝도 좋다.
A good beginning makes a good ending.

뜻이 있는 곳에 길이 있다.
Where there is a will, there is a way.

마음이 크는 명언 한마디

노력 없이는 아무 것도 얻을 수 없다.
Nothing can be obtained without any effort.

건강은 재산보다 낫다.
Health is better than wealth.

건강한 신체에 건강한 정신이 깃든다.
A sound mind in a sound body.

하늘은 스스로 돕는 자를 돕는다.
Heaven helps those who help themselves.

독서는 완전한 인간을 만든다.
Reading makes a full man.

하늘이 무너져도 솟아날 구멍이 있다.
When god closes one door, he opens another.

백문이 불여일견이다.
Hearing times is not like seeing once.

엎지른 물은 주워 담을 수가 없다.
Things done cannot be undone.

비 온 뒤에 땅이 더 굳어진다.
After the storm comes the calm.

폭풍 뒤에 고요함이 온다.
After a storm comes a calm.

사람은 사귀는 친구를 보면 알 수 있다.
A man is known by the company he keeps.

지은이 유정오

영어 초보자를 위한 단어&어휘 분야, 회화입문서 등 일상회화에서 실제로 많이 쓰이고 있는 생생한 영어표현을 담은 영어교재 저술 및 개발에 힘쓰고 있다. 저서로는 〈왕초보 문답식 상황영어 123〉〈굿모닝! 생활영어 100〉〈365일 Let's talk! 상황영어 핵심표현〉〈우리말처럼 바로바로 써먹는 영한·한영 필수단어왕〉〈왕초보 New Plue 영한단어왕〉〈30일 매일매일 혼자서 끝내는 일상생활 영어스피킹〉〈Let's go! 굿타임 여행영어〉 등이 있다.

빈출 영어표현을 콕콕 찍어주는
TOP 단계별 영어표현

지 은 이 유정오
기   획 HD어학교재연구회
본 문 편 집 김현우

펴 낸 날 2018년 10월 15일 초판 2쇄 발행
펴 낸 이 천재민
발 행 처 하다북스
출 판 등 록 2003년 11월 4일 제9-124호
주   소 서울시 강북구 오패산로30길 74 경남상가 201호
전   화 영업부 (02)6221-3020 • 편집부 (02)6221-3021
팩   스 (02)6221-3040
홈 페 이 지 www.hadabook.com

copyright ⓒ 2018 by hadabooks
ISBN 978-89-92018-85-2 13740

* 가격은 뒤표지에 있습니다.
* 잘못 만들어진 책은 구입하신 서점에서 교환해 드립니다.